21世纪儿童权利清单

有权充分自由地玩耍,且可以自由发挥
有权体验独立自主
有权冒险和犯错
有权针对他人行为设立限制
有权主宰自己的身体

有权从事与其年龄相符的学习活动
有权在每天经常享受课间休息时间
有权在小学阶段不做家庭作业
有权每天在户外玩耍
有权活蹦乱跳
有权享受充足睡眠

有权投入他所生活的世界
有权接触屏幕以外的真实世界
有权学习并练习当面社交技能
有权享有安静的时光
有权了解科技产品的健康界限
有权经常受到周围人的充分关注

有权促使成人始终支持这些权利

希瑟·舒梅克"教养新理念"系列2-2

不听话也OK

培养孩子自信和创造力的21条"叛逆法则"

[美] 希瑟·舒梅克 Heather Shumaker 著　聂传炎 译

**It's OK to Go Up the Slide:
Renegade Rules for Raising Confident
and Creative Kids**

上海社会科学院出版社
SHANGHAI ACADEMY OF SOCIAL SCIENCES PRESS

谨将此书献给我的妈妈和"幼儿学校",
以及我在印第安诺拉临时小学的老师:
安(Ann)、苏(Sue)、约翰(John),尤其是露丝(Ruth)。

赞 誉

在这本发人深省的新书中,舒梅克对家长和老师们的某些假设做出了质疑。她为我们明确而坦率地指出了孩子们的真实需求。对于任何关心后代健康成长的读者来说,这本书都大有裨益,具有启发性。

——迈克尔·古里安(《男孩的奇迹》和《女孩的奇迹》作者)

幼儿们的大内密探希瑟·舒梅克撰写了优秀的《不听话也 OK》。舒梅克不肯接受未经审视的传统智慧,她要促使读者思考孩子们在安全、家庭作业、科技和人际交往中的真实需求。她促使你从前所未有的角度来重新思考问题。

——劳伦斯·J.科恩博士(《游戏力》作者)

每个人都应该停下来问问:"等等,我们为何必须在孩子的家庭作业上面签字?"希瑟·舒梅克几乎重新审视了关于幼儿教育的全部传统智慧,看看其中哪些做法只是源于因循守旧。这让她成为我心中的英雄。

——列诺·斯科纳西(《放养孩子》作者)

合理而富有感染力。本书彻底颠覆了我们对儿童、家庭和学校的看法。从家庭作业到与陌生人交往到科技问题,舒梅克谈到了从幼儿园到小学阶段的所有重大话题。请为你的家庭和班级着想,好好阅读这本书吧。

——埃米·麦克里迪(《自我本位症》和《只说一次,孩子就会听》作者)

希瑟·舒梅克再次无比明确地质疑了我们从未反省过的育儿理论，而在阅读她的著作之前，你不知道自己为何不曾清楚地觉察到这些观点。在谈论童年中期的问题时，舒梅克令人信服地探讨了"安全至上"（这会比健康风险带来更大的危险）和学前班（孩子最好是跳过这个阶段）等问题。家长们尤其会喜欢舒梅克在"备忘单"中提供的建议，可以利用它们在现实生活中执行这些"叛逆法则"。

——劳拉·马卡姆博士（《父母平和 孩子快乐》作者）

希瑟·舒梅克全面而大胆的著作切中肯綮，在可靠研究成果的基础上是对常识的表达。对于想为孩子提供最好教育的家长们来说，这本著作是个有益的指南，它能帮助家长们抵制当前不合理的教育/育儿信条。

——斯图亚特·布朗医学博士（美国游戏研究院创办人兼院长）

今天的育儿标准——过度关注安全，倡导不断监督与控制——让孩子们感到窒息。在这本令人愉快的著作中，希瑟·舒梅克教导我们如何成为"叛逆"家长，让我们乐意并能够藐视这些标准，以便促进孩子长远的身心健康。我不仅向家长们推荐此书，也向接触到幼儿生活的每个人推荐此书。

——彼得·格雷（《自由学习》作者，波士顿学院心理学研究教授）

这本书以充分的理由呼吁我们加入"叛逆"大军！希瑟以温和而直截了当的方式鼓励我们摘下成人的有色眼镜，仔细审视我们自身的行为如何给家庭带来了诸多压力。她向我们提供了有益的办法，并让我们强烈感受到"我们能够做得到！"

——丽萨·墨菲教育学硕士（早教专家，Ooey Gooey公司的共同创建者）

本书将家长们从毫无根据的恐惧中解放出来，这些恐惧限制了孩子们攀爬、跳跃、奔跑以及诚实表达自身感受的能力，作者转而鼓励读者采取有益于孩子的大胆育儿方式。

——薇琪·霍夫勒（《胶带教养术》与《育儿直言》作者，育儿教育学家，演说家）

学校需要来场革命。育儿需要来场革命。但结果呢？革命已经开始。这就是《不听话也OK》。

——安东尼·迪本德（《亲子打闹游戏的艺术》合著者）

我很喜欢希瑟·舒梅克的新书《不听话也OK》。它将颠覆世界，质疑我们的理念，促使成人采取正确方式来从事幼儿教育。本书中的"叛逆法则"往往与传统思维趋势相左，但它们基于可靠的研究成果，充满亲切感和幽默感，并提供了大量实施建议。这本书是家长和幼儿教育专家们的必读书籍。

——杰夫·A.约翰逊（《让孩子玩耍》合著者）

舒梅克仿佛是我们所需要的睿智老人。在今天这个时代，课间休息和玩耍已经让位给作业练习题和静坐听讲。我们需要倾听并重视她的看法。每个家长、照顾者、教师和管理人员都需要再三阅读这本书。舒梅克鼓励我们归还孩子们的童年时光，她真了不起！

——萨拉·本内特（《反对家庭作业》合著者，"终止家庭作业"的创始人）

增加游戏。减少家庭作业。鼓励冒险。减少过度保护。限制观看娱乐节目。它们听似违背惯例，但其实是常识，对孩子们大有益处！舒梅克利用"应该说的话"（和"避免说的话"）以及"试试这个"等出色的建议，帮助我们将其付诸实践。

——保拉·斯宾塞·斯科特（Kinstantly 首席内容官，《相信你是一个好妈妈》作者）

希瑟·舒梅克在这本非常实用的书籍中破除了现代育儿的神话，谈到了技术和冒险等复杂问题。她鼓励我们采取平衡而合理的育儿办法，并通过大量育儿建议向家长们提供了实践方法。这本书在继续进行她在其处女作中发起的革命——继续加油！

——艾米丽·普兰克（《发现童年文化》作者）

我对这本书等待多时。希瑟再次向我们提供了实用而合宜的育儿建议,让我们帮助孩子在小学时踏入大世界。这本书内容亲切,极其诱人。你会乐意始终将它带在身边。"

——丹尼尔·霍金斯(《男孩:改变课堂而非孩子》与《共渡难关:再次学习引导实践》作者)

作者说明

我要再次感谢许多家庭和老师分享他们的故事并启发了我的这些想法。书中孩子的年龄和性别都是真实的,但为了保护家庭隐私,他们的姓名和某些个人信息已被更改。书中专家用的都是真名实姓。

目 录
Contents

前 言

第一部分　冒险与独立
　法则1　安全其次　3
　法则2　不亲吻祖母也没问题　20
　法则3　示范错误　32
　法则4　和陌生人说话也没问题　39

第二部分　为科技领航
　法则5　接受阿米什人的生活方式　55
　法则6　管好你的手机　80

第三部分　孩子在学校的权利
　法则7　课间休息是权利　97
　法则8　禁止小学家庭作业　116
　法则9　远离有害的家庭作业　135
　法则10　不要在这里签字　149

第四部分　更多在校权利
　法则11　改造学前班　161

法则 12　在围圈时间取消日历　　178

　　法则 13　不要强迫参与　　185

第五部分　悲伤、同理心与不幸

　　法则 14　不要删除书本中的食人巨妖　　201

　　法则 15　应对新闻灾难　　213

　　法则 16　分享不公平的历史　　227

第六部分　刻薄的言辞和公主的力量

　　法则 17　公主是有力量的　　245

　　法则 18　刻薄言辞不可小觑　　258

　　法则 19　尊重牢骚大王　　273

第七部分　现实世界中的"叛逆法则"

　　法则 20　家庭不是娱乐中心　　283

　　法则 21　放松　　295

附　录

原书提供更多可用资源

致　谢

前　言

这不是一本寻常的育儿书籍。本书故意选择了那些复杂的话题。这里采取的是反叛性的路径：重新审视我们视为天经地义的观点。

有个读者在总结我的处女作时说："如果你想在育儿过程中尊重孩子，但在孩子达到学前年龄时不知道如何应对其强烈情绪和行为，那么，《不分享也 OK》能够为你提供答案。"这本续作将引领你进入下个阶段。我们的孩子仍然很小，但他们已经在上学，正在获得独立能力，并承受着学校的期望，而某些期望明显不利于孩子的健康成长。

我在处女作中采取的重要原则是："只要没有伤害到人或财物就不要紧。"而在这本书中，指导原则就是我母亲的座右铭：如果某件事情困扰着你，那就需要做出改变。这包括下面这些你感到不对劲的事情：7 岁孩子上健身课却没有课间休息时间；幼儿园孩子上学时喊肚子疼，或者家庭中对科技设备的使用"并不妥当"。留意你的直觉。在你阅读本书的过程中，你会欣慰地发现，你的直觉为何可能有利于孩子的成长。

孩子达到上学年龄时，我们的育儿必须进入新的阶段：社区阶段。孩子要面对太多外界的教导者，包括：班级教师、校长、校车上的同龄人、陌生人和无所不在的屏幕设备。孩子们从所有这些教导者那里学到了什么呢？他们在合理利用时间吗？现在，育儿牵涉到许多合作者。

《不听话也 OK》旨在为托儿所、学前班和小学阶段提供深入的引导。"写写这个阶段的女孩子，"家长们说。"写写'你不能参加我的派对，'"老师们建议说。在其中你会发现各种问题，包括：化装游戏、恶言恶语、屏幕时间、课间休息、家庭作业，以及陌生人风险和新闻灾难等沉重的话题。你会发现许多书籍侧重于其中的个别话题，但我们是要养育全面健康发展的孩子。所有这些话题对我们都很重要。它们都会给孩子造成影响。本书汇集了与家庭和日常生活相关的系列话题。

本书旨在搭起桥梁，将儿童发育的研究成果与日常生活活动衔接起来。我们对孩子的认识与我们的育儿方法之间的鸿沟在日益加剧。随着我们迅速获得有关儿童成长的新知识，我们需要乐意接纳新思想，并灵活变通。熟悉的惯例让人感到安心，可能很难做出改变，但我们理当为孩子做出大胆的改变。学校需要重新思考其政策（学前班、课间休息）和既往措施（围圈时间、家庭作业）。家长们需要调整育儿措施（技术、风险、陌生人）。我们都必须乐意推翻我们的已有知识，乐意反对流行态度，进行大胆尝试。

我的首部著作的问世，源于幼儿学校的非正统价值观。这个幼儿学校是我的故乡俄亥俄州哥伦布的幼儿园，我的妈妈在该校任教40年。在撰写本书之时，我再次从这个独特幼儿园中汲取了智慧，当然，许多话题——包括课间休息、屏幕时间、家庭作业签名——超越了这个幼儿园的范畴。论述小学教育的章节主要基于众多科学研究成果，以及我自身作为反传统家长的经验。我非常感谢那些帮助我孕育出这些观念的学者和家长们。

我曾经在博客帖子上撰写了我们家对小学家庭作业的独特立场，本书中的部分章节就源于这些博客帖子。我收到全球数百名家长和教育工作者的来信，其中有人解释了家庭作业的价值，有人含泪写下家庭作业如何破坏了他们的家庭。这可是个热门的话题。

当我谈到取消小学家庭作业时，家长和教师们往往会惊愕地打量着我。这些人曾经在大学就读四年，大多拥有法学学位乃至于博士学位。他们知道严肃的研究非常耗费心血，并且仍然记得他们自己的童年，当时通常会做些家庭作业。但他们不知道的是：研究并没有提供任何证据，表明家庭作业能够促进小学学习成绩，而它对中学成绩的影响也微乎其微。我并不是鼓吹整个人生中完全取消家庭作业，我只是认为，对于年幼的孩子来说，有些其他事情更值得去做。

面对风险、课间休息、游戏、屏幕时间、学校、家庭作业等话题，我们可以继续将科学研究成果置若罔闻，也可以采取大胆步骤，改变世界、班级、学校和家庭。

我们有时候必须要表示异议。如果你喜欢某个章节而不接受其他章节,这没有关系。我希望本书能帮助你澄清自己的非正统信念,激发新的想法,激励成人为孩子去改变世界。有时候,这意味着大胆尝试。

《不分享也 OK》那本书中列出的"儿童叛逆权利清单"侧重于童年早期和游戏。现在需要扩充这个清单。下面是 21 世纪儿童权利指南,包括在学校教育和数字化世界中的权利。

更多儿童权利

有权充分自由地玩耍,且可以自由发挥
有权体验独立自主
有权冒险和犯错
有权针对他人行为设立限制
有权主宰自己的身体

有权从事与其年龄相符的学习活动
有权在每天经常享受课间休息时间
有权在小学阶段不做家庭作业
有权每天在户外玩耍
有权活蹦乱跳
有权享受充足睡眠

有权投入他所生活的世界
有权接触屏幕以外的真实世界
有权学习并练习当面社交技能
有权享有安静的时光
有权了解科技产品的健康界限
有权经常受到周围人的充分关注

有权促使成人始终支持这些权利

这本书呼吁我们更加勇敢无畏。这意味着改变育儿方式，接触其他成人。正如斯科特·派克（M. Scott Peck）所说："当我们感到极其不安、不满或失落的时候，我们就极有可能迎来最美好的时光。因为只有在这种时候，不安才有可能促使我们抛下陈规陋习，开始寻找其他办法或更可靠的答案。"

当我感到畏缩不前的时候，我会想起我的妈妈，许多时候，她不得不改变其温柔本性，捍卫她的孩子的利益。如果她能做到，我也能做到。你也会拥有力量进行大胆的尝试。

第一部分
冒险与独立

安全感基本上是个迷信……人生要么勇于冒险，要么碌碌无为。

——海伦·凯勒

法则 1　安全其次

在我的长子还未出生之前，别人就给我灌输孩子的安全问题。孕育课程辅导人员给我们分发资料，列出了有毒室内植物的名单、如何系好汽车安全带，以及许多其他危险。忽然之间，似乎处处都暗藏着危险。

难怪我们会如此热衷于孩子的安全问题。在婴幼儿期，孩子从这种危险冲向那种危险，摔进桶里，或者跑进滚滚车流之中。我们要始终警惕塑料袋子、葡萄或玩具弹子等等。

幼儿期让父母处于过度保护的状态。但是，年龄较大的孩子并不需要这样。童年是冒险期，这种冒险是正常的。学龄前孩子与小学生需要独立自主，以便他们在社交、情绪、创造力和体格上都能健康成长。

"叛逆"的原因

> 童年本来就是一段不断冒险的时期。相对于健康的冒险，安全至上带来了更大的危险。

E.B. 怀特在《夏洛的网》中描写弗恩在叔叔家的谷仓里荡秋千时这样说："方圆几英里的妈妈们都担心祖克曼家的秋千。她们担心孩子会摔下来。但从来没有孩子摔过。他们几乎总是抓得很牢，超出了家长们

的想象。"

孩子们总是需要冒险,而这些冒险可能会让宠爱他们的父母们感到不安。冒险会让孩子们获得重要技能,包括:风险评估、敏捷、灵活和社交才能。

我在幼儿学校上学前班时,当时操场上有些很重的砖块,可能会砸伤趾头。砖块有很多堆。才满3岁的孩子们可以搬着5磅(不到2.5千克)重的砖块走来走去,建造摇摇欲坠的砖墙,或者利用砖块玩游戏,并险些将指头弄伤。没有人说"当心点"。"这些砖块在我们这儿已经有40年了,从来没出过任何事故。"前任校长简·沃特斯说。

"再怎么小心都不为过。"人们常常会这样说。实际上,有可能真的做过了。过分关注安全问题会妨碍孩子的成长。

人生充满了变化、挑战、危险与成长。我们不可能在生活中消除危险。没有危险,孩子们就不可能充分成长,学到成长过程中的必修课程。鼓励冒险让孩子们有机会接触整个世界,并在探索过程中保持天性。

我们是孩子的看护者。保持孩子的安全是我们的天职。但我们此外还有许多其他任务。

"叛逆"的好处

如果孩子在成长过程中合理冒险,他们就能更容易警觉到危险。他们也会获得信心、独立,并对世界怀抱着喜悦感。

世界是美好的。

我乐于尝试新事物。

我知道我的身体能做些什么。

我知道我的局限有哪些。

没有人强迫我。在我准备好以后,我可以接受新机会。

有时候我会犯错,这很正常,我可以重新尝试。

糟糕的事情真有可能发生。你得提防点。

偶尔受伤或难过也没关系。

我的父母不会一直跟着我。

我身边的大人认为我很能干。

为何有效

童年时期充满冒险和探索。在孩子眼中,每件事物都是陌生的:结交朋友、和家庭以外的其他人谈话、伤心、想要画画、攀高、快跑。使用锤子、自行车和锋利的小刀也是如此。孩子们正是通过冒险来学习新事物的。冒险并不要紧,它在人生中是必不可少的。关键在于如何区分恐惧与冒险,合理冒险与危险行为。

"风险在美国已经成为禁忌词汇,要不惜任何代价让孩子远离它。"琼·阿尔蒙写道。她是非营利组织"儿童联盟"的负责人和小册子《探险:儿童游戏中冒险的价值》的作者。她观察到,只要有可能,儿童就会积极冒险。根据阿尔蒙的看法,"需要权衡冒险的价值与不知道如何应对危险而造成的伤害。后者可能更加危险。"

当孩子们通过自己的身体来获得各种体验之时,他们会变得更安心。孩子的身体在不断变化,因此,孩子们渴望采用新方式来体验各种事物,并了解这会产生什么结果。当孩子们利用身体来探测自身的局限之时,他们就会获得身体意识,并认识到这些局限。他们也会变得更敏捷、协调、强大。如果给予孩子冒险的机会,他们就会为了自身的安全而彼此紧密合作。

和玩伴之间的身体冒险——搔痒痒、摔跤、打闹和其他喧闹的玩伴游戏——帮助孩子学会信任、自律和身体意识,并为玩伴们设立了限制。国家游戏研究所(National Institute for Play)的斯图亚特·布朗说:"这种游戏对年幼的孩子来说是必不可少的。在教给身体和社交技能之外,游戏还培养孩子们应对意外的能力,让他们灵活地面对生活。"甚至这种灵活性也需要练习。

对休斯敦探险游乐场的研究发现,让孩子们玩冒险游戏不会造成更高的事故发生率。德国保险公司报告说,探险游乐场的事故发生率低于试图确保安全的游乐场所。《应该让孩子做的50件危险事情》的合著者基弗尔·图利与朱莉·斯皮格勒说,童年冒险能帮助孩子在成年以后变得自信、坚韧和勇敢。图利写道:"确保安全的最佳做法就是学习如何判断危险。"冒险有助于培养孩子了解、评估和减少危险的能力。

冒险不仅仅是身体上的。孩子也需要在社交和情感上冒险。这包括:情感受到伤害,被拒绝,有时候觉得受到忽略,感受愤怒、沮丧、嫉妒和悲伤。社交排斥让孩子学习如何培养适应能力。他们越敢于尝试结交新朋友或社交情谊,他们就越会经常面对别人的各种反应,并能够重新做出调整和尝试。学习社交洞察力也需要练习。

冒险可以促进大脑前额叶的发育。这个部位也负责各种执行功能,包括专注能力、记忆能力、适应能力和问题解决能力。

新西兰的大学研究团队断定,从长期而言,消除风险对孩子来说要危险得多。而且,风险必须要亲自"体验",而不能依靠"说教"。"孩子必须亲自了解风险。"研究这个项目的公共健康教授格兰特·萧菲尔德说,"他们必须走出去。"

每个年龄段的孩子都会寻求挑战。我们的职责就是为他们提供应对技能,同时我们自身也要足够勇敢,放手让孩子面对风险和挑战,就如幼儿教育工作者贝夫·博斯所说:"风险促使我们前进,并促使我们信任自己。"

摘下成人的有色眼镜

我们将风险等同于危险。但风险并不是坏事。合理的风险对我们大有好处,它帮助我们养育孩子,让他们成长为能干而自信的成人。我们渴望为孩子遮风挡雨,让他们在人生中平安无事。我们不希望因为孩子犯下错误或独自判断风险而将事情弄糟或眼泪汪汪。但孩子需要不断面对这种风险,培养判断能力、技能和信心。如果安全始终是最重要的,孩子就可能会害怕尝试新事物。恐惧会阻碍孩子尝试新事物。但经常是我们的恐惧在阻碍他们。过度保护可能比风险更有害。

接纳风险

我的父亲鼓励我跑下山坡、跃过小河、摔倒,尤其是摔倒。在我的成长过程中,我攀爬过新英格兰的花岗岩。"重要的是知道如何摔下来。"他说,"大多数人不知道摔下来时应该采取什么姿势,所以他们才会受伤。"他告诉我,摔下来时要滚动身子,而不是试图避免滚动并用手支撑。他的假设是:人生会跌倒许多次。要知道如何跌倒。站起来。不要害怕重新尝试。

接纳风险首先意味着承认我们无法消除它。如果最糟糕的事情发生会怎样?照顾孩子既有喜悦也有恐惧。我们深爱的孩子可能会受重伤或死去。正如作者伊丽莎白·斯通所说:"决定生孩子是个大事,有了孩子就永远注定你的心将系在他/她的身上。"将心灵系在他人身上会让我们望而生畏。但很快我们就不仅仅是把心系在他身上,我们的心还会跟他一起去爬树、独自穿过街道、独自坐公交车。

我们需要放弃绝对安全的幻觉。活着本身就意味着,无论我们多么谨慎,我们都可能会遭受痛苦。知道我们无法消除风险以后,我们就能自由地拥抱生活。我们不能消除所有风险,但我们也不能因为风险而毫无作为。

限制风险的危险

"小心点!""从那里下来!""你会受伤的!"这类话如果说得太多,就可能导致孩子畏葸不前,逃避任何风险,甚至是必要的风险。《App 世代》的合著者、教育学教授霍华德·加德纳与凯蒂·达维斯说,如今的孩子越来越讨厌冒险。他们不肯独自探索和尝试新事物,而是等待成人的命令。而我们将孩子束缚在我们身边,这更是助长了这种趋势。9岁的孩子就有手机。7岁孩子不会独自去公园。

几天以前，我经过某个游乐场时，那里空荡荡的。可能所有孩子都在室内盯着屏幕，但此外还有个因素就是：许多孩子觉得现代游乐场很无聊。

法律担忧、许可和纯粹的恐惧促使成人限制孩子合理冒险。克里斯汀·柯普兰与同事在《儿科期刊》上发表的报告认为，在托儿所环境中，学龄前孩子基本上都不太活动。阻止孩子积极活动的主要障碍就是成人担心"有人会受伤"。许可证要求的新游戏设备无法吸引孩子的兴趣。在这份报告中，有个老师说："他们爬滑梯的次数比以前多多了……你可以看得出来，他们在试图寻找这种挑战。"

孩子们只是在通过爬滑梯的行为向我们表明他们的冒险愿望。

孩子为何会爬上滑梯？

如果你参观过公共游乐场所，你就知道，有个最惹人争议的话题就是：应该允许孩子们爬上滑梯吗？

"所有孩子在独自玩耍的时候，有时候都想爬上滑梯。"简·沃特斯说。

孩子们为何爬上滑梯呢？他们在游戏中寻求冒险和挑战。攀爬滑梯时，孩子们觉得很了不起。攀爬滑梯也很有趣。这是健康的冒险，通常属于想象性游戏。攀爬滑梯有助于孩子考验自己的力量、发现其局限，获得平衡和空间意识，以及社交意识和技能。如果出现了冲突——其他孩子想从滑梯上滑下来——这就是孩子们在游戏中练习问题解决能力的大好机会。

就像所有其他游戏，滑梯游戏应该遵循"叛逆"的黄金法则：只要没有伤害到人或物就没问题。这可能意味着设立限制，比如："等到滑梯底部的小朋友离开以后再爬"；或者："红滑梯太高了。你可以爬上蓝色滑梯"；或者："今天公园里人太多了。现在只能从滑梯上往下滑。"

让周围的家长们不要担心："如果他们爬上滑梯，我觉得不要紧"，或者，"他们似乎玩得很好"。

无论是往下滑还是向上爬，滑梯都是供游戏使用的。要以孩子为本，有时候不妨玩些冒险的游戏。

冒险的风险

> **对孩子来说**
>
> 通常是撞伤、擦伤、膝盖破皮
>
> 伤心
>
> 暂时迷惘或害怕
>
> 感到受伤
>
> 点子不管用时感到沮丧
>
> 犯了错误
>
> **对成人来说**
>
> 感到内疚和焦虑
>
> 花时间面对混乱、包扎绷带或心中五味杂陈
>
> 适应孩子不需要你的新角色

合理冒险

我们为孩子限定四个主要领域：身体冒险；创意冒险；社交冒险；情感冒险。反省自己习惯于在哪些方面限制孩子的生活。对某些成人来说，主要是身体的，比如在水泥地上奔跑或玩枪弄棒。对许多人来说（尽管我们的初衷是好的），是创意冒险，出现在闲散时间的自由游戏之中。社交和情感冒险有时候不会被视为冒险，但这些冒险包括：犯错，体验被排斥感，在公开场合互动，解决冲突，感到恐慌、难过和愤怒。

合理冒险的好处

冒险帮助孩子们……

努力并挑战自我

尝试新事物

为了尝试某些事稍稍走出舒适地带

不断尝试

保持好奇心

培养坚持不懈的精神

获得韧性

练习失败后重新爬起来

给予适当冒险的机会,从而减少不当冒险的渴望

经历并面对难受情绪(恐惧、尴尬、沮丧和悲伤)

管理恐惧

克服恐惧

判断速度、距离和打滑状况

学会如何跌倒

培养更强的身体意识、敏捷程度和技能

培养灵活思考能力

结交新朋友

想出新点子

练习解读他人的情绪和反应

面对挫折

把握恰当机会

为新技能感到自豪

开始了解自己

培养对自身安全的责任感

减少权力斗争

因独立自主而感到喜悦

身体冒险

对孩子们来说,身体冒险就是用身体来尝试各种事物:快跑(飞奔)、爬高、使用锋利的器具、倾倒甚至满溢出来、摔跤、穿过街道、骑自行车、在围墙上保持平衡。这也包括在自然界中利用自己的身

体来做实验：将木棍放在火中、爬树、跳过小溪、跳上石头。此类冒险不会总是擦破皮肤或摔得鼻青脸肿，有时只是造成凌乱不堪的局面。对孩子来说，身体冒险可能意味着爬树，也可能意味着自己倒牛奶。

我 6 岁的孩子和他的朋友阿瓦喜欢跳过粪堆。当时是举行南瓜田活动的季节，尽管玉米地迷宫和炸面圈非常诱人，但让他们感到最兴奋的，却是在紧要关头奔跑并跨过高高的马粪堆。当然有风险，但真正的风险仅仅在于他们不得不在水龙头下面冲洗鞋子。他们跳了 20 次，但从来没有沾到马粪。

我童年所在的学前班为 4-5 岁孩子提供工作台以及真的锤子和锯子。正如前校长简·沃特斯所解释的，学校等到孩子年满 4 岁时才会给他们真的工具，在这个年龄段时，孩子们有了更多的手眼协调能力。锯子和锋利的锯齿从未割破他们的肌肤。"孩子们用锤子砸中了手指，"她说，"那又怎么样？他们就是这样学会钉东西，学会如何不砸到手指的。孩子们需要尝试。"

蒙台梭利学校的学前班老师会专门花时间来教导实用生活技能，这可能包括使用锋利的厨用刀具切黄瓜或苹果，或使用热熨斗。鼓励孩子们使用能够产生真实效果的真实工具，有助于让他们为自身的冒险和安全负责，此外，它还给予了他们独立自主的感觉。

如果我们大喊"你会受伤的"却什么事都没有发生，这就可能让孩子们怀疑我们的判断能力。"不，我不会！"他们会顶嘴，并在心里想："看看怎么样？我没有受伤。"

挪威的幼儿教育教授艾伦·桑德斯特注意到，孩子们需要进行的身体冒险游戏通常可以归为六类：（1）爬高；（2）使用锋利小刀或他们觉得危险的其他工具；（3）在火堆边或水边玩耍；（4）玩打仗或扭打游戏；（5）飞跑；（6）在身边没有成人时进行探险。我的首部著作《不分享也OK》有个章节专门论述了拳击、摔跤和其他扭打游戏，谈到了孩子们需要身体运动和角力行为。

人生必然伴随着风险和变化。

创意冒险

　　创意冒险就是尝试新点子的风险。它意味着在手工项目中不再依赖模型，而是让孩子们按照自己的方式试着如何使用涂料和原料。它意味着容许孩子们创作他们喜欢的故事，表达内心的想法。创意冒险基本上是指游戏中的自由。对孩子们来说，游戏能够最富创造性地表达他们的想法。它可能会造成混乱。可能显得很可笑。可能在成人眼中看来毫无风险，但孩子们会通过游戏来探讨点子、犯下错误并不断挑战自我。

　　当我们缩减自由玩耍时间时，成人们就大大限制了创意冒险。当成人加入游戏并主导游戏或告诉孩子"那不是剑，那是魔杖"，或"找到所有蓝色积木"，或"我们在这节课上只能写下真人真事"之时，这也限制了创意冒险。

社交冒险

　　邀请别人约会可能并不稳妥，我们可能会遭到拒绝，也可能会觉得非常尴尬，结结巴巴，措辞不当。我们可能会发现，其他人对我们并无好感。出于同样的原因，孩子们担心社交冒险。对于开朗而合群的孩子来说，他会自然而然地加入其他孩子的游戏当中。而对其他孩子来说，这可是个惊人的大冒险。

　　要支持孩子的社交冒险。单单承认这是冒险就可能大有帮助。"我知道这可能很难。"你可以概括相关风险："她可能会同意；她也可能会拒绝。"对于社交冒险来说，最重要的就是让孩子无拘无束地这样做。如果孩子有几个特别的朋友，那就让她邀请这些朋友参加她的生日派对。不要觉得必须邀请全班同学，以免落下任何人。要容许孩子们面对玩伴偶尔的拒绝。孩子们越善于进行冒险，他们就越善于建立新的人际关系，并在暂时受挫时更具有适应能力。

　　对于部分孩子来说，社交冒险就是打招呼，和成人说话，或者提问。但是，孩子们并不喜欢做所有这些事情。要提供机会，但不要强迫他们。要承认孩子们进行社交时是要冒风险的。

情感冒险

情感冒险就是指愿意面对可能的难受情绪。它可能看似不太像冒险，但通常它最让我们害怕。我们通常的反应都是不让孩子感到难受。当我们保护孩子免于情感冒险——可能感到伤心、恐慌、尴尬、愤怒或任何其他负面情绪之时，他们就没有机会练习如何面对这些难受情绪并消除它们。（见**法则 14：不要删掉书本中的食人巨妖**）

估测风险

当我们对孩子喊道："别跑了！你会摔伤脖子的！"我们就剥夺了她自己估测风险的机会。孩子们需要有机会尝试并自行判断风险，而不是由大人急匆匆地断定它"太危险了"。随着孩子越来越多地练习在平衡板上平衡身体，或踩着光滑的原木前行，他们就越能更好地判断自己的身体运动能力、物理原理以及自身的局限所在。

我丈夫和我以前都不知道，我们最大的孩子是否能独自安全过街。迈尔斯总是在做白日梦，似乎从未留意过交通危险。于是，我就仔细观察他如何独自过街。我发现，如果我不牵他的手或跟随在几步开外，迈尔斯就完全变了个样。他细心地观察车流量，不断地左看右看，等在路边，远比我更谨慎地判断迎面开来的车辆的距离，然后安全地跑到对面的人行道上。

如果我们没有寸步不离地陪伴在身边，孩子们会乐意适度冒险，并为自己的安全负责。

冒险让孩子们变得更细心

当我们将锋利的小刀给孩子之时，他知道这把小刀可能会伤到自己。没有孩子愿意受伤。结果就是：他会分外小心。

由于接收到了太多安全信息，他们可能会觉得，他们不可能受伤。成人始终会保护他们。原则始终会保护他们。机械表面、头盔和游乐场始终会保护他们。犯不着小心谨慎。不害怕周遭环境的孩子不需要小心行事。他认为每件事情都在可控的范围以内。

当我们让孩子去冒险的时候，他们往往会谨慎地对待它，采取让自己感到安心的步骤。允许孩子们冒险其实更能减少危险行为。

风险帮助孩子们认识自己

如果孩子们对风险感兴趣并因此冒险，他们就能逐渐培养出他们的自我认同感：我是个什么样的人？我善于做什么，我有哪些不足？这些问题都很重要。加弗尔·图利提醒我们，要让孩子明白自己的身份，那就需要通过游戏和冒险来自由探索。

不妨想象某个家庭，也许就是你本人的家庭：兄弟姐妹的性格各不相同；孩子和父母有时兴趣和价值观并不相同。孩子们在家中时会接收到大量信息，知道他们的父母是什么样的人，但他们需要在外界冒险，以便了解他们自己是什么样的人。我们都各不相同，需要记住的是，我们养育的孩子可能并不酷似我们。孩子们需要有充足的探索空间，这样他们就能发现自我，过上他们应该过的生活。

试试这个——加进你的工具箱

要尽力减少实际的危险。要让孩子们进行与其年龄相宜的冒险活动，促使他们成长、自主和独立。

学习放手

我仍旧记得我将10周大的孩子留给陌生人照顾5分钟时的情景。保姆当然是持有执照的专业护理人员，而我当时急急忙忙地冲出去从车上取夹克衫，但这5分钟考验了我许可孩子在生活中冒险和独立的能力。对父母来说，放手可能会极其困难。

允许孩子冒险意味着你必须后退，放手不管。走到其他地方去。不再絮絮叨叨。如果你做得很好，孩子就会获得独立，不再那么需要你。但需要并不等于爱。要想终身维持亲密关系，最好的办法莫过于给予孩子自由和冒险的机会。

可以接受的风险

哪些事不要紧,而哪些事又太冒险了?风险评估因人而异。孩子应该受到监督,但这并不是说他们有时候不能离开我们的视野,独自待一会儿。即便成人守在旁边,只要符合"只要没有伤害到人或物就没问题"的叛逆黄金法则,就可以让孩子继续玩耍而不加干涉。

问问自己:此时有何风险?如果风险就是凌乱不堪、眼泪、撞倒或冲突,这是可以接受的风险。如果风险可能涉及严重的伤害,这种风险就应该避免。在评估这种可能性时,始终要根据孩子的年龄进行调整。幼儿可能会在熙熙攘攘的大街上受伤,而大多数二年级学生应该能够安全地穿过马路。

冒点小风险

杰西卡·拉西在其著作《失败的馈赠》中谈到了身体和情感冒险的重要性,她说美国家长在谈到孩子们的有限自由时会立刻插话说:"对,我们需要更多冒险。"但是,等到需要在自己的家庭生活中容许这些风险的时候,他们仍然会退缩。

这并不容易。如果冒险的念头让你困惑不解,请不要自责。冒险意味着反对根深蒂固的"安全至上"法则。我们无法立刻藐视这种无所不在的文化。如果这对你来说很难,要承认它,并接纳随之而来的各种情绪。

然后设法冒点小风险。这可能是破天荒地将孩子留给临时保姆照顾。可能是让他/她独自在院子里玩耍。

开始让孩子冒点小风险

给邻居捎话

在原木或围墙上平衡身体

自行车骑得"太快"

独自在户外玩耍

独自在家中玩耍

独自使用公共厕所

切香蕉或苹果

让临时保姆照顾他

独自穿过马路

向图书管理员、商店职员或其他人提问

尽情采取这些小小的步骤。等你做好准备以后，再采取其他步骤。你会发现，在你放手以后，孩子可能会茁壮成长，怀着新的力量感和责任感。他们也会感受到自豪和成长。这会释放他们的心灵，增加他们生活中的喜悦，减少他们的恐惧。而最大的改变则可能发生在你身上。

获取帮助

尤其是生下头胎或独生子女以后，家长可能茫然不知哪些风险和自由是恰当的。如果这很困难，没关系。找个人来增加你的信心。

找个你信任的成人寻求帮助。如果你太担心，无法让孩子独自在前院中玩耍，那么，可以让他在你朋友的看护下玩耍。要解释清楚你希望克服这道障碍。如果这过于痛苦，你甚至可以寻求外界的帮助。《放养孩子》的作者列诺·斯科纳西可以出诊，帮助紧张不安的家长们放手。在她的帮助和鼓励下，家长们可以让孩子们在前院中玩耍、穿过马路或使用锤子。正如斯科纳西所说："我认识到，变化可能发生得很快……这只需要你认识到，你的孩子其实已经非常安全非常聪明。"

和祖父母们谈一谈

打听祖父母和邻居们的童年生活。了解其他人在童年时可以做些什么事情。也许你仍然觉得如今"世道变了"，但这些故事提供了新的视角，提醒我们认识到孩子们能够做些什么事情。啊，你的堂兄在 6 岁时炒过鸡蛋？你的姐姐在 5 岁时用真钉子制作过鸟笼？当我们被如潮的安全信息所淹没之时，我们忘记了这些事实。多听听童年趣事，然后在你自己的家中也试试看。

关键在于不要原封不动地模仿。尽管许多 5 岁孩子以前会去商店取奶，你不必送你 5 岁的孩子独自前往商店。重要的是，意识到你的孩子很能干。即便在年幼之时，孩子们所能做的事情也远远超过你的想象，而且能够做得很好。

寻找恰当的身体冒险

1. 厨用刀具

如果你还没有让你的小宝宝（或较大的孩子）用过刀具，那么，首先可以让他用黄油刀切香蕉。然后转而使用易于操作的斧头，或者锋利的刀具。为了保护手指，可以使用钝头型的锋利刀具。经过训练以后，可以让幼儿使用恰当器具来帮忙切割各种水果和蔬菜。

2. 锤子和锯子

如果有足够空间的话，那就为 4 岁和更大的孩子搭建工作区域，以便他们练习使用锤子和锯子。使用老虎钳固定木头可以让孩子腾出双手来操作刀刃。

3. 快 跑

当孩子们在自行车上或徒步冲得太快的时候，家长可以放手不管。大多数时候，他们都不会出事。有时候他们会撞倒，并认识到自己的极限。孩子需要快跑，甚至跑得"更快"。

4. 爬 高

当孩子们练习爬到高处之时，他们就会具有力量感，并能认识到自身的极限。要让他们爬高，在大树、梯子、围墙或其他离地面较高的地方平衡身体。当你给予孩子攀爬的机会之时，他们就更乐意远离危险的攀爬活动。

5. 打闹游戏

如果孩子喜欢摔跤、打闹和追赶，甚至喜欢玩拳击游戏，就让他们尽情玩吧。打闹游戏对大脑和身体都大有好处。要在现场确定规矩，但是，如果两个孩子都乐于玩打闹游戏，那就让他们不妨小打小闹吧。

6. 穿过马路

记住，从幼儿期开始，你就在教导这件事情。很可能孩子的认识能力远远超过你的想象。教导和训练她，然后让她试着独自穿过马路。可以在各种不同的十字路口进行练习，并在牵着孩子过马路时大声告诉她（"那辆车开得很快，咱俩先等等。"），这样，你的孩子就会懂得如何判断速度和距离。

7. 自然游戏

你练习冒险的时候，找个树林可能大有好处。原木通常都比城市围墙要矮，而且不会摔在水泥地上。可以利用溪流和岩石玩跳跃游戏。此外还有个好处就是，森林里很少有人会品头论足地进行观察并说："当心点。"

8. 利用各种机会

将量杯和水交给孩子，让年幼的孩子自己倒水。寻找其他简单途径来鼓励他独立自主。扫帚和畚箕放得太高了吗？双手够不着玻璃杯吗？将常用工具放在孩子能够拿到的地方。这让他们有机会培养各种技能并获得独立。

寻找独特的冒险机会

决定冒哪些风险完全是个人的事情。它也因孩子与其发展阶段而异。孩子们乐意冒一些风险但却害怕另外一些风险。小时候我害怕打电话，这属于社交冒险。对 8 岁的塔莎来说，独自待半个小时就是冒险：她会突然大哭起来，跑到邻居家。要耐心尝试。并非所有的冒险活动都适合每个孩子，但所有孩子都需要某些冒险活动。

应该说的话

对别的成人

如果孩子爬上滑梯，我觉得不要紧。
他们似乎表现得不错。
你担心这个游戏吗？
我们来和孩子谈谈，解决这个问题。

对孩子

你似乎想爬上去，而她想滑下来。
你能做些什么呢？

红滑梯太高了。如果你想爬，那就爬蓝滑梯吧。
你觉得安全吗？嗯。我觉得似乎有点高。
觉得危险的时候，我会溜下来。
我会看着你，但我不会代劳。
你可能会出错。
我觉得你可以穿过马路。我们练习过。你想试试吗？
我看到你跑得很快。
你的木棒离我太近了。
如果你想那样做，请远离其他人。
最坏会出现什么情况？

避免说的话

你会受伤的。
从那里下来。你会摔伤脖子。
别跑了！
当心点。
别让我再看到你做这种事情。
你会戳到别人的眼睛。
我们邀请全班所有人吧。
每个人都必须和大家一起玩耍。
你自个儿玩不安全。

你的角色

　　要心安理得地在童年时期增加合理冒险的机会。可能你并不是喜欢放养孩子的家长，但是，如果你不断采取积极步骤，你就能找到正确的道路。关键是不断给予孩子各种有益的体验。决定孩子在几岁时进行某些冒险活动完全由你自己决定。有些孩子可能5岁时就可以穿过社区的马路，有些孩子则要等到8岁，甚至要更迟，这取决于你所居住的地方。冒险让我们获得信心和成长，也让我们懂得科学与诗歌。我们不需要限制各种类型的适当冒险，而需要限制将孩子管得太严，要给予他们更多的独立。要训练孩子，设立合理的限制。让他们练习，然后放手。

法则 2 不亲吻祖母也没问题

在祖母抱住 6 岁的加比以后,他从房间里跑出来。"哎呀,吻得我脸上湿乎乎的!我不喜欢这样!"他大声说,然后用枕头开始擦脸。

"叛逆"的原因

礼貌就是尊重他人。要尊重孩子不喜欢别人碰他的愿望,即便是慈爱的祖母。这也是很好的安全功课。

我们希望孩子迎接别人时彬彬有礼。"至少打个招呼。"我们哄他们说。面对祖母之时,我们希望孩子们会拥抱和亲吻她,无论祖母是否提出这种要求。

欢迎他人并不容易。我们希望做个"好"家长,以表明我们成功调教出了彬彬有礼的孩子。我们希望家人喜欢我们的孩子,或者至少觉得我们的孩子是合格的。社交压力可能很大，因为我们的育儿能力会在众人面前暴露无遗。

礼仪对社交和睦非常重要，但在教导礼仪时，我们需要尊重孩子。毕竟，良好的礼仪就是尊重他人。这意味着在教育过程中也要尊重我们的孩子。在迎接和告别之时，要尊重孩子按照自己的节奏来学习的权利，以及不允许别人碰他的权利，即便对方是祖母。

"叛逆"的好处

当我们示范出尊重他人的榜样之时，孩子就会尊重他人。必须让孩子认识到，即便在家中，她也有若干权利。

我知道人们在彼此问候时会怎样做。当我准备好以后，我自己也能够这样做。

有时候我觉得很害怕。成人会理解我。

在我感到轻松不紧张的时候，我会表现得更好。

即便面对我喜欢的人，我也能够设立限制。我可以告诉他人，我喜欢什么，不喜欢什么。

我的身体属于我本人。我可以决定是否让别人接触我的身体。

他们是家人，但单单这个原因并不意味着他们可以触摸我。

为何有效

当孩子们埋下脑袋、不肯打招呼或做出其他奇怪的反应之时，背后的成长原因是情有可原的。"年幼的孩子常常不了解有关问候他人的社交风度。"《成为你理想中的家长》这本书的合著者劳拉·达维斯与詹尼斯·凯瑟尔说。以身作则是教导社交风度的最佳途径。不要坚持固定的言行，可以有很多变通办法，孩子也有权保持沉默。

年幼的孩子往往害怕陌生人和差异。对于戴着古怪帽子、眼镜，留着胡须或具备其他新奇特征的人们，他们可能怀着毫无来由的强烈恐惧。达维斯和凯瑟尔说，忽略来访者通常源于发展因素。当孩子似乎没听见礼貌的问候"你好吗，凯拉"之时，他可能根本就不是无礼，而只是太专心了。不肯和别人打招呼的学龄前孩子可能正处于渴望获得独立感的发育阶段。你仍然可以设定期望值，鼓励并亲身示范社交风度，但需要让孩子拥有回旋的余地。她可能无法按照你的要求去做。

"哦，不要在意她，"我们会尴尬地说，"她太害羞了。"给孩子扣上害羞或无礼的帽子会削弱她的学习能力。儿科专家与育儿顾问威廉·希尔斯说，扣帽子会产生影响，孩子往往会接受我们给他们贴的标签。孩子们可能会想："我觉得我是个无礼的孩子。我很坏。"或者："我很害羞。我无法改变。我始终都会那样。"我们通常通过扣帽子来掩饰自己的尴尬。给孩子扣上"害羞""不听话"或"无礼"的帽子只会适得其反，不能帮助她学会社交习俗。

孩子比成人小得多，很容易屈服。"孩子没有机会反抗前来探望他们的祖父母。"俄亥俄州哥伦布市幼儿学校的老教师黛比·贝利欧说。祖母的亲吻似乎不是什么大事，但任何强行的身体接触都开了很坏的先例。它可能会打开通向更多此类行为的大门。孩子需要了解到，她有权设立限制。

拥抱和亲吻朋友与家人同时涉及两个话题：身体与礼仪。有时候我们努力提倡礼貌待人，但我们忘记了身体是很重要的。需要让孩子认识到，怎样才能兼顾这两者。要支持你的孩子。目标就是教导礼仪、安全和限制，而不致吓到孩子或让他们感到困惑不解。安全意味着谨慎小心，但同时也需要尽早教导孩子，他们是"自己身体的主人"。

什么时候可以指望孩子礼貌地打招呼呢？大约在小学三年级时。到了这个年龄，导致孩子避免人际交往的许多发展障碍（如分离焦虑症或害怕陌生人）都逐渐消失了。小学三年级的孩子可能还不会像你那样重视问候和其他礼仪，但他们应该能够应付社交场合。要提前设定期望值，在家练习，让孩子知道受到他人热情问候时有多么开心。例如，这可能意味着向孩子解释，当他来到玩伴家中时，作为来访者，他需要与玩伴家中的每个人打招呼。

然而，社交能力有很大的差异。约西在10岁时还无法在教堂里担任引座员，或者向陌生人打招呼，而他6岁的弟弟却可以轻松地问候他人。要记住的是，对某些孩子来说，问候他人可能极其困难。要继续向孩子示范你希望他们学会的举止,但不要催促他们。

 **摘下成人的有色眼镜**

当我们遇到和问候他人时,仿佛就是在展示我们的育儿能力。我的孩子非常有礼貌吗?我达到了我自己的母亲或父亲的期望吗?我很好地调教出体贴而彬彬有礼的孩子吗?这与你无关。如果孩子不肯说话或拥抱他人,他有合理的原因。礼貌就是尊重他人,因此要尊重你的孩子,接纳他的感受。此外,许多安全问题也会产生影响。需要让孩子知道,当他们不肯让别人触碰他们之时,你会支持他。你的目标是让他们向碰到的每个人礼貌地打招呼和相处。要记住,这只是目标,但实现这个目标可能需要花些时间。

害怕老人的身体

你的手上为什么有皱褶?

爷爷身上有怪味。

连到她鼻子上的那根管子是啥东西?

青筋暴露、脖子耷拉、脸上长斑、皮肤皱缩、声音刺耳、气味难闻——在你看到深爱的年迈家人之时,你可能首先不会想到这些东西,但对孩子来说,这些差别可能令人反感甚至害怕。我会变老吗?奶奶手上的这些皱褶是怎么回事?她走路时用的那个机器是什么?为什么有根管子接到她的鼻子上并嘘嘘作响?为什么爷爷不能像其他人那样听见我说话?

我的祖父胡子拉碴,身上有烟味,说话瓮声瓮气而且伴有咳嗽。当我和他说话时,他听不见我。此外还有个年长的亲戚,他戴着助听器,每当我靠得太近的时候,它发出的声音都非常尖锐。在我5岁的时候,所有这些都让我感到有些害怕。

老人的身体与孩子不同,幼儿常常会害怕外貌不同寻常的人。这包括留着胡须、戴着帽子、皮肤皱缩、使用助步车、轮椅或氧气筒的人们。要让孩子有机会谈论老人的身体并进行提问。

陌生的家人

"阿利亚，来抱抱我。"两岁半的阿利亚盯着门口的陌生女人。她的祖母住在纽约，而阿利亚和家人住在俄亥俄州，每年只能见到她一次。阿利亚看了看向她伸出手来的陌生女人，然后躲到了车子后面。

看望祖母的时候，成人们期望年幼的孩子扑进她的怀抱，或至少能够面带笑容，礼貌地问候祖母。问题在于，对于孩子来说，祖母、叔叔罗德尼或堂兄萨拉可能是个陌生人。作为家长，我们经常提醒孩子要提防陌生人，然而有时候，我们忘了，我们的亲戚也像陌生人。

我们希望孩子会拥抱各种各样的陌生人。格雷琴带3岁的孩子和婴儿到购物中心去见桑塔。她让他俩坐在桑塔身上，希望照张温馨的照片发送给家人。但照片却并不如意："我孩子的脸上并没有喜悦，而是焦虑。坐在陌生人身上时，他们感到并不放心。"

上次见面是在什么时候？如果超过一个月，孩子很可能就需要进行调整。"詹妮阿姨来看我们。她很久没见到你了。"如果你觉得孩子可能会躲在你的背后，或对来人感到紧张不安，那就给双方设定期望值："詹妮阿姨喜欢拥抱别人。我会拥抱她。如果你愿意的话，你也可以拥抱她。"同时对来访的亲戚说："我知道，你自从春天以来就没见到杰克，你迫不及待地想要见到他，但杰克有点记不住你了。他可能需要花点时间来适应。"或者："杰克现在不喜欢和人亲吻。他愿意和人握手。"

要慢慢接纳孩子的恐惧，并建立（或重新建立）信任。

电话和视频通话

凯登不想打电话。菲尔叔叔打电话来祝他生日快乐，但凯登不断摇头，不肯接电话。叔叔感到不快，他的姑姑和祖母都开始干涉："6岁的男孩应该和别人交流。他需要学会礼貌。""凯登只肯和他最近见到过的亲戚通电话。"他妈妈说，"否则他就不肯。"

孩子们活在当下。在任何的一天，他们可能乐意说话，也可能乐意保持沉默。不要逼他们。这不是因为他们害羞，不是因为他们不喜欢你，也与礼仪无关。孩子们可能很难接受虚拟会面。

当我外出时，有时候孩子愿意接我的电话，有时候他却不肯。要知道，当我们在与孩子通话时，我们经常会问些可笑的问题。例如："你现在在做什么呢？"回答："在和你通电话。"在孩子心甘情愿的时候，你们俩更有可能沟通得很愉快。随着时间的推移，孩子们会习惯于电话和视频通话，甚至会舍不得结束通话。

孩子的身体由他/她自己做主

萨曼莎的妈妈喜欢在问候时亲吻他人。某天，在妈妈到学校接她的时候，她低下脑袋，不想亲吻妈妈。"你不必吻我，但我会吻你。"她的妈妈说，然后强行吻了她。

在某种意义上来说，萨曼莎的妈妈很灵活：如果你不想吻我，这不要紧。但她传递出了错误的信息：不管你喜不喜欢，我都会吻你。你的身体不属于你。

在拥抱、亲吻、挠痒或其他类似身体接触时，孩子有权拒绝，因为他/她不想要这样的身体接触。的确，有时候孩子需要洗澡或去看医生。有时候，需要限制他们的身体，以免他们伤害他人，但涉及问候、告别和平常亲昵之时，孩子有权支配自己的身体。

这层意思需要表达得简单而连贯。你的身体属于你自己。如果你愿意的话，你可以让别人接触你的身体。但你也可以拒绝任何接触。孩子对自己身体的支配权涉及尊重、隐私和安全。

当你教孩子了解人身安全之时，常常会谈到恰当的身体接触和不恰当的身体接触。最简单地说，不当接触会让人感到不舒服。如果感到讨厌，那就是讨厌。需要让孩子认识到，他们对身体隐私拥有基本的权利。

学习这门功课可能需要花点时间。我6岁的孩子在学校里被其他孩子亲吻。他不喜欢这样，再三重复老师的话说："学校里不许亲吻。"后来，我们谈到了这件事。

"如果你不想亲吻，你有权利拒绝。"我说。

"学校里不许亲吻。"扎克重复说。

"你在任何地方都可以拒绝被亲吻。"我提醒他说，"在学校里，杂货店里，公交车上，家里，或任何其他地方。"

"哦。"扎克说，似乎松了口气。

但和家人也应该如此吗？奶奶和哈里叔叔的亲吻不应该另当别论吗？不。涉及家人时，可能更加重要。尽管孩子们常常担心陌生人可能带来的危险，但有更多孩子受到熟人的伤害或性侵犯（见**法则 4：和陌生人说话并不要紧**）。"家人"这个身份并不重要。

孩子有权为自己的身体设立限制。

榜样的力量

不必强迫孩子听从你的吩咐："和杰克逊女士打个招呼"，或"吻吻爷爷"。孩子们通过榜样学会社交问候习俗。

打招呼或道别似乎很简单，但这涉及许多问题。孩子面对着新的空间、新的人群和新的体验。外出可能会让孩子受不了。因此，可以让陌生人造访你的家庭。在孩子留意社交礼仪之前，需要首先给予他们安全感："我知道你现在想跟在我身边。"

除开以身作则之外，你还可以在其他时候教导并训练他们。黛布拉教她的孩子学习如何紧紧握手。在遇到爸爸的同事时，他们迫不及待地想要展示他们的新技能。如果你知道客人即将来临，可以用木偶剧进行练习或教导他们："当别人来到我们家时，要热情地走到门口打招呼。这会让客人觉得自己受到了欢迎。"

孩子喜欢了解应该做什么事情。这让他们觉得自己很能干。但要记住的是，即便孩子知道应该怎么做，他们有时候也可能无法这样去做。有时候，恐惧和情绪会淹没他们。

> 良好的礼仪就是尊重他人。

试试这个——加进你的工具箱

询问孩子

了解孩子为何不喜欢爷爷的拥抱或奶奶的亲吻。因为胡须？丰满的乳房？奇怪的气味？汗水？香水？吻得脸上湿乎乎的？抱得太紧？孩子可能会害怕老人斑（这是疾病吗？如果碰到我，我会死去吗？）或刺耳的声音或双耳失聪（他听不见我说的话。我觉得不安。）。

在认识到主要问题以后，把它说出来。有时候，不需要改变任何东西。"嗯，爷爷的胡须很粗糙，让人痒痒的，对吗？"有时候，你可以设立限制："亚达不喜欢热烈的亲吻，他现在只喜欢轻轻吻一下。"

让人们熟悉对方

彭尼将大家族的照片贴在冰箱上孩子能看到的高度。他们的脸孔变得很熟悉，孩子们经常听到关于埃里克叔叔或米丽萨阿姨的故事。每逢有人前来做客时，彭尼就会将照片取下来，让孩子仔细端详照片。"米丽萨阿姨和你一起做过巧克力薄煎饼，还记得吗？我不知道她这次会做什么。"设法让相隔千里的亲戚们彼此熟悉对方。

打破坚冰

你的孩子乐于行动。如果她不想拥抱，或许她可以接过客人的外套。要提前做好准备："等到我的朋友格丽塔来的时候，我们可以给她端上咖啡。"然后邀请孩子参与进来："你可以为格丽塔端咖啡吗？"

如果奶奶想要依偎在孩子身边，那就建议他俩共同读书。起初你的孩子可能躲得远远的，但很快，故事就会吸引他，他会依偎在奶奶身边。孩子可以迅速喜欢并接纳陌生人，但刚开始见面时很少会这样。

以身作则

要以身作则。自己走上前去，拥抱布兰达阿姨。你的行为向孩子表明这个人是可信的。你的话语和行为也表明，拥抱和亲吻是我们欢迎大家族成员的方式，而握手并说"见到你很高兴"在我们的文化中是恰当的问候方式。无论你身处什么样的文化当中，孩子们都会效法你所树立的榜样。

引导而不强迫

不要强迫孩子做某件事。我们都听说过这个道理，我们也都曾经这样提醒过自己。"和摩根先生打招呼。""去热烈地拥抱爷爷吧。"如果你希望孩子做这些事情，那就要提前和他讲好。让他们知道什么行为是正常的或令人满意的。可以提醒孩子（"你想要拥抱爷爷吗？"），但强迫孩子则是不尊重他的感受。

提供变通方法

向孩子提供变通办法。"你可以挥手，可以微笑，也可以说声'嗨'。"或者，"你不需要说话，只要跟我站在门口就行了。"或者，"你不需要在电话里说许多话。只要说'爷爷好'就行了。"

教导孩子

大多数孩子都会通过模仿来学习，但是，如果你的孩子不容易学会社交礼仪，那就要提供信息来引导他们。当别人向5岁的汉克打招呼时，他并不理会他们。他的妈妈告诉他："当别人跟你打招呼时，他们期望你回应他们。当人们跟你打招呼时，要友好地回答他们。"汉克并没有通过模仿学会这种礼节，但是，自从妈妈向他解释过这个概念以后，他就开始打招呼了。如果你的孩子与汉克类似，那就直接向他解释清楚："当他人向你打招呼时，你可以回答或挥手。"

还有一类信息就是关于身体与身体安全的基本信息。许多针对孩子的优秀书籍都谈到了"恰当"和"不当"的身体接触，但有时候，亲戚的亲昵举动可能是个棘手的问题。《米尔斯的身体由自己做主》等儿童书籍谈到了如何为善意的亲戚设立私人限制。

必要时帮助孩子设立限制。"奶奶想要抱抱你。你现在想抱抱她吗？不想？没事。你可以告诉她。她会理解的。"

也要向亲戚解释。这有助于防止误会，可以让来访者支持你。正如纽约州布法罗市的家庭帮助中心所建议的："要告诉亲戚，你在教孩子了解什么是安全的身体接触，也在教他认识到他们的身体由自己做主，这样，他们就不会因为你孩子的行为而感到不快。"

成人的身体也有权利

奶奶也有权为自己的身体设立限制。问候和玩耍时，孩子可能会过于高兴，对于年幼孩子身体的亲昵举动，有时候客人也会感到别扭。如果出现这种问题，要让客人知道，他们也有权设立限制，说出他们的真心话。

道别可能会伤心

每逢要对爷爷奶奶说"再见"的时候，我的儿子迈尔斯就会跑开。他不肯说再见，他会在家中悄无声息地消失掉。他无法忍受这种伤心。

对许多孩子来说，说再见可能是非常痛苦的事情。如果慈爱的朋友或亲人将要离开，孩子可能会变得默不作声、跑开或藏起来。"哦，过来，和罗德尼叔叔说再见。"我们可能会责备说。离别是痛苦的。它可能非常痛苦——即便来访时间很短——以至于孩子无法面对巨大的痛苦。如果你的孩子很难开口说再见，那就首先让他见面打招呼，并等到他长大以后再学会离别时的礼仪。

不要催促孩子

7岁的穆罕默德冲过来为一位来访的妈妈端上饮料，并接过她的外套。当她走进房间时，他总是会站起来。

萨姆的妈妈并不要求萨姆热烈问候，只希望他简短地打个招呼。"打个招呼，然后你就可以去和表妹们去玩了。我们要欢迎露易丝阿姨，这对她很重要。就如同便后要洗手，这也是我们的惯例。"

在不同的家庭文化中，对于问候礼仪的观念各不相同。要承认它们的差异。努力实现你确定的标准，但不要指望每个年龄的孩子始终都能表现很好。如果你不断地以身作则，表明你希望看到的行为，孩子逐渐就能达到你的家庭标准。要尝试你觉得合适的标准，并同时尊重孩子、自己和身边的其他人。不要催促孩子。

应该说的话

问 候

我们可以一块打招呼。

没事儿。成人喜欢打招呼。有时候，小朋友需要额外的时间来适应。

欢迎并打招呼对詹妮阿姨很重要。

现在，这对她来说有点困难。

没事儿。他是用自己的方式欢迎我。

我知道他听见了我的问候。

没事儿。我看到她，她也看到我了。

为善意的身体接触设立限制（即便来自奶奶）

如果你愿意的话，你可以拥抱奶奶。

看起来你不想别人抱你。

她很久没有见到你了。

我们一起和他打招呼吧。

不要亲我。

我现在不想拥抱。

或许过会儿可以。

我听到亚达说"不要亲我"。

不行就是不行。

身体接触不能让人感到难受。

你的身体由你自己做主。

有时候，小朋友不想被人拥抱。这没事儿。

你想帮助她停下来吗？

你在担心什么事情吗？

避免说的话

她只是很害羞。

不要害羞，和沃格尔伯格女士打招呼。

哦，对不起，她通常不会这样躲起来。

别太野了。

和杰克逊先生打个招呼。

去，亲一下爷爷。

去拥抱奶奶，说声晚安。

你的角色

在成人中间，问候和道别时的感受会非常强烈。有时候，你会发现，你的家庭规矩不符合他人的期望。

如果其他家长坚持孩子在欢迎你时要彬彬有礼地说："你好，托马斯女士／先生"，并为孩子没有这样做而感到尴尬，此时要让每个人知道，这不要紧。"没事儿。我知道她是用自己的方式问候我。"

如果你正打算拜访要求严格的叔祖母辛西娅，要提前谈到这件事情。要在家中进行角色扮演并不断练习。"辛西娅叔母喜欢握手。我们来试试。握紧，不要握得太轻，也不要太用力……对，就像这样。"

如果我们忽略孩子的感受并让祖母吻他，这会怎么样呢？也不用紧张。要尽量尊重身体的限制，但是，如果这种事不常发生，孩子会没事的。

法则 3　示范错误

5 岁的科林讨厌犯错误。当他绊倒并踢到脚趾时，他就会怪姐姐。当他从生日礼物袋里偷走胶质软糖时，他会说："她让我做的。"只要做了错事，科林就会责怪他人，这种习惯让他的妈妈很生气。

3 岁的特里斯坦独自离开了操场。老师找到了他，解释说这样做不对，并告诉他需要留在操场。他的反应就是呆呆地站在那里。当天剩下的时间，他几乎没有走动，也完全不再作声。

"叛逆"的原因

要当着孩子的面示范错误。要看到你的错误有助于孩子接纳自己，不断尝试，并负起责任。

"大鸟"① 长期以来都在帮助科林和特里斯坦这样的孩子。他会唱《芝麻街》的歌曲，鼓励孩子们在生活中接纳错误。你还可以在线聆听杰夫·莫斯的经典歌曲《每个人都会犯错》："大人们，小人们，事实上，所有人。每个人都犯错，为何你不能呢？"

许多孩子都很难接纳错误。有些孩子会否认错误："不是我做的！"有些孩子会责怪他人。还有些孩子会愣在那里，不再冒险，害怕自己会

---

① Big Bird 是美国儿童电视节目《芝麻街》的主角。——译注

再次犯下可怕的错误。在犯错误时,孩子们通常都比较片面。他们能清楚地看到自己的错误,但不会留意到他人的错误。看到孩子犯错误只要简单指出来就可以,这可能对他们大有帮助。

"叛逆"的好处

对于年幼的孩子来说,有时候保全面子是头等大事。当你教导他们如何面对错误时,这些教导可能会让他们受益终身。

我有时候可能会犯错。这不要紧。

不只是孩子会犯错。每个人都会犯错,甚至包括我的爸爸妈妈。

当我犯错以后,我可能感到很难受,但我知道怎么办。

我可以为我犯下的错误负责,并努力弥补错误。

我不会因为自己不完美就放弃尝试。

为何有效

毫不奇怪,孩子们往往会对错误做出强烈的反应。他们始终在尝试新事物,他们又跟着成人生活,后者似乎能够极其出色地完成相同的任务。倒牛奶?容易得很。搭建楼房?小菜一碟。穿衬衫并系上纽扣?五秒钟的事情。而对孩子来说,错误每天都在发生,例如行为越界(打妹妹),或者将牛奶洒出来。

"孩子们更需要榜样,而不是批评。"18世纪的法国哲学家约瑟夫·儒贝尔说。众所周知的是,孩子们通过模仿来学习:观察别人并重复其行为。育儿专家劳拉·达维斯与詹尼斯·凯瑟尔说,以身作则是教导孩子正确对待错误的好方法。孩子会细心观察我们。当我们谈论自身的错误之时,孩子们就会学到如何面对犯错并改正错误。我们如何对待错误比错误本身更加重要。

有些孩子在犯错以后,会由于错误本身或我们的反应方式而觉得很羞愧,而羞愧本质上就是"我是个坏人"的内在感受。它会贬低自我价值。孩子可能会做出打人、逃避、躲藏和否定错误的反应,以便保护自己。对孩子来说，更健康的感受是内疚（这包括遗憾和悔恨），渴望改正错误而不是逃避错误。琼·普利斯·汤尼等心理学家说，父母可以帮助孩子避免犯错以后的羞愧感，培养更健康的心态。

 **摘下成人的有色眼镜**

当孩子责怪他人之时，我们的本能反应往往就是进行道德说教。我们告诉他们不能撒谎。我们可能会训斥他要勇于承担责任。这不是孩子需要的东西。孩子通常也讨厌错误。首先要关注他们的感受。要帮助孩子认识到，他们并不孤单，每个人都会犯错，包括你在内。要敢于在孩子面前犯错，并在孩子犯错时帮助他采取行动来纠正错误。

羞愧和犯错

犯错会产生复杂的感受，有些孩子的感受会非常强烈。他们可能会感到羞愧、生自己的气、沮丧、悲伤、内疚或无助。

当孩子将牛奶泼出来或撕坏哥哥的图画之时，要帮助她学会承认、接纳并改正错误。这并非易事。作为成人，我们有多少人能够马上公开承认自己的错误并予以改正呢？这种生活技能也有利于我们的家庭和社区，然而，这需要练习许多年。要让成人接受错误并保持冷静，最简单的做法就是从小时候开始学起。

我们如何对待错误比错误本身更加重要。

有时孩子特别害怕犯错。对男孩、独生子女和头胎孩子来说，错误往往是极难接受的。正如《真正的男孩》的作者、心理学家威廉·普拉克所说，男孩们害怕丢脸。许多男孩为了避免丢脸，什么事都愿意干。他们通常也热衷于力量，因为这会让他们远离羞愧。头胎孩子和独生子女往往会感受到更大的压力，他们会觉得必须将事情做好。如果家

庭中全部都是成人，孩子们就可能将自己与身边的成人进行比较，觉得自己老是失败。

示范错误

在小时候，我的哥哥斯科特讨厌犯错。我母亲注意到，真正困扰他的是被人注意到他在犯错误。他讨厌这种羞耻感。如果他想要犯错，他会私底下犯错。在学前班的时候，某天，斯科特跌坐进水坑当中。他号啕大哭。这不仅是因为衣服打湿，身体也弄脏了。他讨厌犯错的羞愧感，这种尴尬中还掺杂着恐惧：妈妈会生气吗？

对于讨厌错误的孩子来说，示范错误可能大有帮助。幼儿学校的老师们建议我的妈妈不要掩饰自己的错误，以此教导斯科特认识到犯错并不要紧。

"哎呀，我做了错事，所有彩笔都掉了下来。"她会大声说，"我只好将它们捡起来。"

其他时候，她会故意跺脚引起斯科特的注意。"哎呀！我犯了个错！"她会喊出来。"犯错并不要紧。每个人都会犯错，包括孩子和老师，爸爸和妈妈。"

随着我妈妈不再掩饰她每天犯下的所有小过失，斯科特也不再苛责自己。最终，他也能够承认错误了。

要当着孩子的面示范错误。

孩子始终在耳闻目睹之处观察和倾听。如果你开始公开自己的错误，你会惊讶地发现，自己每天犯下的错误简直不计其数：将咖啡洒出来，忘记车钥匙，迟到，手机放错地方。幸运的是，大多数错误都是小事，不难公之于众并很好解决。让孩子知道如何表达失望并继续生活下去：天哪！见鬼！乱弹琴！哎呀！哎！我犯了个错误！我真糊涂。嗯，我想我现在得……

承认错误需要勇气。要帮助孩子养成这种习惯。

我儿子迈尔斯早在手指握不住笔之前就想写东西了。他通常无法如愿,然后就会冲自己大发脾气。可能他终生都会痛苦地追求完美。我知道,我得尽量在迈尔斯身边展示自己的错误。从他两岁时开始,我就会向他讲述我每天的错误。很快,他就听到我不断说"哎呀"。

最重要的是要让孩子认识到,犯错并不是灾难。知道如何消除错误可能需要成人的帮助。需要用海绵来纠正错误吗?要道歉吗?重新试着画张画?但是,终有一日,你的孩子不仅会承认错误,也会冷静地想出对策。当我听见迈尔斯在卧室里说:"哎呀!我犯了个错误!(停顿片刻)迈尔斯真糊涂。现在我需要胶带",我觉得功夫不负有心人。

试试这个——加进你的工具箱

不要制造完美的假象。要让孩子认识到你经常犯错,并知道你是如何对待错误的。在孩子面前有意展示自己的错误。这也有助于你接纳自己的瑕疵。

1. 公开自己的错误
   "哎呀!我犯了个错误!"

2. 表明什么事做错了
   "我将牛奶洒在桌上了。"

3. 接纳自己的错误
   "嗯,好吧。这种事有时免不了。每个人都会犯错,甚至爸爸也会。"

4. 解释你如何纠正错误

"现在,我得找块海绵把桌子收拾干净。"

尽管脏乱不堪,也要尽量让孩子试着自己解决问题。赶紧冲过来帮忙并说"我来帮你做"可能会让孩子觉得,必须达到完美才行。

随着孩子不断成长,错误可能会变得更加复杂,这通常涉及社交失误。可能不是将饮料泼出来,而是涉及流言与感情受伤。身为成人,即便我们初衷良好,我们也会犯这种错误。最近,当我社交失态之时,我知道,我的孩子在观察我的动静。我当时对自己很恼火,无心为孩子做示范,但我还是尽量鼓起勇气,好让自己优雅得体一点。最重要的事情就是向孩子示范如何承认并改正错误。

应该说的话

示范错误

哎呀!我犯了个错误。

乱弹琴!见鬼!哎呀!哎!

我将咖啡泼到购物清单上了。

对不起,你是对的。我错了。

我不该说那种话。这样或许更好。

那样做没有达到我希望的结果。

我真糊涂。

有时候有些事免不了。

哎,好吧。

呃……我可以做些什么?要怎样解决这个问题呢?

我想,我现在得重新拿张纸来。

体谅并教导

即便妈咪有时候也会犯错。

我来给你讲个故事，讲讲我 4 岁时犯下的错误。

倒牛奶确实不容易。

即便你犯了错，我仍然爱你。

这是个意外。有时候我们做过事情以后会后悔。

每个人都会犯错，包括爸爸妈妈、孩子、老师和奶奶。

犯错以后，我们可以纠正它。

避免说的话

没有什么好难过的。

我怎么给你说的？看看你搞得这么乱七八糟！

科林！不要那么笨手笨脚！这是你今天第三次将牛奶洒了出来。

你为什么对我撒谎？我知道这件事是你做的。

你什么事都做不好。

来，我来帮你做。

你的角色

在孩子犯错时，你可以帮他/她消除负面情绪，并培养生活的适应能力。当然，如果你去拜访哈迪阿姨而她的家中极其整洁，那么，此时就不是让孩子练习倒牛奶的最佳时机。可以在家中留出充分时间进行练习（将液体装入带有壶嘴的小型塑料量杯中）并说："我知道你经常给自己倒牛奶，但在这间房子里，我来给你倒。"此外，许多人不喜欢别人指出他们的错误。所以，要突出你自己的错误，但不要夸大别人的错误。

法则 4　和陌生人说话也没问题

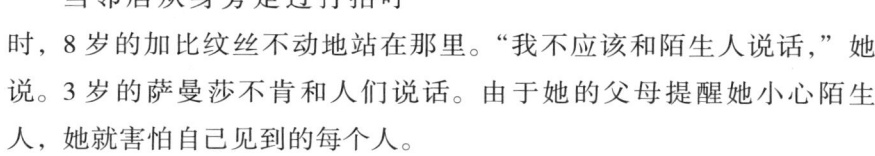

10岁的罗根按照妈妈的教导，在女厕所中将脸转向墙壁。罗根已经上四年级了，女士们在他身后的小分隔间里上厕所，他却被要求站在角落里，这让他感到非常羞愧。他的妈妈不相信他能够安全地独自站在公用厕所外面。

当邻居从身旁走过打招呼时，8岁的加比纹丝不动地站在那里。"我不应该和陌生人说话，"她说。3岁的萨曼莎不肯和人们说话。由于她的父母提醒她小心陌生人，她就害怕自己见到的每个人。

"提防陌生人"的建议并没有用。首先，它没有保护孩子。其次，它制造出毫无根据的恐惧和迷惘。需要向孩子传递不同的安全信息，并提供不同的安全措施。

"叛逆"的原因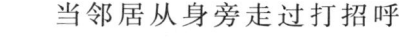

"提防陌生人"让孩子感到困惑，这并不能保护他们。要给予孩子工具，而不是恐惧。

在拥挤的露天游乐场，有个妈妈在斥责她随处乱逛的 5 岁孩子。就像所有家长，她吓坏了。"紧紧跟着我。"她说。然后，她唤起了诱拐儿童的恐惧。"如果有人走上来将你拐走，那你就惨了。"

诱拐儿童仍然是美国家长们的头号恐惧。梅奥医院的研究发现，几乎 3/4 的家长害怕他们的孩子会被诱拐。可能你也担心这个问题。但是，家具掉到你头上的可能性更大。根据消费者产品安全委员会的说法，在美国，每隔半个小时，就有一名儿童因为巨型平面电视被打翻而严重受伤（有时甚至致死），并被匆忙送进急诊室。

"身为家长总是免不了担心，但我们应该换个角度。"《简单育儿》这本书的作者金·约翰尼·佩恩说。始终生活在恐惧中是很痛苦的。当恐惧主宰我们以后，我们就无法做最好的家长。我们生活在担忧中，随着我们越来越了解接触陌生人的相对危险，并知道如何采取有效措施来保护孩子，我们就可以过新的生活。我们不能被恐惧所支配，而需要理解何为安全。

需要给予孩子空间，让他们练习如何保护自身的安全。这包括与陌生人谈话，尽管这可能违背了直觉。

"叛逆"的好处

我们需要帮助孩子安全地生活。这就需要我们监督孩子，同时也需要给予孩子工具和独立机会。如果孩子和各种各样的人群打过交道，他们就会了解何为信任，何为风险。

大多数人都很善良。

许多人可以帮助我。

我可以和陌生人谈话，但我知道，最好不要跟着他们走。

如果我讨厌某件事情，我可以直言不讳。

没有任何人有权采取我讨厌的方式来接触我。

如果我觉得讨厌，那就是讨厌。

碰到险境时我知道怎么办：大叫并走开。

我可以在小事上照顾好自己。

我能够做许多事情！我的父母很信任我。

 **摘下成人的有色眼镜**

大多数年幼孩子的家长都会重复我们自己在童年时听到的教导，包括"不要和陌生人说话。"现在，我们有了更多的认识。我们知道陌生人极少会威胁到孩子，大多数绑架和虐童事件的主谋都是早已了解我们的家人和朋友。但现在仍然很难改变"不要和陌生人说话"的思维定式。事实上，陌生人极可能帮助我们的孩子。我们的恐惧应该关注真实的威胁，首先是车祸。我们无法消除世界上的所有不幸，但为了保护孩子的安全，我们需要采取真正有效的措施：维护孩子的权利，学会设立限制，具备应付都市生活的独立能力，甚至在面对意外时反抗成人。

今天的恐惧

"本从不走着去上学。"妈妈谢丽说。本今年7岁，是妈妈的独子。他们住在一座小镇上，本就读的学校与家只隔了几条街。"如今，你不能按照常理和世界打交道。"

我们翻来覆去地说"如今"，但事实上，如今的世界要比以往安全得多。根据美国司法部的统计，暴力犯罪率已经是40年来的最低水平。

意识到这个事实以后，我感到很震惊。真的吗？天哪，我们都充满惶恐。但关于低犯罪率的新闻依然罕为人知。

我越是思考这个事实，就越是意识到下面这个隐秘的事实：我们生活在太平无事的年代，比我童年时要安全得多。所有坏事——强奸、谋杀、针对孩子的犯罪——都在减少，不仅是减少，而且是明显减少。事实上，根据联邦调查局的报告，2014年的暴力犯罪事件还不到1994年的50%。其他西方国家也出现了显著下降的趋势。

这令人非常吃惊。

但我们彼此的恐惧却在逐日增加。也许媒体或社交媒体助长了这种趋势，但不管是什么原因，认为世界对孩子充满危险的信念都与现实格格不入。

目前美国有 7500 万儿童。孩子被陌生人绑架的概率为 0.00000153%。

对孩子来说，人生前所未有地安全。我们不再在孩子卧室中使用开放式壁炉。我们制定了《童工法案》，让孩子远离危险的农场工作和工厂。我们生产了现代药物，保护他们远离童年疾病。现实生活中的风险在逐渐减少。现在，我们需要帮助彼此纠正心态。

为何有效

孩子们通常搞不清楚，谁是陌生人，谁不是陌生人。在孩子的生活中，大多数成人都是陌生人，甚至包括每隔两年都会前来做客的格洛丽亚阿姨。英国心理学家大卫·瓦伦说："研究表明，孩子们其实不知道谁是陌生人。他们觉得，只要别人知道他的名字，他就不再是陌生人了。"孩子们通常觉得陌生人个头很大或为人凶恶，或者可能着装怪异。和陌生人谈话并不是什么问题，它甚至可能解决问题。陌生人会帮助迷路的孩子重新找到家人。

"不要和陌生人说话"的原则越来越落后于时代。不说犯罪率急剧下降，绑架极为罕见，要说的是几乎 80% 的儿童诱拐事件的主谋都是孩子自己的家人，通常涉及监护权争端。90% 的被性侵儿童都认识性侵者。正如《保护馈赠》的作者嘉文·德·贝克尔所说："这个原则其实以好几种方式减少了安全性。'不要和陌生人说话'的原则背后的潜台词就是，你认识的人们不会伤害你。"

"不要和陌生人说话"的原则并没有保护孩子，因为伤害他们的人通常是家人、朋友和熟人。由于孩子往往会被他们认识的人所伤害，因此必须让孩子认识到，他们拥有权利，并可以为他人设立限制，包括反对成年人。这包括在成人采取他们讨厌的方式触摸他们之时说"不"！它也包括成人应该接纳孩子的恐惧和情绪。德·贝克尔将健康的生存本能称为"来自恐惧的馈赠"。孩子们需要体验恐惧感,以便理解并信任这种本能。他们需要首先学会信任自身对安全或危险的判断(见**法则 2:不亲吻祖母也没问题**)。

家庭的任务是让孩子适应社会生活,但将孩子束缚在车中或家中并不能让他们适应社会生活。正如社会学家弗兰克·弗雷迪所说,孩子们通过社区互动完成了社会化过程,不让他们接触街坊妨害了他们重要的社交学习能力。孩子们需要学习如何与各种各样的人打交道,并判断是否信任他们,无论对方是新的保姆、牙医或商店店员。进行小型社交冒险并判断他人的可信任程度是孩子们的必修功课。这包括和陌生人谈话。

培养交际智慧是个很好的做法。具备良好交际智慧的孩子往往比受到精心呵护的孩子更加安全。这些孩子知道如何辨别他们遇到的人,知道如何向人求助,信任自己的直觉,并知道如何应付危险处境。

"你无法保护人们免受不测之事。"《放养孩子》的作者列诺·斯科纳西说。陌生人犯罪是很罕见的,而且无法预测。可能部分由于这个原因,它们获得了媒体的高度关注,但这种哗众取宠促使我们夸大了其可能性。《骗子与局外人:让社会普遍充满信任》的作者、安全专家布鲁斯·西奈尔说:"我告诉人们,不要担心新闻报道。顾名思义,新闻就是几乎绝不可能发生的事情。"

孩子需要感到放心,以便进行探索、成长和生活。他们有自身的恐惧(在梅奥医院的调查中,小学男孩最害怕的是:被迫吃他们不喜欢吃的食物),我们不需要给他们增加额外的负担。受到过度保护的孩子很难适应现实生活。心理学家发现,缺乏这种能力的孩子往往优柔寡断,焦虑不安,害怕长大。或许这才是家长们真正需要担心的事情:不要养育出一个住在我们的地下室中的 35 岁孩子。

接纳险境

去年夏天,我鼓励 9 岁的孩子独立乘坐城市公交车。最初,我们共同乘坐这条线路,然后,他开始独自坐车。"独自一人?"朋友们问道。"你能保证他没事吗?"不能,我不能完全保证。虽然我们生活在小镇上,但公交站靠近戒毒与心理健康服务大楼。这趟路线需要穿过整个小镇,经过没有人行道的繁华街道。我心里没底,但我乐意冒这个险。他每天下车时都洋溢着因独立生活而产生的自豪感。

我之所以愿意让儿子试着独自坐公交,是因为我观察过他面临险境时的反应。某天在图书馆时,迈尔斯向我走来,脸上露出担忧的神色:"有个人始终跟着我。我觉得很奇怪。"我们当时在儿童阅读区。他指着那个跟踪者,那是个十几岁的孩子,不知道私人空间的界限所在。"你刚才做得对。"我告诉他,"你的直觉告诉你有点不对劲。要始终留意这种感受。"

加文·德·贝克尔坚持认为,这种信任自己直觉的能力对于保护我们自己和孩子来说至为重要。德·贝克尔是评估威胁领域的重要专家,经常在重要安全问题上向总统、美国最高法院和中情局提供建议。他建议家庭成员和陌生人交谈,但要提防不同寻常之处。如果觉得什么事不对劲,那它就不对劲。如果有不对劲的地方,我们的生存直觉会告诉我们,此时我们要设法寻求安全——可信的成人或光线明亮的公开场所。

关于陌生人的困惑

孩子很难理解陌生人的概念。对年幼的孩子来说,大多数人(包括其他孩子)都是陌生人。你的儿子也许不肯接纳你的老朋友,因为你俩已经四个月没见过面了。新来的临时保姆无疑是个陌生人,但家长外出期间会让这个人独自陪伴孩子。

"家长们过早地使用了陌生人这个字眼。"幼儿学校的简·沃特斯说,"学龄前儿童甚至不知道陌生人意味着什么。这个字眼含义太广,令人困惑。"

外向型孩子会自然而然地与杂货店收银员说话。文静的孩子会躲着不肯见外人。这些孩子都需要练习和他们不太认识的人们交流。和各种人群互动有助于培养孩子的判断能力,让他们知道何时安全,何时危险。

我们接受的冒险

我曾经问我的医生："这样安全吗？"

"比开车到杂货店安全。"他回答说。

开车带孩子去杂货店、学校或奶奶家似乎安全无忧，但它可能是孩子在每天面临的最大危险。车祸是让孩子死亡和严重受伤的首要原因。

这真是个讽刺。为了让孩子避开陌生的坏人，我们让他们面临着更大的危险。区区几步路我们都要开车接送孩子，以便保证他们的安全。我们让他们远离外面的世界，剥夺了他们培养街头交际能力的机会。我们将自己的恐惧传递给他们，因而胆小怕事的孩子无法尝试新事物，合理冒险，并学会运用良好的判断能力，而这项技能正是孩子的成长、成功和安全所必不可少的。

开车有风险，但我们却乐意接受这种风险。我们会系上安全带，避免在冰雪天气上路。我们通过这些方式来设法减少风险，但我们没必要吓唬孩子，也没必要抛弃车子。

摈弃多余的恐惧

在这个世界上，我们有五点式安全带、头盔、安全警告、互联网恐怖故事和耸人听闻的信息。曾经有段时间，我孩子的托儿所老师会转发她接收到的所有安全提醒信息。随着电邮警告不断发送给我，我迅速变得紧张起来。似乎眨眼之间世界变得极其危险。婴儿床会致死。玩具会造成中毒和窒息。这些信息不断涌来，恐惧袭入我的心中，尽管我们家中没有任何这类物品。

要审视让你变得紧张担心的事物。它是合理的吗，还是多余的恐惧？如果我们担心每件事情，我们就无法生活了。我记得，我儿时的朋友曾经将生意大利面条插进耳朵里面，并戳破了耳膜。可能她的妈妈从未想到说——不要将意大利面条戳进耳朵里面。太多的稀奇事儿都可能发生。我们有可能减少某些常见的危险（将消毒剂藏起来、使用汽车安全带、教孩子游泳），但我们无法消除想象到的所有危险。我们必须学习适应风险。

我们的职责就是筛选外界的信息,关注那些实际有可能发生并可以防止的危险。太多的恐惧会分散我们的注意力。

合理的恐惧

身为成人,我们可以对孩子有合理程度的担忧和顾虑。我最担心的是车祸,这在部分程度上源于人数众多的违规司机。除开酗酒、嗑药以及边驾车边发短信的司机以外,我知道有许多家长会在驾车时打电话或睡眠不足。但我们仍然必须开车。在我的孩子长大以后,我有义务教给他们安全驾车的技能。而现在,他们需要学习安全步行技能。

从社会角度而言,我们应该担心许多影响孩子的危险趋势。这包括抑郁和焦虑,这导致了大量社会危害,包括自杀。美国儿科学会提醒我们,剥夺自由玩耍时间会导致孩子们变得抑郁、焦虑(剥夺休息时间或家庭作业太多也会如此,见**法则 7:课间休息是权利**,以及**法则 8:禁止小学家庭作业**)。非营利组织"儿童联盟"发现,10 岁及以上的孩子每天相对坐着不动的时间超过 10 个小时,而积极运动的时间则不到 15 分钟。这是合理的担忧,但我们也可以设法消除这些担忧。

试试这个——加进你的工具箱

学龄前孩子不必提防陌生人。在这个年龄,应由家长保证他们的安全。当孩子转入小学之时,他们就需要了解基本的人身安全问题,因为这个年龄的孩子会接触更广阔的世界。

陌生人意识

应该将"不要跟陌生人说话"的陈词滥调改成"不要跟陌生人走"。防范陌生人危险的基本方法仍然没有改变。不必用假想的恐怖来吓唬孩子。只要像教导房子失火以后的逃生技能那样,教给他基本知识即可。如果房子失火,就赶紧跑出去。不要停留,甚至也不要惦记玩具。如果陌生人要你上他的车，不要跟着他走。即便他给你糖果吃。

寻找好心的陌生人

如果孩子遇到麻烦，她需要有能力识别哪些人会帮助她。这些人往往是陌生人。

在许多社会中，好心的陌生人包括警官、消防员、医生和其他官员，以及杂货店职员。他们往往也身为父母，在人群中面孔和善，并了解孩子。

你可以教导孩子"找其他孩子的爸爸或妈妈"或"找个带孩子的人"。务必要和孩子讨论，如何辨别对方是否也身为家长：他们会带着孩子。告诉孩子："找其他孩子的家长。家长们乐于帮助孩子。"

某些家长，尤其是妈妈们，仅仅乐于采取"找其他孩子的妈妈"的法则，说女性更让人放心。可能最好将爸爸们包含在内。有很多奶爸们会带着孩子外出，在游乐场玩耍或参加儿童活动。即便你可能没有明说"找其他孩子的妈妈，因为我不信任爸爸们，你也不应该信任"，这种未曾言明的恐惧也会感染到孩子。学龄前孩子的专职奶爸格雷戈说："我不希望孩子们害怕男性。"

可以尽早告诉孩子找其他孩子的家长。这种简单信息不会诱发恐惧。它很明确。孩子们知道爸爸妈妈是什么样子。他们理解这种安全建议，没有孩子喜欢迷路。3岁的嘉文在听到这种教导以后，决定下次在商场游乐区试试这个办法。在他们到达游乐区玩了几分钟，嘉文出现在妈妈面前，身后跟着另外一个妈妈。"我在练习如何找到另外一个妈妈。"他自豪地说。

孩子们乐意了解迷路以后的应对办法。这类基本应对技能能够给予孩子力量感和安全感，让他们感到安心。

不要太乖

"要做个好孩子。""你玩的时候很乖吗？"这种话会让孩子困惑不解，可能会导致出现问题。屡见不鲜的是，成人们翻来覆去地用"好"这个字眼表示：听成人的话。"好孩子"意味着服从和听话。做个好孩子和玩得很乖可能意味着按照恋童癖者的要求去做。我们往往会教孩子服从，但安全意味着教孩子认识到，她也可以反对成人。

不要含含糊糊地说"做个好男孩"或"做个好女孩"，而要强调孩子在日常生活和玩耍中拥有发言权并有权设立限制。"你不喜欢凯勒推你并抢走你的卡车？对不对？那就告诉他。"需要让孩子们认识到，他们可以向男女老少设立限制并说不，不管对方是朋友或陌生人。不管是其他孩子抢走玩具，还是过于热情的奶奶频频亲吻他们，或者是朋友家较大的孩子越过了安全限制，此时都可以用"我不喜欢"来设立限制。

"可以这样着手进行安全教育，"幼儿学校的教师古德隆·希尔佐格说，"必须让孩子知道，他们拥有某些权利。"

学习交际智慧

要让每个年龄段的孩子有充分机会获得常识和勇气。对年幼的孩子来说，这可能就是向图书管理员索取她喜欢的图书。也可能是订购自己的冰淇淋或打电话安排聚会。公开场合下的许多小小沟通有助于让孩子了解世界，并逐渐获得交际智慧。

在户外活动时，要鼓励孩子留心观察。大学的自卫课程教给了我很好的空手道武术，也教给了我在公开场合避免陌生人伤害的基本互动方式：看着别人并笑着打招呼。警觉和关注周围环境本身就表明，你很机警，不是受害者。很多群体都提供了建议，告诉我们如何向孩子讲解不局限于陌生人的安全课程。

培养独立意识

我们许多家长都养成了担心的习惯。在我达到上学年龄时，我的父母可能不时会担心我，但大多数时候，他们认为事情都很顺利。毕竟，我的口袋里装有两毛五的硬币，可以在紧急情况时拨打电话。

孩子需要独立探索，即便他们只是骑着自行车绕街而行，或者是在后院的隐蔽角落里玩耍。这会让他们拥有创造性的自由和自信。而最重要的是，这让他们有机会依赖自己。如果我们始终看护着孩子，他们就无法培养这些技能。

以前的家长们往往会在孩子年幼时让他们面对挑战，以便考验他们日益增长的处世能力。贾美卡·辛卡德在其青春小说《安妮·约翰》中很好地描述了这个习惯。在这个故事中，妈妈在对 5 岁的孩子进行过精心训练以后，送他去完成某件差事。这个孩子以前去过杂货店，认识店主。她带着三小包东西成功回家，妈妈高兴得流出泪来。这是个关于能力和独立的故事。

加州硅谷有个小学最近开始完成同样的挑战。奥克诺尔学校要求孩子们试着独立完成某件事情，比如独自乘坐公交或在公园里玩耍。帮助协调该学校项目的列诺·斯科纳西说，孩子们感到自己很能干，而家长们则被改变了。他们突然意识到，他们的孩子能够多么尽职，而这种新能力和责任感已经触及了家庭生活。

要给予孩子空间，不要老是盯着她／他。可以和孩子待在不同房间里，可以让孩子绕着街区骑自行车，可以让他／她去商店买牛奶。不需要托人照看并为此担心。先确定方案，如果方案出现重大变化，确保孩子知道如何联系你。然后自己练习这个过程，假设所有事情都很顺利。

减少孩子的恐惧，而不是将他与世界隔绝

要承认你的恐惧。例如，我的丈夫对蛇有根深蒂固的恐惧，这遗传自他的父亲。从理性上而言，他知道我们在后院发现的小束带蛇不会伤害他，他也不想将这种恐惧传递给我们的孩子。当我们发现蛇以后，他竭尽全力保持镇静，然后从容地说："看，孩子们，这里有条束带蛇。"尽管逻辑和统计数据都表明相反的事实，你有时候仍然无法摆脱根深蒂固的恐惧。如果你暗中担心绑架或其他罕见事儿，那就将这种担忧藏在心里。

今天，大多数家长都担心性侵犯。登记系统让我们很容易知道谁住在附近。我将我的地址输入密歇根州性侵犯登记表以后，发现距离我家两英里以内有 11 名性侵犯者。我得承认，看到他们直视着我的脸孔让我感到不寒而栗。

有时候知识会产生恐惧，而有时候它会减少恐惧。这些人始终生活在我们身边。知道他们的住所也许有助于增加我们的安全，并减少我们的恐惧。更自信地查看过以后，我发现只有一名侵犯者被认为很危险。如果你想查看社区的性侵者地址，请花点时间查看等级系统，它专门用来让普通民众了解哪些侵犯者所造成的危险较小（例如，被指控拥有色情物品），哪些侵犯者是严重的惯犯。许多依法登记的人们并不是威胁。知识应该能让我们更加放心。

知道本地区有著名危险人物以后，我们应该怎么办呢？最好是向孩子提供基本安全信息，但不要过于大惊小怪。想想房子失火的危险：它有可能发生，但很可能不会发生。要是万一发生，就应该这么办。与孩子说话的时候，要镇定地谈论可怕的事情。在提供安全信息时，要就事论事。这有助于让孩子留意你的话语和信息，而不是你的恐惧。如果你被恐惧所淹没，这种恐惧将会传染给孩子。

可以和其他成人分享成人的恐惧。要向孩子传递下述信息：世界大多数时候都是美好的。

应该说的话

要待在我能够看到你的地方。
待在我身边。
要待在有大人的地方。大人会照顾你。
你跟着我来，也要跟着我走。
咱们一起出去。一起回家。
体育馆里哪些大人是可靠的？
那是格林女士。她住在那座棕色房子里。
你可以自己问售货员。
你喜欢那样吗？你可以说不！说停！

避免说的话

不要和陌生人说话。
如果别人将你拐走，怎么办？

别人可能会过来绑架你。

你会遇到大麻烦。

要做个好孩子。

玩的时候要乖。

按照约翰逊先生说的去办。

你的角色

统计数据可能不会改变你的观点。你可能知道陌生人很少伤害孩子的说法是合理的，但你无法摆脱萦绕在你心中的念头，担心陌生人伤害孩子。假如你无法消除恐惧，那就尽量合理地看待它，并且只在成人之间谈论此事。要让孩子自由地练习如何与陌生人互动，并获得她所需要的社交技能，尤其是面对险境时的反应。这有利于她的安全。

鉴于你的家庭背景和个人生活经历，你可能会尤其警惕某类危险，如性侵或毒品。何者对你的家庭来说最重要，这取决于你本人。但不管个体的情况如何，让孩子学习保护自己的最佳方式，就是你始终强化他们的权利：他们有权捍卫自己的权利，有权在出现问题时畅所欲言，并在必要时反对成人。

第二部分
为科技领航

享受当前的快乐而不损害未来。
——(古罗马)塞涅卡

法则 5　接受阿米什人的生活方式

众所周知，阿米什人在日常生活中骑马或乘坐轻便马车，却禁止开车。但即便阿米什人也不反对机械自动化。他们会挑选某些科学技术。许多人使用手机，某些孩子还会发短信。有些阿米什社区拒绝骑自行车，但允许使用轮式溜冰鞋。为什么呢？自行车可能会让民众远离社区。

"叛逆"的原因

要确定科技限制，以便保护家庭和社区。这样能让孩子养成受益终身的习惯。

许多阿米什人在马厩里养有马匹，然而，他们仍然使用手机、语音邮箱、复印机、冰箱、LED 灯具乃至于文字处理软件。当新事物出现之时，他们会观察它，通常会限制这种工具的使用方式和地点。也许阿米什人最为人所知的，便是他们评估科技的方式。

他们的方法在实质上是这样的：

- 拒绝损害核心价值观和社区的事物。
- 接受有益的工具。
- 改造某些工具，以便免除其危害。

如果将阿米什人的方式转变成现代的非阿米什式生活，其理念也许可以概括为："慢慢来。要谨慎。设立限制，以便保护你珍爱的事物。"

根据其视角和价值观，阿米什社区接纳科技的程度在不断发生变化。这更像个大家庭。正如唐纳德·克雷比尔与其合著者在公共广播系统（PBS）的系列书籍《阿米什人》中所说，阿米什人平衡发展与传统是个"持续而复杂的艰难过程"。这番话是否很耳熟？

如果你是急于使用最新设备的人士，本章内容可能不适合你阅读。如果你有时对科技感到不安，试图努力为家人寻找恰当的平衡，那么，了解其他人如何设立限制也许能为你提供有益的借鉴措施。

"叛逆"的好处

孩子们可能会抱怨说，自己家中总是落到最后才使用某种现代设备，但这不会伤害他们。只有当孩子们缺乏深厚的家庭感情纽带并且没有养成受益终身的良好习惯之时，他们才会受到伤害。

我知道如何与人们交谈。

我的实际生活很重要，也很精彩。

计算机只是生活的一部分。

我的家人很关心我。

就像垃圾食品，在屏幕前面待太久对你并没有好处。

夜晚就得睡觉。

使用电脑也得有规矩。

我能控制自己的理智。我能够做到不再玩电脑。

每个人都这样做并不表明它就是对的。

世界总是在变化。我能够适应变化。

 **摘下成人的有色眼镜**

我们希望孩子"取得成功",竭力为孩子提供各种优势,但这并不是说,我们不加引导就可以将智能手机或其他数字化设备交给他们使用。在垃圾食品出现之前,家长们不必过于担心孩子们吃的食物,当时的食物也相对营养丰富。现在,随着巨型货架上摆满薯片、苏打水和各种玉米糖浆混合物,我们认识到,教给孩子良好的饮食习惯是我们家长的义务。节制、平衡、良好习惯——这通常适用于科技。就像教孩子学会如何选择食物并做到饮食均衡,我们也必须承担新的角色,教他们学会如何选择科技产品并在生活中保持中道。这从意识到这个问题并保持自觉开始,用设立限制来完成。

阿米什人的生活方式

阿米什人在生活中禁止使用汽车,因为这会造成太大的人口流动性。流动性可以导致社区解体。同样,阿米什人禁止使用洗碗机,因为共同洗碗意味着齐心协力和家庭凝聚力,而洗碗机剥夺了这种深受重视的价值观。然而,对于较年轻的阿米什人来说,冰箱是可以接受的,因为它基本上和冰柜的作用相同,它能储存食物。然而,阿米什人对冰箱进行了改造,使用丙烷来维持其运行,因为他们的社区并没有连通电网。连通电网违背了他们与世界隔开的法则。包括割草机、干衣机在内的许多现代便利设施都经过了改造,使用丙烷、压缩空气或电池维持其运转。

对非阿米什家庭来说,电话可能是个最恰当的例子。阿米什人认为电话再三响起(有时还会响个不停)会干扰家庭生活和面对面的交流。家中不能安装电话,但许多阿米什人赞成使用公共电话的做法,或在车间、谷仓或地下室打电话并限制通话时间。电话应答机受到阿米什家具制造商和其他人的欢迎,以便接受客户的信息。这在部分程度上意味着指定明确时段:"请留言。我会在晚上 7:00-7:15 回电。"

阿米什生活方式的本质

慢慢来，要谨慎。

耐心等待。

留心观察它在如何影响周围的人们。

向人们了解其利弊。

确定你人生中的核心价值。

尽管这种科技被普遍采用，它能改善生活吗？

你能调整这种科技的使用方式，以便符合你的价值观吗？

对你人生中的重要目标进行排序。

运行试点项目。

留意结果，包括情绪、家庭凝聚力，以及你按照人生重要目标排序所投入的时间。

必要时重新进行调整。

确定时间或空间限制。

可能放弃。可能调整。

审视你的家庭价值观，了解你重视哪些东西。如果你不想效法阿米什人，可以试着效法史蒂夫·乔布斯。

聪明父母为科技产品设限

身为家长，苹果创始人史蒂夫·乔布斯严格限制孩子观察屏幕的时间。"我们限制孩子在家中使用科技产品。"他告诉《纽约时报》的记者尼克·比尔顿。他谈到他的孩子还没有用过平板手机。相反，乔布斯全家人会在餐桌旁讨论书籍和历史。乔布斯并不是个孤例。许多开发数字化产品的电脑程序员和科技主管都会在家中为孩子营造低科技环境。对乔布斯等人的采访表明，这些热衷于科技的家长会禁止在卧室里观看屏幕，对此确定严格的时间限制，他们会让孩子在传统书籍、棋类游戏和大自然中打发时光。

数字化世界中的育儿方式

5岁的伊萨贝尔在蹦蹦跳跳。"杀死他！杀死他！"她开心地大叫。她没有玩电脑游戏，却在观看电脑游戏。屏幕上，两个男孩（分别为7岁和12岁）正在玩枪战游戏，游戏最后，他们的身体倒在地上，流出大量的鲜血。伊萨贝尔不久就失去了兴趣，开始和妈妈读故事书，而男孩们还在继续玩个不停。

科技带来了挑战，但很多时候我们对此并无觉察。这是个新的领域。但每代人都要面对新的育儿难题。当汽车被发明出来以后，它改变了家庭和社交生活，我们因此制定了规则：不准在街上玩耍。我们发明了游乐场。我们制定规则，孩子年满16岁以后才能驾车，并开发了驾驶培训课程。在孩子完全有资格获得驾照之时，家长们确定了家庭监督的规则。我们把一个难题变成了成年仪式。

对屏幕、游戏和不断发展的数字化技术，我们也需要采取同样的做法。我们应该评估并制定这些规则。正如"泥巴并不讨厌，但我不想在客厅里看到它"，电脑游戏当然不是坏事，但有些游戏及其用途却有害健康。

这其实并无新奇之处。纯粹就是设立限制、树立良好行为的榜样、自己以身作则（不要在家中骂人，不过多使用手机）。本章内容提供了若干指导和规则，可以帮助你付诸行动。但首先，在我们确定合理规矩之前，我们需要了解某些信息。

为何有效

当我在演讲中谈到"叛逆"以及孩子有权慢慢成长（只要他们愿意，并直到他们成熟为止）之时，听众中总是有人提出很好的问题：怎样对待孩子看电脑/电视的问题？如果他们喜欢看电脑/电视，也应该让他们慢慢来吗？

答案是否定的。电视/电脑另当别论。

屏幕会用独特的方式刺激或过度刺激孩子的大脑。它让孩子无法罢手。或许你和孩子对此已经深有体验。尽管头疼和失眠，大多数孩子还是会纵情看电视/电脑。作为成人，我们觉得很难关掉电脑或手机。孩子的大脑还没有完全发育成熟,更是无法控制其冲动。但既然他们无法罢手,我们就需要尽到父母的责任。

应对科技问题基本上就如同应对幼儿的大发脾气。你要设立限制,提供方法和应对技巧,决定何者最为重要,并坚持原则。平板电脑、手机和新的科技产品将不断面世然后又被淘汰。我们的孩子需要准备好应对人生中的急剧变化。通过培养创造性思考能力、培养牢固的家庭纽带并养成良好习惯,孩子们能够很好地应对这种挑战。

年幼的孩子无法控观看屏幕的时间。他们不知道如何罢手。

你以前听说过:不应该让婴儿和幼儿观看屏幕。多年以来,美国儿科学会建议完全禁止两岁及以下的孩子观看屏幕。不看电视、平板电脑、手持小屏幕、教育类游戏。这个年龄段的孩子需要面对面的真实体验,以便培养其社交能力、心理和身体素质。尽管如此,我们知道,根据"常识媒体"的研究结果,大多数幼儿玩屏幕的时间平均每天超过两个小时。几乎1/4的美国婴儿的卧室中都配备有电视。等到孩子们上小学以后,观看电视成为他们非睡觉时间中的主要活动。对8岁和更大的孩子,通常每天超过7个小时。

人们谈论"屏幕时间",乃是因为时间确实是最大的问题。孩子们如何度过有限的童年时光呢?这纯粹是个机会成本的问题。孩子在做什么?孩子因为看电视而不能做什么?重要的人生技能——体谅、克制愤怒和冲动、化解冲突、社交能力、灵活性、专心思考的能力——都需要慢慢培养。孩子们需要真实体验和互动,并不断练习,以便掌握这些较难的人生技能。如果在虚拟世界中耗费了太多时间,孩子们就没有机会通过其他方式来不断成长。"我们所从事的行为在不断影响我们的大脑。"威斯康星-麦迪逊大学的神经科学家理查德·戴维森说。屏幕时间强化了某些能力,但忽略了其他能力。你可以将它与"你吃什么,你就是什么"的古老格言联系起来。就屏幕和大脑发育而言,"你做什么,你就是什么。"

孩子有权在每天的大部分时光中与现实世界进行互动。他们就是这样学会如何完成复杂的人生任务的。《浅薄：互联网如何毒化了我们的大脑》的作者尼古拉斯·卡尔说，使用互联网使我们的注意力更加分散。卡尔说，分心意味着我们更可能随波逐流，丧失原创性想法，更难感受到体谅和慈悲。

年幼的孩子至少需要在80%-100%的清醒时间里远离屏幕。对0-4岁的孩子来说，这个数量可能应接近100%。安·佩罗等部分幼儿教育工作者强烈建议不要让7岁以下的孩子观看屏幕。不管你采用怎样的百分比或年龄标准，年幼的孩子比年长的孩子更需要体验现实生活。例如，某些电脑游戏会让孩子们穿上虚拟服装，在虚拟的沙箱中玩耍。对于正在发育的4岁孩子来说，真实的沙子、木桶和真实的服装要有益得多。

如果我们晚餐吃蔬菜，孩子更可能养成健康的饮食习惯。研究表明，孩子看屏幕的时间越长，他们长大以后就越多看电视/电脑，也更难关掉它们。观看电视容易养成习惯，成人往往会重复童年时的举动。

在社交和情感方面而言，观看屏幕有利也有弊。从积极的角度来说，孩子在玩电脑游戏或其他屏幕游戏时会开怀大笑，并结交朋友。然而，年幼的孩子还未理解真实友谊的微妙之处，就往往开始试用社交媒体。这会导致他们在真实生活中丧失社交能力，养成不良的上网习惯，并只能结识些泛泛之交。孩子们需要成人来引导他们学习真实世界和网络交流的礼仪。

要像关注孩子的营养问题一样关注科技问题。需要示范，需要节制。

心理学家彼得·格雷等若干游戏倡导者不赞成限制屏幕时间，说，在决定是外出与其他孩子玩耍还是玩电脑之时，孩子会保持非常合理的平衡。"问题不在于电脑。"他说，"问题在于缺乏非常有趣的活动——尤其是缺乏机会和其他孩子在没有成人不断干涉的情况下外出冒险。"如果你能为孩子提供这类恰当环境，你就不需要限制孩子观看屏幕，但

许多家庭发现，当我们确定了屏幕法则以后，便会找到适合孩子玩耍的游戏。

对 2-9 岁的年幼孩子来说，限制屏幕时间极为重要。年幼的孩子极其需要接触真实世界中的事物、人和环境。随着孩子进入小学高年级，他们与电视/电脑的关系会不断成熟并发生变化。

男孩的大脑与电脑游戏

电脑游戏让人入迷和上瘾，对男孩来说尤其如此。男孩大脑的发育方式使得他们容易沉迷于电脑流行游戏中的激烈行为和连续奖励机制（达到某个级别并获得积分）。在男孩而非女孩的大脑中，玩游戏时会刺激大脑中的奖励中枢。这让游戏通常对男孩更有吸引力，甚至会让某些男孩无法抗拒。斯坦福大学医学院的研究人员在研究大脑图像以后发现，当男孩与女孩在玩电脑游戏时，对男孩来说，控制奖励与上瘾功能的大脑中枢要活跃得多。

《孩子成长的心智》的作者、神经心理学家简·海利说，男孩们尤其容易对第一人称射击游戏 (FPS) 上瘾。男孩们比女孩们更容易在游戏中表现出强迫性行为，从而发展出不健康的社交关系，并且无法罢手。研究性别的心理学家列纳德·萨克斯借用尼采的"权力意志"解释了部分男孩为何对这些游戏严重上瘾。男孩对权力的强烈兴趣并不是坏事，但可以通过其他方式来满足这种兴趣，包括现实生活中的冒险、竞赛和体育运动。

慢慢来，仔细观察

"不要贬低所有电脑游戏和软件。"我的朋友告诉我说，"它们有许多好处。"

我同意。屏幕也能提供美好的乐趣和学习机会。我喜欢互联网提供的信息，包括很棒的世界地图和交互式天文观测软件。你或许爱好博客、和朋友玩远程游戏，或观看各种视频；你的孩子或许喜欢电脑游戏或编程。要仔细考虑哪些东西有益，哪些东西有害，哪些东西会浪费时间。我宁愿成为社区的后进分子。这让我有充分的时间来估量新设备的用途，审视其日常益处和隐患。

我们现在嘲笑以前的家长们，因为他们担心引入游泳馆、连环漫画册甚至象棋以后会产生不良影响。时代剧《唐顿庄园》中的人物害怕烤箱和墙上插座漏电。也许后人会嘲笑我们如今对科技产品的反应。接受新发明需要时间。它不完全是好事，也不完全是坏事。归根到底，就是我们如何利用它来最大限度地改善人类生活。

培养克制冲动的力量

我 8 岁的儿子迈尔斯很想玩电脑游戏。其他孩子们在学校里谈到了电脑游戏。他的堂弟也在玩耍。他似乎到了可以玩的年龄。

我最先注意到的是，在本该结束游戏之时，这个向来沉稳而温和的孩子居然冲我吼叫和发火。他在玩游戏之前很开心，游戏期间也很开心，但结束游戏时却大发脾气。这种情形每周都会发生。这种愤怒能改变人的性情，在《指环王》中，它将温柔的比尔博·巴金斯变成了可怕的坏人。

我知道男孩们尤其难以抗拒电脑游戏的诱惑，于是就告诉儿子说，电脑游戏并不是坏事，但它们可以控制他的大脑。为了采取健康方式来玩电脑游戏，他必须证明，他可以比电脑游戏更强大。他点头表示同意，似乎接受了这种逻辑。我能够察觉到，他的内心渴望玩《我的世界》。

我知道，就像父母应该避免成为"家庭作业警察"，我不能继续扮演视频游戏制止者的角色。要想限制孩子观看屏幕，有个重要步骤就是不要让孩子因此迁怒于父母，以免增加孩子与家长之间的摩擦。

我们转而让迈尔斯负责。为了证明他已经长大，足以玩电脑游戏，他自己必须为这个游戏设置定时器，并在定时器响起之时立刻关掉游戏（这正是困难所在）。"这会比较难。"我告诉他，"但是每次做到以后，你就是在锻炼你的大脑，让它变得更加坚强。如果你还不能坚决关掉它,那你现在就还没有成熟到足以玩游戏的地步。"

他知道风险很大,于是他决定让定时器提前5分钟提醒他,这样,游戏正酣时停止游戏就会容易些。成效非常明显。我不再需要盯着闹钟监督他的电脑游戏时间。再也没有了愤怒的眼神和母子冲突。相反,每次达到规定时间时,迈尔斯都会按下"关机"键。当他站起来时,他会笑着和我讲述他玩的游戏。

冲突转向了真正的对手:我孩子的自制能力和电脑本身。他的笑容在部分程度上源于他刚刚获得的力量感。是的,电脑很强大,但他更强大,能战胜电脑的吸引力。

这种技巧将意志力(培养自制能力)和家庭规矩结合起来。迈尔斯必须停止。他知道,如果他不这样做,下次就会取消他玩电脑的时间。

使用科技设备必须由家长引导。必须设立限制。

分心和诱惑

在儿童书籍《青蛙蟾蜍在一起》中,蟾蜍烘烤好饼干以后,两个好伙伴想要聚集足够的意志力,以便不再吃饼干。尽管他们将饼干放在盒子里,用细线包扎好盒子以后将它放到了高架上,但巧克力薄煎饼实在太诱人了。他们最终决定将饼干给鸟儿吃。

刚刚出炉的巧克力薄煎饼就像电子化信息。它们似乎具有磁铁般的吸引力。当我知道屏幕上的黄色小图标意味着我收到了新的电子邮件之时,我的注意力便分散了。我很难抗拒查看信息的诱惑;我不再是每天仅仅查看两三次邮箱,而是不断关注是否有那个图标。

我们知道,手机短信提示音或其他设备的信号提示音具有强烈的吸引力。我们无法严厉斥责自己,我们的本性就是如此。有时候意志力不够。我们始终可以强化我们的意志力,但我们需要更坚定的理由。这个理由可以通过家庭规矩设定的科技设备使用习惯来给出。正如克雷比尔引用某个阿米什长者所说的话:"个人没有足够智慧来对科技做出私人选择。"在某些方面，阿米什家庭让它变得更加容易。教堂会告诉他们，他们必须接受哪些约束。身为家长，我们必须为孩子承担起这种职责。但我们也必须做更为艰难的事情：必须为自己确定这些法则（见**法则 6：管好你的手机**）。

电脑游戏和上瘾

"妈咪，我闭上眼睛以后，头脑中仍然是《我的世界》的画面。"11岁的安娜说。她将自己的迷你 Ipad 交给妈妈。"请将它藏起来。"她说。视频游戏的吸引力如此强烈，这让安娜感到很害怕。

我还记得《乓》这款游戏在我童年面世时的情形。这款早期游戏并不复杂，就是个白色小方格一去一回，像个乒乓球，但我记得摒弃它并不容易。现在的游戏则更加诱人和复杂。

玩电脑游戏容易形成习惯，孩子们说，他们离不开它。无论这在临床上是否可以称为上瘾，它与上瘾具备许多同样的影响力。情节紧凑的电脑游戏可以促使人体分泌出多巴胺，和吸毒的效果非常类似。除开屏幕上闪现的快速动作和有趣人物以外，孩子们之所以对电脑游戏上瘾，也是因为获得积分和升级的内在奖励机制。当你关掉屏幕以后，孩子们可能会变得暴躁易怒。

戒掉毒瘾的办法就是永远不再接触毒品。这不适用于科技产品。孩子们无法远离屏幕，因为它们无所不在。我们需要教导孩子留意危险信号，警惕我们自身的情绪信号，帮助孩子养成节制和自律的良好习惯。有时候，这意味着休息片刻。

按下暂停

我的儿子扎克在讲故事时很难停下来。如果我们在阅读某本大部头书籍的过程中停下来，他会变得很恼火。对他来说，整个故事都毫无价值。书签帮了我们的忙。插入书签的简单做法让扎克意识到，故事还没有结束，现在只是暂停而已。

游戏永远不会结束。你始终可以继续玩，赢得更高积分，升到更高级别。面对永无尽头的电脑游戏，让孩子知道"暂停"可能会有帮助。即便年幼的孩子也知道暂停键意味着什么。它让画面停下来，以后可以继续播放。有些家长将其称为"保存游戏"。要让孩子知道游戏永远不会结束，但现在得停下来。

保持游戏的趣味性和社交功能

电脑游戏很有趣，因此孩子和成人才会玩。孩子每天的生活中都应该充满趣味，无论它是否来自于电脑游戏。

如果你喜欢游戏，你很容易发现其中的益处。如果你担心暴力游戏和游戏的强大吸引力，除过弊端，你就很难发现任何益处。例如，有种指责就是，电脑游戏基本上需要人静坐不动。这其实不是主要问题：读书也需要人静坐不动。

在孩提时代，我玩过《龙与地下城》游戏。我妈妈审查过它，觉得这款游戏没有问题，尽管其他妈妈们都很担心。她觉得它很有创造性，能够促进社交能力。在玩耍期间，我的弟弟与我彼此配合，开怀大笑。它甚至教我了解绘图、神话学，以及如何拼写"miscellaneous"这个单词。我妈妈没有给它定性，而是采用了阿米什人的办法。在评价新的数字化技术发明时，我们都可以这样做。它具有创造性吗？它鼓励合作吗？它会促进社交感情，还是会伤害社交感情？

9岁的詹姆斯的家庭不曾使用先进科技，但他渴望玩电脑游戏。当孩子们在学校中谈到游戏的时候，他声称自己也玩过。他的同学们能够察觉到，詹姆斯并不了解他所谈论的话题，因此都回避他。我的儿子迈尔斯会玩极少量的电脑游戏。事实上，他在周三玩半个小时，周日玩一个小时，我通过课堂问卷调查了解到，只有图书管理员的儿子每周玩电脑游戏的时间比他更短。迈尔斯玩游戏的总时间很少，但对他的社交生活却大有帮助。他可以和同龄孩子欢笑着谈论游戏中的内容，融入同龄人当中。这种社交价值似乎值得肯定。

电脑游戏提供了虚拟世界的魅力，这个虚拟现实并不建立在真实世界的基础之上。暂时装扮成其他人冒险是很有趣的事情。当游戏者在指挥虚拟人物的大脑活动并创造整个虚拟世界之时，他们不仅仅是电脑游戏者，也是创造者。热爱虚拟世界并不要紧。只有虚拟世界取代孩子在真实世界的生活之时，这才是危险的。他在现实中有朋友吗？他关心其他活动吗？他热爱真实世界吗？热衷于魔幻游戏很有趣，但需要将孩子与真实生活的联系放在首位。

大多数电脑游戏都毫无新意。我们以其他生活为代价，想要在屏幕中获得多少乐趣呢？不管利弊如何，电脑游戏都会花费孩子的时间。研究表明，屏幕时间没有取代阅读——在学会阅读以后不久，大多数男孩到 8 岁时就不再从阅读中寻找乐趣——而是取代了户外玩耍时间。

室内时光

科技让孩子们待在家中。电脑游戏或其他屏幕时间取代了户外游戏时间。据全国野生动物联合会项目估测，现在美国孩子每天在户外玩耍的时间远远低于 10 分钟。

户外游戏有益于身体和心灵的成长。户外玩耍不仅能让孩子具备更好的协调能力，也能提高其专注能力。这尤其适用于多动症孩子。孩子需要在户外奔跑，促进身体健康，同时也促进其心灵敏锐程度和心理健康。在户外玩耍的孩子也能更好地克制愤怒、抵抗疾病。仅仅待在绿树环绕的户外就能大大缓解各个年龄段的人群的压力。

如果我们关爱孩子，我们就需要让他们到户外去。没有足够的户外活动时间以及与真实生活的联系，孩子们就会开始感到空虚、无聊、乏味。列纳德·萨克斯在其著作《浮萍男孩》中谈到了孩子需要体验现实生活。任何东西都无法让他们感到喜悦，他们失去了激情，陷入冷漠和抑郁之中。

如果我们关心我们的星球，我们就需要让孩子们到户外去。正是那些对大自然拥有美好童年回忆的人在投入时间和金钱来保护地球。康奈尔大学的南希·威尔斯发现，促使孩子们关心环境的最佳方式，就是让他们 11 岁之前在树林中玩耍，或野营、远足和垂钓。

漫游的美妙之处

作家们最经常被问到的问题就是:"你的想法来自何处?"我的想法来自于散步。我在漫长的自驾旅途中想出了好几本书的书名,在越野滑雪中构想了整部小说的情节。读者肯定熟悉这种现象:"我是在阵雨中想起来的!"或"我在遛狗时想到了这点。"

这就是漫游所给予的馈赠,当我们不再积极专注于某件事情之时,我们的大脑通常会变得更加富有创造性。研究心理学家、《重塑大脑》的作者拉里·罗森说,当我们没有完全集中心思的时候,我们的大脑就进入了做白日梦的默认模式。漫游给予了我们许多意外的惊喜。如果孩子的大脑始终不停地运转,他们的大脑就没有这种休息时间,从而无法获得平静和创造力。

教育的益处

最好是忽略某些"教育性"电脑游戏。年幼的孩子可以通过和世界的互动来学习如何分辨颜色。不需要用软件来教他们辨认母牛的叫声。许多游戏声称能够教导数学和阅读技能,但可能价值不大。

然而,在需要教导具体技能之时,部分家庭发现,通过电脑表达基本概念可能比人为教导具有更多优势。"坎登采取非常轻松有趣的方式记住了乘法表,"他妈妈说。"相反,我的爸爸反复训练我。这让人非常紧张和痛苦……他在叫醒我时往往会问'7乘以7等于多少?'"她的儿子也通过软件学会了草书和分辨时间,而她5岁的女儿在使用软件学习希伯来字母。

某些学校项目会向每个学生分发笔记本电脑,这通常发生在中学,但有时候也会发生在小学。在杜克大学进行的研究中,海伦·拉得与雅各布·维克多追踪了数千名此类学生。他们发现,在发放笔记本电脑以后,阅读和数字技能下降了。孩子最初表现得越差,其成绩下滑得就越厉害。

随着我们学会如何完善电脑的价值,作为教育工具,它们的实际价值可能在未来迅速增长。例如，女孩可以大大提高空间转动能力，即想象物体在三维空间旋转的能力。多伦多大学的冯静（音译）与其他心理学家指出，玩动作电脑游戏提高了女孩的空间能力，其效果甚至可以延续到五个月以后。冯说，关键在于"从第一人称射击游戏中提炼重要的教育性成分"。研究人员期望，这样利用电脑游戏有助于在工程学等领域弥合性别差异。

我们很容易对电脑学习的价值感到惊叹不已。但我们必须惊奇于现实世界的丰富性。我们往往会高估可以量化的学术性学习活动，而低估孩子们自主学习和探索的非线性过程。两者都有其价值。我们的职责就是确保每种学习方式不会取代另外那种学习方式。

电脑游戏与暴力

在我的首部著作中，有个章节名为"受到纵容的炸弹、枪支和坏人"。我并不是反对暴力魔幻游戏。后院的华山论剑、玩具枪游戏和"你已身亡"游戏都是儿童成长过程的健康事物。

预先设计好的暴力游戏改变了这个方程式，尤其是栩栩如生的暴力画面。任何预先设计好的游戏（将已经成型的想法给予孩子）对孩子的心灵来说都没有多大的价值。孩子们对视觉画面极其敏感，看到重复画面会降低大脑对暴力的敏感程度。孩子想象好人与坏人之间的战争是一回事，孩子看到流血和毁灭的逼真画面则是另外一回事。电脑游戏提供了两类视觉暴力：（1）与敌人（士兵、复活僵尸）战斗的传统枪战游戏；以及（2）对抗社会习俗的暴力游戏，比如杀害自行车上的婴儿和强奸妇女。射杀复活僵尸可能并不要紧。研究者说，杀害婴儿——即便是屏幕上的婴儿——可能有些不妥。爱荷华州立大学的道格拉斯·金提尔谈到了内容问题。他发现电脑游戏会影响孩子的同情心。玩亲社会游戏的孩子会表现出更多的友善举动。"而在玩暴力游戏的孩子身上，我们看到了截然相反的情况。"他说。列纳德·萨克斯说，此事的研究结果就像被动抽烟的公认危害那样显而易见。

科技审查

如果孩子有如下行为，就应重新确定明确的时间限制：
- 在玩电脑游戏以后，变得急躁易怒
- 无法关掉屏幕
- 室外玩耍的时间太少
- 显得紧张而疲倦
- 玩电脑的时间超过与朋友实际交往的时间
- 将自己孤立于家庭生活之外

练 习

"杜克，你为何不发短信呢？这要更方便些。"我9岁的儿子打电话给学校的伙伴，以便确定共同玩耍的时间。

他完全是对的。发短信要更方便些。正是因为这个原因，我的孩子才打电话。他需要练习。我有义务给予儿子充足的机会，让他打私人电话，并轻松地与他人面对面打交道。我不担心我的孩子无法学会发短信。然而，面对面的社交互动比较困难。孩子们需要练习。

社交媒体又如何呢？孩子们首先需要练习真实世界中的交友和自律能力。你的孩子能克制愤怒吗？她经常责怪他人、很难坦承自己的错误吗？她能够很好地判断何时可以分享秘密而何时应该保持沉默吗？随着孩子逐渐成熟，他们会具备这些交友和情绪技能。如果你的孩子还没培养出这些能力，那么，她就还不适合使用社交媒体。

手 机

首先是青少年，然后是半大孩子，现在是更年幼的孩子，都开始拥有自己的手机。这些手机通常都是智能手机，具有良好的交互性能，同时也产生了许多诱惑。

就像其他科技那样，同样的法则也适用于手机，那就是：要自觉。

当霍利将首部智能手机交给五年级的女儿之时,她借鉴了其他家长的经验,采取了签署电话合同的办法。合同事项包括:在餐馆中关掉手机,不要发送无法启齿的短信,不要发送自己隐私部位的照片。她惊讶地发现,自己的女儿不了解的事情太多太多:"我们以为,我们的女儿了解我们所说的常识。但事实上,她们不了解。她们没有我们的人生经历。"

需要教给孩子科技技能

"我们家甚至没有电视。" 3 岁孩子的妈妈纳迪亚说,"我尽量不让她接触到所有这些东西。"即便在不使用任何科技产品的家庭长大的孩子也会发现科技无所不在。婴儿保姆会带着手机,观看视频。校车上的孩子会玩手持设备。移动科技已经融入孩子的世界当中。不管你提供怎样的家庭环境,每个孩子都需要学习科技。

要知道,禁果可能极其诱人。你的孩子需要你引导他学习如何面对科技的诱惑。让孩子在童年少接触科技还远远不够,我们必须教给他们恰当的技能、知识和习惯,以便他们适应科技。当孩子成长到 18 岁以后,她需要独立面对数字化世界。我们有义务教导她,因为其他人不会这样做。

孩子在屏幕泛滥的世界中的权利

有权接触真实世界并借此成长

有权在大多数时间里与屏幕之外的真实世界展开互动

有权学习并练习面对面的交往技能

有权拥有安静的时光

有权了解科技的适当界限

有权充足睡眠

有权接受身边人持续而充分的关爱

试试这个——加进你的工具箱

在觉得不对劲之时，我们可能很容易摒弃所有科技设备，完全拔去电源插头。拔去插头无疑能够帮助孩子重新重视家庭生活，尤其是如果屏幕在孩子生活中占据了过高的地位。然而，上网已经融入我们的日常生活当中——我们通过它来付账、获取通知、联络朋友、安排旅游、搜集信息等等——因此，最终我们需要确保平衡。

在需要确定合理限制时，要关注时间、空间和孩子的发育成熟度。要将屏幕设备与你的价值观协调起来。

确定恰当的屏幕 vs 生活比例

研究者拉里·罗森自称是个科技拥护者。30多年以来，他都在研究科技心理学，并热爱大多数科技产品。但在过去几年里，他开始担心我们缺少科技限制。他建议12岁以下孩子保持1:5（按分钟计算）的比例。他的意思是说，每玩半个小时的平板电脑，就应该有两个半小时的户外玩耍或其他非屏幕时间。随着孩子逐渐长大，这个比例可以调整。

涉及孩子的自由时间时，这样的比例可能非常有用。自由时间就是指非上学、非睡觉、非预先安排好的时间。例如，如果4岁孩子午睡、上学前班并进行体育锻炼，那么，他有大约四个小时的自由玩耍时间。观看屏幕的时间不应该超过25分钟。此外还有个很好的指导法则就是，对年龄较大的孩子来说，80%以上的清醒时光都应该远离屏幕，而对0-4岁的孩子来说，这个比例几乎是100%。

观看屏幕打开了通向虚拟世界的大门，但它同时也剥夺了孩子从事其他活动的时间，因而也关闭了其他世界。如果你重视自由玩耍和户外游戏，那就要确保孩子每天都能合理进行这两类活动。

它会促进亲密感吗？

两岁的艾力向奶奶挥手时，咯咯地笑个不停。奶奶住在遥远的地方，但通过视频聊天，他们能够交流，彼此记住对方。

电脑的用途各不相同。如果视频聊天能够帮助家人变得更加亲密，那就在生活中尽情地利用它。没有任何东西能够替代当面交流，但视频聊天甚至能够让年幼的孩子与远方的亲人开心地互动。

营造专用空间

早在 20 世纪 70 年代，我的父母就为促进家庭感情制定了规矩：在餐桌旁不许读书。但我们在早餐时会破例，因为每个人都睡眼惺忪，而我的父母想要读报纸。此外他们还定了个规矩：吃饭时不许接电话。在半小时的时间里，我们会陪伴着家人。

今天，侵占家人共处时光的，已经不再是书籍和报纸，而是科技设备。家长需要决定每天什么时间为专用空间，以便促进家人之间的感情。就餐是很独特的时光。但这要因家庭而异。也许是在车上。当所有家人都在车上而且不带手机等设备的时候，此时可以尽情欢笑和交流。要找到这种空间，然后坚持下去。你的孩子会接收到简单而坚定的信息：家人共处很重要。需要有处理自己的事务的时间，也需要有全心陪伴家人的时间。

确定时间和空间限制

在图书馆的故事时间里，6 岁的雅各布和戴仑在练习摔跤。摔跤本身不是问题，因为这些游戏对孩子有好处。但时间和空间选择不当。同样的限制条件也适用于科技产品。科技进步让我们拥有了便携式电脑，但这不是说，我们不能限制这种移动性能。要为科技设备设立时间和空间限制。

这可能意味着非周末时间不能使用屏幕，因为此时家人共处、户外活动和自由玩耍的时间业已非常有限。它可能意味着每天使用半小时。美国儿科学会首先建议，孩子每天观看娱乐节目的时间不能超过1–2 个小时，即便在周末也不例外。

"所有科技设备都放在我们家中的底楼。"两个孩子的妈妈米丽萨说，"这也适用于成人。大家都知道这点。"她的家人在利用科技的同时找到了家人共处的时光。共同待在某个地方意味着更多的分享，这也能够帮助成人留意屏幕在如何影响孩子的情绪。

其他家庭会平衡上学时间与周末时间，包括在周末不使用科技设备,或者按 5:2 的比例来分配时间。玛塔的家人试过这种做法——每周五天上网,两天不上网——并喜欢这种做法。她的孩子们起初不太愿意,但很快就喜欢上了无网的生活,这让家庭减少了争吵,并有更多家人共处的时光。谢丽尔试过周日不看屏幕,发现这给她患有自闭症的儿子米罗带来了巨大的变化。"这两天过得太开心了!米罗尤其比平常更善于互动——猜谜语、玩积木、读书。很少有消极反应。"

为科技设立时间和空间限制

标准限制

每天 30 分钟,或

工作日的晚上不许观看屏幕

周末每天 1–2 小时

卧室中不观看屏幕(父母也不例外)

餐桌旁不观看屏幕

晚餐后不观看屏幕

上床前 1 小时不观看屏幕

教育 vs 娱乐

有些家庭会将娱乐性屏幕时间与教育性屏幕时间区分开来。在年幼孩子的世界中(4 岁及以下),屏幕时间并没有什么区别。无论它是教育性还是娱乐性的,它都让孩子远离最有利于其成长的现实体验。

在我们家中,屏幕时间就是让孩子们自主使用电脑。父母在此外决定分享的,就是我们所说的教育性屏幕时间,它可能是电影、在线视频或其他信息。

许多屏幕指南在"课堂作业之外"推荐了太多屏幕时间。对于小学生来说,并无资料证明家庭作业有任何益处,因此可以不必为学校功课而使用屏幕(见**法则 8:禁止小学家庭作业**)。

对于较大的孩子(大约 10 岁及以上)来说,创造力才是真正的问题。创造性屏幕时间包括编写计算机代码或制作视频。娱乐与教育之争可能并非问题所在。正如所有的儿童游戏，最能吸引孩子兴趣的事物，往往兼具趣味性和教育性。

改变家长－孩子－电脑之间的动力

没有家长乐于充当计时器。如果因为你限制孩子观看屏幕而致使她/他冲你发火，那就不要再扮演这种角色。要将记录时间的责任转交给孩子，从而改变家长－孩子之间的冲突动力。有些家长会使用电脑自带的计时器，届时会自动关掉游戏，但不妨试着使用计时器，促使孩子锻炼自律能力。这有助于孩子增强自制能力（这种技能对无数孩子都大有益处），而不是被动地接受自动关机。

利用屏幕来奖励和惩罚孩子

如果孩子违反了某项科技法则（例如，恳求玩更长时间或不理会计时器），或许可以考虑利用屏幕来予以惩罚。要明确科技法则。然而，不接纳孩子的情绪会让孩子极不听话，因此，要重点关注孩子的情绪并设法解决问题，而不是实行屏幕惩罚。

在确定家庭屏幕时间之后，尽量不要用额外的屏幕时间来奖励孩子的良好举动。想要奖励孩子吗？那就尽量让她独自待在你身边。

确定科技限制指南

1. 找到恰当的屏幕 vs 生活比例。在孩子的清醒时间里，这个比例应是多少？

美国儿科学会最初建议，每天玩屏幕游戏的时间不超过 1–2 个小时，时间比大约为 1:7。部分研究人员说，1:5 的时间比适用于 12 岁以下的孩子。这意味着，每玩半个小时的平板电脑游戏，就应该有两个半小时的户外活动或非屏幕游戏时间。

2. 至少睡觉前 1 个小时远离所有手机和屏幕。

3. 移除卧室里的任何屏幕设备（孩子在晚上查看短信）。

4. 消除成人－孩子之间冲突、愤怒和控制的动力。由孩子自主控制自己的冲动，监督自己的屏幕时间。

5. 设定明确的期望值，包括不许嘀咕、讨价还价或恳求玩更长时间。这些行为表示孩子需要休息。

6. 让孩子有充分时间接触现实生活。在孩子每天的生活中，屏幕时间取代了其他兴趣，包括自由玩耍和户外身体游戏吗？

7. 营造专用空间。这些空间应禁止使用屏幕。这可能包括全家人的餐桌。

8. 教导科技礼貌。这包括优先关注你身边的人，而不是屏幕上的人物。

9. 谈论"上瘾"的感受。帮助孩子留心她自己是否会情不自禁地想到电脑游戏或无法罢手。这都表明，她游戏玩得太多了。

10. 确定可以使用科技设备的时间段。例如，可以定在下午 4:00–6:00。

11. 确定限制或禁止使用屏幕的时间：工作日每天 0–30 分钟，周末每天 1–2 小时。

12. 或者，宣布每周有 1 天为"互联网安息日"，或每月有 1 周或 1 个周末不上网。

13. 营造温馨的公共空间。例如，允许孩子仅仅在客厅使用屏幕。

14. 你自己要遵守法则。

如果有某件事请让你感到不安，那就得马上做出改变。

遵守安息日

不管是周五、周日或周几，将某天定为互联网安息日。在每周的这天关掉手机和电脑。让近亲或其他人知道，在"无科技日"，你不会回复短信或电话等。或者，你可以选择"无电视日"。如果你无法全天都远离这些设备，可以腾出周末的某个下午，或仅仅在当天大清早使用半小时的科技设备。我们往往觉得需要联系某某人，但事实上，大多数时候，这些联系可以往后推。确保 1–2 个人知道在紧急情况下如何联系你。注意：安息日的有效性取决于你。孩子可以做到，你也必须做到。

在远离屏幕的时间，留意你的活动。你在户外待了更多时间吗？有更多的交流和欢笑吗？在散步吗？无论这是什么活动，它此前往往都被屏幕时间取代了。

就寝时间就得准备好睡觉

我儿子的数学课在学习绘图，因此，他们做了简单的班级问卷调查："你几点钟睡觉？""我晚上九点上床。"许多孩子说，"但我随后会熬夜玩视频游戏。"有个11岁的孩子经常拿着手机玩游戏，一直玩到午夜为止。

在床上玩视频游戏完全与数羊入睡相反。睡觉前观看屏幕会造成睡眠问题。它会刺激大脑保持清醒，抑制褪黑素分泌，而后者是有助于身体入睡的激素。教导孩子养成良好睡眠习惯并以身作则是我们这些家长的基本职责。对小学年龄的孩子来说，这意味着早睡、每晚睡9–11个小时，并通过睡前例行活动催眠，帮助他们放松下来。幼儿园孩子甚至需要更多的睡眠时间。

成为科技反叛者

在其他家庭允许孩子尽情使用科技设备之时，在自己家中设置限制可能显得有些不近人情。不要担心伤害你的孩子。他们不会错失重要的电脑技能。正如谷歌高管艾伦·伊格尔对《纽约时报》所说："在谷歌和所有这些地方，我们尽量让科技变得无比简单易用。孩子们长大以后，他们不可能学不会它。"伊格尔本人的孩子在上华德福学校，学校中充满了实践学习的机会，孩子们也会充分亲近大自然。

《儿科》期刊的研究报告发现，每周使用一次电脑比每天使用电脑对孩子更有好处。麻省理工学院的科技研究教授谢利·涂克尔采访了数千名年轻人，发现孩子渴望家人的陪伴和充分关注，渴望生活得有意义。要给予他们这些东西。接纳某些科技。其他事情就交给他们自己处理。就像那些确定了家务、睡觉和家人共处法则的家庭，引导孩子如何对待技术会对他们大有好处。

应该说的话

你来设置定时器。

你来证明你拥有自制能力。

屏幕是好东西,但并非任何时候都是。

停下来很难。你会怎样办呢?

你似乎对电脑上瘾了。

这是个信号:呀,减慢速度。

我知道停下来很难。

游戏永远都不会结束。

你还没有玩完,但现在该停下来了。

保存游戏。按暂停键,不要担心。它会保存好,你以后可以接着玩。

你需要向我证明,你比电脑更强大。

最好是当面道歉。

你会当面说这种话吗?(涉及社交媒体时)

当它影响你的心情时,不妨休息片刻。

我们都要有暂停上网的时候。

我们来试试看。

当然,你可以玩,但不是现在。

不许在餐桌旁打电话。

你知道法则:不许在卧室观看屏幕。

现在该到户外去了。

避免说的话

当然,没问题。它是教育性的。

好,再玩1分钟。

如果你不抓紧点,你就不能使用屏幕了。

我觉得不要紧。孩子们总是待在屏幕前。

你的角色

尤其在涉及科技之时,没有放之四海而皆准的方法。有些家庭是科技控:家长可能是计算机程序员,觉得全家人玩交互式视频游戏非常开心。还有些家庭远离科技或者尽量少使用科技设备。大多数家庭都介于这两者之间,跟着潮流往前走。无论你对科技是否感到安心,都要思考此事,设立限制,找到适合你的科技育儿方法。要自觉努力。屏幕已经融入我们的世界当中,但年幼的孩子首先需要借助于屏幕以外的活动才能茁壮成长。

法则 6　管好你的手机

两岁的索尼娅在和妈妈玩耍。当妈妈接电话时,索尼娅号啕大哭起来。而另外一个两岁的孩子杰米则采取了更激烈的做法,直接将妈妈的手机丢进了垃圾箱。

"我感到很可怕。"索尼娅的妈妈说,"对她来说,电话意味着我所去的地方——成人的数字化世界——她不能跟着我去,她觉得被抛弃了。"

"叛逆"的原因

孩子通过观察成人学会礼仪和生活习惯。首先要由你树立良好的科技行为的榜样。

谈到屏幕时间,大多数家长都会想到孩子目不转睛地盯着屏幕的情景。但成人使用科技设备时可能更加身不由己。孩子不仅羡慕成人的设备,他们也会观察成人。

当你到学校接孩子时,你的手机放在哪里?就餐时间呢?睡前的讲故事时间呢?你上次感到纠结、放松和兴高采烈是在什么时候?"如今的孩子与家长虽然近在咫尺,朝夕相处,但内心却很疏远。"麻省理工学院的教授谢利·涂克尔说。

以身作则可能会令人筋疲力尽。有时候，这可能是育儿过程中最难的事情。我们必须始终向孩子展现我们的最佳状态，话语极其亲切并善于自我克制。就像示范健康的生活方式，我们必须树立屏幕时间的良好榜样。在今天，谈到合理使用科技产品之时，育儿工作需要家长树立活生生的榜样。

孩子的成长和学习主要来源于现实世界。他们需要照顾者的陪伴、亲近和专心。如果我们希望孩子不要被电脑游戏毁掉，希望他/她和家人积极互动并找到人生的快乐，那么，我们首先必须审视自己。

"叛逆"的好处

就像为礼仪与良好睡眠习惯树立榜样，要让孩子学会管理日常生活，最好的方式莫过于为科技习惯和良好屏幕习惯树立榜样。要展现出节制和平衡。孩子们会学到：

我很重要，很受重视。

要礼貌待人，关注身边人。

当父母看到我时，他们会亲自欢迎我。我不必担心电话会夺走我的父爱或母爱。

有时候，有些事确实很重要。我可以等待。我知道这是个例外。

我知道妈妈什么时候必须去工作。

努力工作很好，但不应该始终这样。

发明让世界不断改变，但人生中最美好的东西没有改变。

家庭很重要。

家人共聚的时光很美好。

为何有效

面对育儿难题时，家长很容易关注孩子做错了什么。此时审视自己是很困难的事情。

麻省理工学院的临床心理学家涂克尔研究了几十年来的科技设备

使用情况。她惊讶地发现，家长使用科技产品会让孩子感到震惊和沮丧。"我爸爸总是在玩手机。"孩子们说，或"我的妈妈说'稍等片刻'，但然后她会继续玩手机，心不在焉。"每个年龄的孩子——从幼儿到青少年——都渴望遥不可及的全心关爱。

育儿意味着同时处理很多事情。如果家里有个孩子，我们就无法专心地洗澡或准备晚餐。洗碗的时候，我们需要留意幼儿在我们眼皮底下的举动，侧耳倾听宝宝是否醒来。然而，同时完成多项屏幕任务却让我们无法继续关注周围的环境和孩子。"妈妈在洗碗时无法全心关爱你——大多数人都是这样长大的——与妈妈在专心写/读电子邮件或发短信，这两者之间存在着巨大的差别。"涂克尔说。节奏和程度发生了变化。孩子们留意并感觉到了这种变化。他们会将屏幕视为竞争对手。

这也会伤害家长。超过1/3的美国成人会在就餐时经常查看工作信息。半数成人半夜在床上或在早晨起床之前查看工作邮箱或短信。这种即时回复的持久压力让人紧张不安，这种压力如此巨大，以至于其他国家正在着手禁止这种行为。在德国，假日联系工人如今是违法的，这可能还包括晚上。"持久的可用性与心理疾病的增长之间存在着不容否认的因果联系。"德国劳工部长安德里亚·纳尔斯在2014年发表于《基督教科学箴言报》上的文章中如是说。

拉里·罗森研究科技心理学长达30多年，她说，将成人使用手机称为"着迷"并不为过。每逢出现新信息之时，我们会放下手头的任何其他事情，查看、浏览、更新，然后再次查看。对科技的这种执着并没有给予我们多少欢乐。相反，它让我们焦虑，不断觉得自己落在后面，跟不上时代或已经与世隔绝。正如罗森所解释的，着迷不同于上瘾。上瘾迫使人们寻求快乐的体验，着迷则迫使人们重复某种行为，以便减少压力和焦虑。

罗森说，人们会立刻想到利用科技禁戒或数字化戒毒来解决问题，但是，设立限制和限制却更加有效。通过克制大脑查看短信的持久冲动，我们就不会那么强烈地感受到这种冲动。当我们查看短信时，我们在试图平息焦虑感。我们无法预测何时收到短信，这让查看手机更容易养成习惯。每当查看手机之时，我们的大脑就释放出神经传递素，加剧了这种循环过程。要经常休息，限制每天查看手机的时间，平衡屏幕与生活之间的时间比例，这能让我们的大脑恢复原样，并为孩子示范良好的习惯。

我们越是了解孩子的大脑发育过程，我们就越是知道孩子需要我们。心理学家、《大断层：在数字化时代保护孩子和家庭的关系》的作者凯瑟琳·斯泰纳·阿黛尔说，科技时代的神经科学研究更加证实了关于儿童学习的两个古老真理：（1）人与人之间的互动以独特方式促进了大脑发育；（2）父母的角色至关重要。我们需要陪伴他们。

 **摘下成人的有色眼镜**

> 我们说，手机就是我的世界。或者，我们必须时刻在线——如果有人需要我，怎么办？孩子需要我们在当前全身心地陪伴他们。如果我们不为科技设备设立限制，我们就极有可能失去宝贵的人生时光。我们之所以查看手机，在部分程度上是因为大脑化学物质迫使我们这样做。我们可以约束这种冲动。还有部分原因源于我们担心错失机会。如果我们放下手机，我们可能会错过朋友的社交媒体更新，错过落日的照片。但如果我们不放下手机，我们可能失去巩固亲子关系的良机，错过真正的户外落日。

限制是可能的

我有个朋友以前每个月发3000条短信，她最近顺路来探访我。上次见面的时候，我们的谈话受到了干扰。每隔几秒钟，她就会转移视线和注意力，低头查看手持设备，仿佛它具备隐形的魔力。现在，她似乎比以前专注多了。她为何和以前判若两人呢？

"我的手机摔到了水泥地板上。"她说。当手机摔坏以后，她发现自己并不急于修好它。"不受干扰的感受真好。"

这次被迫中断促使艾莉娜改变了她的生活方式。她打电话和朋友交流,仅仅用短信来完成快递服务。当她筋疲力尽之时,她就开始关掉电脑。晚上,她会关掉已经修好的手机,而不是开着手机当闹钟。

如今,艾莉娜首次在多年以后重新使用定时闹钟,她整夜都睡得很好。"我在发现自己的不足,"她说,"我喜欢这种自由和空间。"

大多数家长都没找到这种平衡。孩子们看到的情景是这样的:家长们并不为自己设置使用手机或其他设备的时间限制。成人在就餐和讲故事的中途会发简捷短信。成人们在家中工作,不时查看工作邮件并说"稍等片刻",然后就会消失很久。孩子们看不到限制。成人对他们的关注似乎转瞬即逝。孩子们学到的榜样就是:(1)不断打断别人并不要紧;(2)网上世界比现实世界更美好,也更重要。

无法取得联系并不要紧

只有一件事情是我每时每刻都想做的,那就是呼吸。

无法联系到你并不要紧。是的,即便有时候你的孩子也联系不上你。如果他们当真遇到麻烦,他们可以打电话寻找其他成人的帮助。

几天以前,我收到一封电子邮件,其签名栏中包括这条留言:"在工作日,我会在 12:00-14:00 期间和 20:00 以后回复电子邮件。"这很有意义。发信人是个妈妈,有几个年幼的孩子。12:00-14:00 是午睡时间。晚上 8:00 以后,孩子们都上床睡觉了。周末要用来陪伴家人。她设立了清楚的限制并告诉了他人。

在我为非营利机构工作的时候,我经常在树林里度过漫长的白昼时光,访问我职责范围内的多个地点。随着手机越来越流行,我也带着手机,但我只在午餐或白天其他的自然休息时间打开手机以便回复短信。"我怎样联系你呢?"同事问道,"你应该始终将手机开着。"新科技改变了人们的期望值。我发现始终打开手机损害了我的工作能力。我无法在树林里回答公务问题并专心于手头的事情。我需要关注我在当地见到的人们。不久以后,我就重新关掉了手机,并在每天查看几次短信。这样,我就有了可联系时间和不可联系时间。如果每个人都能联系上我,我就无法帮助任何人了。

要始终关注当下，而不是始终打开手机。

设立工作－生活的限制

你或许觉得，如果老板在工作以外的时间联系不上你，他会对你产生不好印象，但实际上她可能会感到欣慰。她也可能工作时间太长，应酬太多。

想想是什么东西让你的工作－生活限制变得如此问题多多。医生和管道工需要时刻待命。但我们大多数人不需要这样。确实，你可能有时身不由己，但要努力设立更明确的工作－生活限制。

我们哀叹个人生活缺乏隐私。在周末回复工作短信可能让我们感到不快，但它仍然增强了我们的被需要感和价值感。"哦，发给我的信息。"有人需要我们，我们很重要。

还有个常见的工作－生活陷阱，就是利用科技在家办公。我本人是个自由职业者，所以对此深有体会。能够在孩子身边办公是很诱人的事情。但它最终对许多父母带来了持久的压力，也没有很好地完成工作。如果你在家办公，那就专心办公并雇个保姆。你会发现，你的工作时间（即便只有两个小时）要高效得多，你也可以更专心处理工作和育儿事宜。我们常说我们"这样做是为了孩子"，但孩子不需要你始终陪伴他们。他们需要的是，你不要"心在曹营身在汉"，如果没有离开他们身边，那就专心陪伴他们。你自己也要弄明白这点。

要弄明白，你有没有在陪伴他们？

通告的重要性

当你看到人们在屏幕前耸肩垂头、转动眼珠的时候，他们的神情都没有差别。可能在阅读报纸，可能在浏览网页，也可能在专心致志地工作。很难分辨他们当时在做什么。

我们的孩子也不知道。"我觉得你们整天在玩电脑游戏。"某个8岁的孩子对自己的家长说。他喜欢玩电脑游戏，所以，当他看到他们目不转睛地盯着电脑屏幕时，他觉得他的父母也在玩电脑游戏。

通过电脑或数字化设备可以做各种事情。我们并不知道实际情况，不知道这个人是无聊还是很投入。我们的孩子不知道是否应该参与进来，还是不要打扰你。要告诉孩子。索尼娅的妈妈拉切尔现在打电话时就是这样做的："瞧，我在给爸爸打电话。"孩子需要了解情况，以便知道是否可以打断你（你的孩子可能会认为：哦，他只是在看地图，我可以和他说话），并知道这是否牵涉或影响到他们（哦，太棒了，她在电脑上查找我的足球营。她现在很忙，但我知道我很重要。）。

我育儿时间越长，便越是发现年幼的孩子无法与电脑前的父母和平相处。有些时候，我在家陪伴孩子的时候，仍然需要完成某些事情。即便是简单的差事——续借图书、买票、付账——都需要上网。当孩子全神贯注地自由玩耍时，这便是我完成这些琐事的绝佳时机。

问题在于，当我面对电脑的时候，孩子并不知道我在做什么。他们仅仅看到我盯着电脑。这不同于我在家中忙碌各种其他事情。在后面这种情况下，尽管我可能会分心，但他们能够看到我所做的事情，而且，我仍然可以和他们说话。

因此，在我走向电脑之前，我会通知孩子。"我在安排我们的假期。"或者，"我在查看你的图书是否送到了。"或者，"我在研究新的轮胎。"所有这些事情都不需要很多的思考，被孩子们打断也没有关系。有时候我会说："我现在在工作。我需要安静。"

不管周围的人年龄多大，告诉他们自己在做什么都是必要的礼节。几天以前，我看到，当某个不使用科技设备的70多岁妇人和别人谈话时，对方在谈话中途开始点击某个设备，这个妇人感到很不快。"你在听我说话，还是在摆弄你的手机？"她恼火地问。"哦，我听着呢。我其实是在记录你刚才所说的话。"这个人回答说，"这是我的记事本。"要解释你在做什么，否则没有人知道。

重视深厚的人际关系

在出现社交媒体之前,我们只会花大量时间来关注我们最亲近的朋友和家人。熟人是我们经常碰到的人,但我们和他们缺乏深交。

现在,情况发生了翻天覆地的变化。例如,两岁孩子的妈妈凯瑟琳在社交媒体上有 500 个朋友。她每天会在别人的资料上留几次言,其中许多人都很善良,但和她并无深交。浏览社交媒体让她觉得自己并没有与世隔绝,尤其是因为她全职在家照顾孩子,但她意识到,她再也没有与好友们进行过深入的交流。

正如乔治亚·欧姬芙所说,"没有人真正观察过花儿。它太小了。我们没有时间,观察花儿需要时间,就像结交朋友也需要时间。"赢得深厚情谊需要花费时间。这是与我们共同生活并与我们最亲密的人。要审视你是如何利用时间的。是花在深爱的亲友身上,还是熟人身上?你是在培养最深厚的情谊呢,还是在结识泛泛之交?

如果我们希望孩子独自建立深厚的人际关系——朋友和未来的伴侣——我们就必须表明,我们高度重视这种情谊,愿意花时间来培养它并享受它的美妙之处。我们必须树立榜样,让孩子知道如何对待自己生命中最重要的人。

解开孩子的枷锁

"但是,如果她确实需要联系我,那该怎么办呢?"我们觉得需要始终让手机保持开机状态,以便孩子能够联系上我们。这种看法牵涉到我们的文化危机意识。我们生活得小心翼翼。如果孩子没有立刻回复短信,我们就会马上变得如临大敌。这在部分程度上源于我们日常生活中的风险意识(见**法则 1:安全其次**)

有时候要给予孩子真正的自由。允许他们出门时不带手机。如果他们确实需要打电话,有许多人可以借手机给他们使用。要让孩子外出时知道,如果他们的最初计划发生了重大变化,他们需要告诉你。让他们独自外出就意味着,做好他们会陷入困境的心理准备……并让他们自己解决问题。

在孩子上学期间，我会尽量守在电话机附近，以防校方打电话说："他病了。"但有些时候别人联系不上我，也联系不上我的丈夫。如果我俩都联系不上而情况又非常糟糕，这时就可以联系各种表格上填写的紧急联系人。

孩子的天职就是探索并获得独立。不必让他们每隔半小时就向你汇报情况。如果你设立合理限制并且不守在电话机旁，双方都会少些担忧。

"叛逆"的科技指南

始终专注于眼前的生活。

将手机放在篮子里或其他指定地点。

确定打电话的时间。

练习说："我没空。"

意识到你有权暂时与外界切断联系。

关爱你身边的人。

冷静地权衡科技设备的使用。

晚上关掉科技设备。

在专用时间关掉科技设备。

重视专用物品（用闹钟）。

试试这个——加进你的工具箱

每个家庭都必须找到合理的科技平衡点。而最重要的，就是确定若干法则，以便为孩子示范有节制的行为，并遵循你本人的人生价值观。

关爱你身边的人

我在高中时的首份工作是在书店里打杂。在 16 岁时，当我正在接待顾客而书店里的电话铃响起之时，我不知道应该怎么办。书店的法则是："在你面前的人值得你用心对待。"这句话仍然是对的。我们面前的人就是我们的家人、孩子、邻居和街坊。他们必然将我们视为亲友，而不是拿着手机的陌生人。

由于屏幕世界的出现，即便人们同室而处，也仍然隔着万水千山。我们浑然不觉是否有人待在我们身边。可能你觉得自己整天都在孩子身边，但你呆滞的眼神和"什么？"却表明并非如此。如果待在孩子身边，那就真正地陪伴他们。

示范科技礼仪

如果我们在就餐过程中离开餐桌，我们会对周围的人说"抱歉"。如果我们知道在聚会时将要迟到，我们会提前告知其他聚会者。

如果我们和孩子同室而处却暂时需要关心其他事物，我们要礼貌地告知孩子。例如，如果我要去打很长时间的电话，我会告诉孩子说："我要去给医生打电话。我需要用心聆听她说的话。你可以帮个忙，到你自己的房间里去玩吗？我打完电话以后会告诉你的。"这让我能安静地打电话，同时也有助于孩子知道，他们仍然可以吵吵嚷嚷，但需要换个地方。

这同样适用于互联网。"我要去（写封信、研究健康保险等等）。我需要专心。如果你有什么事，你仍然可以和我讲。我做完以后会告诉你。然后，我们可以去公园玩。"

告诉孩子你在屏幕前做什么

告诉孩子你在做什么，这样孩子就知道你为何始终盯着屏幕。"我在给爸爸打电话。"或者，"我在查看天气。"如果你难于开口告诉孩子你要做什么，这也许表明，最好等到孩子不在身边时再去做这件事情。

确定时间段

技术的进步发明了便携式电脑，但这并不是说，我们不能限制使用电脑的时间和空间。要练习说"我没空"。练习拒绝并设立限制，以便重新利用你的时间。太多短信、电话和帖子也会让我们的大脑碎片化，让我们觉得迷惘而又疲倦。

我记得电话应答机最初流行时的情景。"你的电话怎么了？"有个朋友问，"它老是响个不停。"电话是好的，但我的电话应答机坏了。他的话让我意识到，这种交流方式已经被我们的文化视为常态。如今，多年以后，我们希望周围的人能够即时回复我们并与我们在线沟通。

如果你精心营造出自己的空间，你就不会在意当前的文化期望。你不必追随潮流，但要礼貌地告知他人。你或许可以尝试如下做法：

"我每天回复一次电子邮件。"

"谢谢！我会尽快回复。我在照顾年幼的孩子，无法每天都使用电脑。"

如果每个人都能占用我的时间，我就无法帮助任何人。

确定专用空间并自觉养成习惯

你在放学接孩子时手机放在哪里？

要关掉科技设备，以便安排好每天的生活节奏。有节奏才能让生活最充实，包括睡觉、活动、放松、共处的日常节奏。我们每晚和每天都能使用手机和电脑，但这并不意味着最好是这样使用它们。

要确定每天不使用科技设备的最佳时间。首先试着在家人需要共处空间时这样做，而不是在你有空时这样做。在孩子放学之前，我会关掉所有科技设备。然后，我全心全意地迎接他们。记住，孩子需要见到你，而不是你在玩手机。这是家人重聚的时间。

每种科技产品都能通向令人眼花缭乱的世界。手机能看照片、玩游戏、收发工作邮件、定闹钟、进行健康测试、作为参考指南，如此等等。需要限制这种无限性。科技产品天然具备的多种用途迫使我们不断做出选择。

要养成有益的习惯。我们无法抗拒持续不断的诱惑，因此，就应该消除诱惑。将手机放在其他房间里，或确定家庭惯例，将所有手机都放在篮子、饼干罐或空玻璃鱼缸中。要养成关掉各种科技设备的老规矩。当我不用电脑时，我会用布将屏幕遮盖起来。这象征着电脑完全关机了。

专用空间的例子

餐桌

卧室

放学接孩子与孩子到家的时间

公园

家人都坐在车上

散步

参观

客人来访期间

玩伴聚会

其他社交时间

放松时间

假期

知道如何静心

投篮、遛狗、喝咖啡、外出。我们都应该了解哪些活动可以让大脑安静下来（锻炼、休息、冥想、亲近大自然），哪些活动可以重新恢复我们的活力（编织、太极、逗弄狗狗）。要教孩子每天从事若干静心活动，帮助他重新恢复活力。要亲自示范你是如何静心的，并让孩子参与这些活动。这些受益终身的做法能够抵消屏幕的过度刺激。

关注自己给孩子拍照的频率。我们喜欢自己的孩子，当然不妨拍些照片作为留念。但是不断拍照会让我们远离孩子当前的生活。

在公园里，我注意到有个学前班老师在拍摄快照，记录孩子玩手机的憨态。这是个开心的日子，孩子们在挖沙，找到蚂蚁就会咯咯地笑起来。尼克将孩子们的照片压缩以后传给了正在上班的家长们，以便他们能够看到这幕情景。

在他买智能手机之前，这个老师可能会和孩子打交道，而不是和远方的家长们。"哦，看看你们找到了什么！好大的蚂蚁窝。看那只蚂蚁跑得好快。"尽管当时仍然有亲切的说笑，但拍摄大量照片并发送出去会占有不少时间。他的眼神和注意力都转移了。即便是"即时"任务所花费的时间也超出了我们的想象。

不要占有你的生活。

"占用"这个词的意思就是占用空间或时间。如果你利用手机来打发无聊时光，或查看是否有短信，那么，你就会开始利用电脑来分散注意力，以便打发时间和闲置空间。

在线设备很诱人，但他们也会攫取我们的注意力。我们会在临终时说"但愿我花了更多时间来浏览社交媒体"吗？

写下人生目标清单并经常予以更新。你利用清醒时间在做什么事情？你最想在宝贵的人生光阴做些什么事情？追思礼拜、公墓和癌症检查能够很好地提醒我们人生短暂，让我们了解人生的优先目标。如果你不知道自己的优先目标，那就放下手机，让心灵获得自由。有句谚语说得好："如果你想知道自己心系何处，那就审视自己在出神时遐想何事。"

或者，如史蒂夫·乔布斯所说："光阴短暂，不要浪费时光来追随别人的生活。"

要坚守你视为美好的事物。它们是你人生的优先目标。下面这些普遍法则有助于你确定使用科技设备是有利于你实现这些目标，还是让你偏离这些目标。

扪心自问：

它让家人更亲密吗？

它在促进更深厚的人际关系吗？

它带来更多笑容吗？

它在保护你的专用空间吗？

它容许你追随内心的热情吗？

时机合适吗？

地点合适吗？

时间长度合适吗？

涂克尔提醒我们："我们不必拒绝或贬低科技。我们需要恰如其分地对待它。"

应该说的话

我在给奶奶打电话。

我在查看天气情况，看看我们去公园时是否会下雨。

我现在要开始工作了。请到地下室玩比较吵闹的游戏。

我做完以后会告诉你。

嗨！看到你真高兴。你今天过得怎么样？

你是对的。不能在餐桌旁玩手机。

抱歉我当时得打电话。谢谢你能安静地等待。你做得很好，知道在我打紧急电话时你该做什么。

那时联系不上我。我上午会关掉手机。

避免说的话

很快就好了。

嗯，嗯。我听到你说的话了。

嘘。

安静。

哦，什么？

你的角色

如果你能约束自己使用屏幕，你也能影响你的孙子/孙女。如果孩子觉得不错，他们就可能对自己的孩子照搬你所采用的做法。如果能设立限制并示范良好行为，这对好几代人都可能很有效。

屏幕生活会不断发生变化。我们无法预测未来，只知道变化会继续发生。无论出现什么样的新设备和新产品，如果你的孩子知道健康的人是如何设立限制并关心对方的，他们就能做好准备。她需要在持续的科技变迁中引领新的时代，因此她现在需要你的引导。孩子需要我们在家庭生活中设立节奏和限制，以为其未来生活确定良好的习惯。

第三部分
孩子在学校的权利

肠道能忍受什么,心灵就能吸收什么。
——谚语

| 法则 7 | 课间休息是权利 |

我的儿子在上学的头一周便溜出了学校大楼。他静不下来,想要体验新事物,所以就前往操场。老师将他带回教室,解释说,需要等到课间休息时才能去操场玩。

孩子们知道他们需要有课间休息的时间。课间休息能帮助孩子的大脑学到更多东西,而不是相反。按时课间休息是孩子的权利。

"叛逆"的原因

课间休息能提高记忆、学习和专注的能力,以及学习的乐趣和兴趣。上学期间,课间休息就像午餐那样必不可少。

---

10 岁的罗宾是个活跃的孩子,升入五年级时他感到很绝望。尽管五年级在大多数社区都仍然是小学年级,但罗宾的学校认为他是个中学生,而中学没有课间休息。

罗宾并不是孤例。在全美国,30% 的学校只为小学生提供少量或完全不提供课间休息时间。孩子才 5 岁时就开始这样做了。

课间休息是什么

课间休息。它让我们立刻想到的景象就是:孩子们冲出教室门,欢

天喜地地叫喊，奔跑并互相追赶。在我们的观点中，课间休息就是活动时间。

尽管大多数孩子都喜欢在课间休息从事各种活动，但必须认识到，课间休息并不必然与运动相关。它是休息。有些孩子会利用这段休息时间来奔跑、攀爬、荡秋千、大喊大叫。有些孩子会相对安静些。

嘉文会踢足球，哈珀会用树枝修建小房子；艾米丽和七个朋友聚集在八角形的场地上玩现代躲避球和化妆游戏。

"我今天在课间休息时写了首诗。"我的儿子迈尔斯曾经对我说。有时候，他会活跃地玩游戏；还有些时候，他会和朋友聊天或发明蚂蚁使用的语言。这都是课间休息。在三年级时，我会不停地跳绳或玩追赶游戏，但在五年级时，我通常会在课间休息时和朋友达娜并肩坐在苇草地（我的鸟儿在此编织了鸟巢）上。我们会离开喧闹而拥挤的教室，彼此交流或者想着各自的心事。这也是课间休息。

课间休息并不是要以锻炼为主。这很容易被误解，尤其是鉴于人们有理由担心日益蔓延的肥胖症。课间休息就是暂时不再听从老师的吩咐。暂停安排好的活动，不再由成人控制，按成人吩咐行事。课间休息是心理的、情绪的、认知的、社交的休息，并通常牵涉到剧烈的身体运动。

疾病控制与预防中心将课间休息定义为"在小学上学期间定期安排的时间段，用于自由的身体活动和游戏"。罗伯特·伍德·约翰逊基金会称它为"孩子自主选择的身体与社交活动"。

无论孩子们做什么，他们回到课堂时都会重新恢复活力。这是自由选择的时光。此时，他们可以和心爱的玩伴共处，想着各自的心事，从事剧烈或轻度的身体运动。

孩子有权享有课间休息时间。它就像午餐，是健康学习所不可或缺的。如果学校每天只给予孩子 10-20 分钟课间休息时间，这就是在伤害孩子。只要审视教育成果和大脑的秘密，我们就知道，孩子需要更多、更长的课间休息时间，无论他们有多么"不听话"，都决不能剥夺课间休息时间。

"叛逆"的好处

当孩子拥有充分的课间休息时间，他们会获得这些好处：

我乐意去户外。

身体运动让我感到很开心。

当我重新回到课堂时，我能够再次聚精会神。

上课时间需要聚精会神，但课间时间由我自己安排。

不容易商量好游戏规则，但我们能够解决这个问题。

我的友谊很牢固。当我在家中或学校遇到麻烦时，朋友们会帮助我。

课间休息时间由我自己做主，这让我觉得受到了尊重。

学校是个我能成为我自己的地方。

学校里很好玩。

为何有效

上学期间，课间休息对学习很有利。课间休息能够极大地提高智力学习和课堂表现。按时课间休息能帮助孩子们吸收新鲜事物，提高准确性，回想各种事实。通过课间休息，考试分数会上升。得到充分的课间休息以后，孩子们更少开小差，更少坐立不安，更少骚扰邻桌，通常也能更专心地听老师讲课。

美国儿科学会认为，课间休息是暂时中止学习的必要时间，它对认知、社交、情感和身体都大有好处。课间休息对孩子的健康和成长极其重要，以至于美国儿科学会在 2013 年发布政策声明说："课间休息是儿童发育过程中重要和必要的组成部分……不应该出于惩罚或学习原因而取消课间休息。"不能取消课间休息，不管是出于行为或任何其他原因。

佐治亚州立大学教授沃尔加·杰内特是课间休息问题最优秀的研究人员。杰内特发现，四年级学生在经过课间休息以后，重新上课时会更加专心、更少坐立不安。明尼苏达大学的心理学家安东尼·佩莱格里尼在研究了三年级学生以后发现，在课间休息之前，随着上课时间越来越长，孩子们越来越不专心。全国的校长们也支持这种说法。在 2009 年由罗伯特·伍德·约翰逊基金会对 2000 名小学校长所举行的问卷调查中，几乎所有人都认同，课间休息帮助孩子在上课时能够重新聚精会神并表现更好。

许多家长和老师意识到，孩子们需要利用课间休息来宣泄旺盛的精力。有时候，我们觉得这仅仅涉及体能，但从事剧烈活动的孩子也在部分程度上释放了情绪压力。孩子们在上学时会感受到各种情绪，包括没有完成课堂作业或任务（如正确握笔姿势）的挫折感、对于不公或校规的愤怒、置身于其他同学当中时的紧张情绪。少儿作家多罗尼·布里格斯说，孩子们强烈感受到许多情绪，并通过肢体表达出来。课间休息让孩子们有机会释放挫折感，宣泄暂时的愤怒情绪。

白天的休息就像晚间的睡眠那样重要。它让幼小的心灵重新充满活力，恢复了平衡和自尊。这意味着在其他方面都安排好的一天中，给孩子一段时间自由选择。

课间休息多多益善

2009 年《儿科》期刊的研究成果表明，增加课间休息以后，三年级学生的考试分数会上升。从古希腊以来，人们就注意到心理与身体能力之间存在着联系。如今，现代大脑研究告诉我们，身体活动与智力之间确实存在着联系，因为它会强化执行功能，而后者综合了多种认知能力，包括：专注、学习、目标确定、自制、记忆和准确性。伴随着身体运动，大脑会扩展其海马区，完善记忆和空间导航的能力。

研究不断表明，孩子拥有课间休息时间，他们的课堂行为就会得到改善。不仅如此,课间休息时间越多,效果就越好。这尤其适用于很难坐着不动并保持聚精会神的孩子。奥尔加·杰内特说,增加课间休息时间以后,多动症孩子可能表现得更好。华盛顿州立大学的神经科学家雅克·潘克西普对此表示认同。他深入研究了多动症及其与玩耍之间的关系,并认为,在儿童和其他群居型哺乳动物准备进入更成熟的发展阶段之前,必须满足他们对玩耍的需求。当孩子们躁动不安之时,这表明他们的玩耍需求没有得到满足。如果运动是问题所在,那么,课间休息就是答案。

然而,教师通常会惩罚那些骚扰邻座和无法安安静静坐着的孩子,让他们在课间休息时待在教室。这意味着最需要课间休息的孩子却经常被剥夺了这种机会。这种适得其反的惩罚习惯强化了"捣乱者"的标签,剥夺了孩子充分学习技能的机会。

 **摘下成人的有色眼镜**

> 所有的喧闹和奔跑可能显得毫无目的。我们可能会觉得,这纯粹在浪费时间。上学是为了接受教育,如今,在已有的课程之中,有太多东西需要学习。此外,他们在体育课上已经运动过了。课间休息并不是旧时代的奢侈品,相反,它能帮助孩子的大脑消化已经学会的知识,并为下节课做好准备。从学习的角度而言,课间休息在上学期间是必不可少的。它往往充满了身体运动,但它也同样能释放心理和情绪压力。课间休息让孩子暂时不用听从老师的安排,在学校的这段时间里,孩子们可以完全无拘无束,这段自由而令人精神焕发的时光可以为孩子们在课堂学习中注入新的活力,让他们专心上课。

为何需要拯救课间休息

根据《幼儿教育》期刊的研究结果,到 2005 年为止,40% 的美国学区都减少或完全取消了课间休息时间。西雅图公共广播电台 KUOW

的调查性研究表明，在西雅图地区的公立小学中，提供极少或不提供课间休息的学校每隔两年就会翻番。2010年，只有一所这类学校。两年以后增加到六所。截至2014年，11所学校不提供或只提供微乎其微（20分钟或更少）的课间休息时间。

我上小学时每天有三次课间休息：上午20分钟，下午15分钟，此外还有近1个小时的午餐+课间休息时间（当然，所有正常孩子都会抓紧时间吃完午餐，以便到操场上玩耍）。我们很容易将"美好旧时光"的故事斥为不切实际、落后于时代，甚至是记忆出错。但我的记忆并没有错。根据曼哈顿维尔学院的隆达·克莱蒙特教授等教育研究者的说法，直到1990年左右，每天三次课间休息是美国小学的标准做法。

没有课间休息或只有极少量课间休息的学校导致了学生的不满。6岁的阿米尔告诉妈妈："我讨厌学校。"去年他还喜欢这个学校，差别就在于课间休息。他在一年级时的全部课间休息时间只有5分钟。

课间休息的价值

人类心灵需要休息。如果没有任何变化，无论是新场地还是其他新事物，我们都不能长久地集中注意力。《大脑知识与教学》的作者埃里克·詹森解释了注意力如何周期性循环。有规律性的专注周期通常会持续90–110分钟。在我写作这一章内容时，我站起来休息了片刻。在长久的专注用功以后，我们都需要让大脑得到休息。人类心灵就是这样的。

认识到这一点以后，部分国家在上学时间增加了许多短暂的休息时间。芬兰的小学生每上45分钟课以后，就会拥有15分钟的法定户外休息时间。在日本，同龄孩子每个小时都有10–15分钟休息时间，因为在上课约40–50分钟以后，孩子们就开始分心。休息对大脑储存信息也很重要。休息让孩子们获得了"处理时间"，在这段时间里，大脑化学物质能够帮助你长久记住信息。

孩子可以通过表演来吸收新的信息。这适用于许多动觉型（kinesthetic）学习者。我刚刚读完某个故事，我6岁的孩子就会站起来表演其情节。在他表演完以后——无论是关于龙卷风的真相还是关于保罗·里维尔①骑马夜行的历史——他都会吸收并记住它。让孩子在自由时间将新想法融入游戏之中，这样有助于他们记住课堂学习内容。

不要利用课间休息来惩罚孩子

"你作业交迟了。今天不能吃午饭。"

如果老师说这种话，我们会觉得震惊。午餐能补充体力，让孩子们在下午上课时聚精会神。课间休息也是如此。它是神圣不可剥夺的。孩子有权在上学期间享有课间休息。然而，即便学校安排有课间休息，孩子们未必就能得到它。

露西在上幼儿园。她是个活跃而外向的孩子，经常会蹦蹦跳跳。当她向玩伴说话太多或围圈时间迟到之时，这个5岁孩子就必须在课间休息待在教室里。6岁的瑞安静不下来，没有及时完成数学作业。老师让他在课间休息时完成它。

每个孩子都理当拥有课间休息，不管他们的行为或课堂作业是否令人满意。因为孩子正是这样成长和学习的。

美国儿科学会建议绝不要通过剥夺课间休息来惩罚孩子。然而，老师们仍然坚持这种管教措施，或通过威胁取消课间休息来执行班规。这种方法很有效，老师们知道，孩子们非常渴望课间休息。

教师们出于多种原因会取消课间休息。行为是头号原因，紧随其后的就是没有完成家庭或课堂作业，或以特殊服务为理由来进行补课。

杰克在迎接和问候别人时反应很慢，因此，学校辅导员向他提供特殊服务。他们见面时会玩游戏，以便培养其社交技能。但是，杰克的社交服务被安排在每天的主要社交活动期间：课间休息。同样，印第安孩子克莱尔也拥有额外的少数民族学习资源。她的家人很高兴她能更好地了解自己的传统，但不是安排在玩耍时间。

就课堂作业而言，取消课间休息的惩罚措施影响了越来越多不堪

---

① 保罗·里维尔（Paul Revere, 1735~1818），美国革命战争中的著名爱国者。1775年骑马从波士顿赶到列克星敦，向美国革命者通报英军入侵的消息。——译注

承受过多家庭作业的孩子（见**法则 8：禁止小学家庭作业**）。在这个班上，如果父母没有检查孩子的拼写功课并签名，孩子就会被取消课间休息。而在那个班上，如果孩子没有完成数学作业，他们就必须待在教室里。需要对孩子确定合理的期望值，如果没有达到这些期望，需要让他们承担后果，但是，惩罚必须与过失相应。课间休息与拼写、数学和迟交家庭作业无关，除非孩子需要课间休息来专心完成这些作业。

罗伯特·伍德·约翰逊基金会 2013 年的研究发现，大多数学区（63%）没有取消课间休息的政策。在学区范围内制定保护性政策对孩子享有课间休息产生了重要影响，尤其是如果双管齐下的话：(1) 不能因为不良行为而取消课间休息；(2) 不能因为未完成课堂作业而取消课间休息。

我尊重老师们，也尊重教育工作者，相信他们能够找到其他方法来管理课堂，而不必剥夺孩子们的课间休息。

体育课不是课间休息

2011 年，半数的幼儿家长联名签署请愿书，要求纽约市昆斯区 P.S. 101 学校增加课间休息时间。幼儿园孩子每天只有一次短暂的课间休息时间，但校长给了他们额外的体育课时间。

体育课是上课。它是由教师主导的正式课堂时间。孩子们无疑会在体育课上四处奔跑，但奥尔加·杰内特发现，体育课上的运动量通常比课间休息要少。孩子们排队或老师解释规则的时候，孩子们会坐着或站着。体育课本身很有价值，但它无法像课间休息时那样自由玩耍，培养孩子的创造力、情商和社交能力。正如某个孩子所说："在体育课上，老师会吩咐大家做什么，你的伙伴和你并不同组。"

在教室中的伸展运动和活动也不是真正的休息。"学生们始终在活动。"老师们常常说，"他们并没有整天坐在课桌前。他们是非常活跃的学生。"

运动本身不是问题所在。成人们往往将活动和有组织活动的概念与课间休息混淆起来。随便问个孩子，她马上就会纠正你："在课间休息时，我会和朋友们玩耍。""在课间休息时，我可以做自己喜欢的事情。""课间休息很好玩！"

由于孩子们待在室内太久，同时新闻报道说肥胖症非常普遍，因此，人们容易认为课间休息的主要价值就是锻炼。这可能是许多成人对减少课间休息漠不关心的原因。人们认为，孩子们会通过其他方式满足其身体需求：孩子们在教室周围跑动、老师带领大家做伸展活动，或他们每周上两次体育课。部分学校在不上体育课时每周仅仅安排2-3次课间休息。

课间休息不是体育课，也不是伸展运动时间。它是不可替代的。

课间休息应持续多久？

为小学生安排最佳学习环境需要六个课间休息要素：

- 每天都有课间休息
- 课间休息要均衡合理
- 次数要增加
- 时间要延长
- 保护课间休息（每天都不能缺、不能用体育课代替或取消）
- 年龄保护（每个年级的学生都应享有课间休息）

1. 每天都有课间休息
   每天都需要有课间休息时间。孩子们的注意力、思考能力、记忆力以及他们对上学的态度都取决于它。

2. 课间休息要均衡合理
   经常休息有助于学生们的大脑达到最佳学习状态。课间休息需要分散到当天的各种不同时间段，因为，均衡合理意味着至少上午、下午都有课间休息。单单是午餐+课间休息不能为良好学习提供足够的休息时间。也不能因为即将放学而取消课间休息。

3. 每天课间休息的次数

   小学生们每天需要 2–3 次课间休息。对四年级学生的研究结果促使奥尔加·杰内特建议每天至少有两次课间休息。更小的孩子甚至需要更多课间休息才最有利于其学习和成长。三年级或更小的孩子应该享有 3 次或更多课间休息。

   - 学前班——三年级　　　　　每天 3 次
   - 四年级——五 / 六年级　　　每天 2–3 次
   - 六年级——八年级　　　　　每天 1 次以上

4. 课间休息的长度

   每次课间休息应该持续 20–30 分钟或更长时间。缩减休息时间不妨碍孩子们奔跑，但他们无法培养社交和认识能力。如果孩子们只有几分钟时间，他们就无法开展有益的游戏。要留意被侵占的课间休息时间。课间休息不包括排队时间或穿外套的时间。在某些学校，过多排队活动耗去了 5–10 分钟宝贵的自由时间。如果课间休息时间为 30 分钟，那就意味着 30 分钟的玩耍时间。

5. 保护课间休息

   课间休息就是课间休息（不能用体育课代替）。课间休息也是自由玩耍时间，孩子们可以自由地挑选玩伴或玩法。它是孩子们的权利，不能因其行为或学习原因而取消课间休息。

6. 课间休息的适用年龄

   11 或 12 岁以下的孩子每天都需要课间休息。这包括所有小学生和低年级中学生（如果五 / 六年级学生被归为中学生的话）。某些学校仅仅向年幼的孩子提供课间休息，早在三年级时就取消了它。理想的做法是，为学前班到八年级的所有学生都安排课间休息。

学校通常会因为孩子的某些活动而奖给他们红星，比如：静坐不动和认真听讲。下面是评价小学的"红星表格"。你的学校是 1 颗星吗？

课间休息红星表格（你的学校排第几？）

没有日常课间休息	不合格
20 分钟或更少	★ 丧失学习潜能
30 分钟以上	★★ 达标
50 分钟以上	★★★ 星级

学前班和幼儿园的课间休息

"课间休息"这个字眼仅仅适用于小学年龄的孩子。幼儿园孩子需要的不仅仅是课间休息。对年幼的孩子来说，室内与室外的自由游戏应该是每天的主要活动。对这个年龄段的孩子来说，指定 20-40 分钟的课间休息时间是不够的。

当学前班孩子待在小学教室里时，他们通常遵循着仅仅适用于大孩子们的时间表。课间休息的"概念"不太适用于 5 岁及以下的孩子。这个年龄段的孩子需要有 1-2 小时或更多时间自由玩耍，以便进行有益的学习。研究表明，如果只能玩很短时间，孩子们就会玩得很肤浅。他们知道自己很快会被打断，所以他们就限制了复杂游戏。

课间休息法则与冲突

即便孩子在课间休息走出教室，也无法确保他们会随心玩耍。一年级学生吉登在学校操场上看到了橙红色的枫树叶。他将它们拾起来，以便给妈妈做个花束。由于他违背了"不准从地面上捡东西"的校规，在余下的课间休息时间里，课间休息辅导员就罚他面朝围墙站着。5 岁的迈尔斯由于在操场上用木片划破了走道，他只能放弃课间休息，面朝墙壁坐着。

课间休息的法则可能很荒唐。在我儿子所在的学校里，孩子们不许玩雪。这是个问题，因为在每学年 2/3 的时间里，大雪都会覆盖住操场。

消防人员确定这些规矩，以免孩子们在课间休息的半混乱状态中发生冲突。但课间休息有个主要好处就是，它让孩子们练习如何化解同龄人之间的冲突。更好的做法就是确定"不许伤人"之类的法则，训练在学校里如何化解冲突。在出现冲突时，需要让孩子们练习，其教育作用是巨大的。

课间休息时间的价值

休息和释放

人类的心灵可以暂时集中注意力，但然后就需要休息。课间休息让孩子们回到课堂时能够重新专心听课。它也让他们有机会释放积压的情绪和过剩的精力。

改善行为

不当行为通常源于孩子感到无聊、想要和朋友说话，以及无法继续控制身体。当孩子得到充分的课间休息以后，调皮捣乱的课堂行为就会减少。

身体活动

锻炼、活动和运动有利于促进孩子的身体健康、减少肥胖症、促进血液循环，从而增强其精神力量。

提高智力学习能力

按时课间休息能够强化记忆力、学习能力和注意力，这都是在校思维认知活动所必需的重要执行功能。

友 谊

课间休息提供了社交机会，以便孩子们与同龄人交往。除开培养友谊之外,通过在操场上与其他孩子的互动,孩子们还获得了社交技能。

练习调解冲突

这种价值容易受到忽略。课间休息需要面对各种法则和分歧。调解冲突是复杂的社交工作,大大有助于人类预防战争、欺凌和暴力行为。尽管课间休息时的冲突可能让操场监督人员感到不快,但是,当孩子们学会独自面对分歧之时,它就会产生极大的好处。可以对他们进行简单的维护和平培训,以此来引导他们。

自主选择和探索

课间休息让孩子们有机会尊重自己的想法和兴趣,这对每个年龄段的人来说都必不可少。

幸 福

孩子们最喜欢的话题是什么?课间休息!课间休息带来的幸福感能够促进孩子的情感健康并热爱上学。

有组织的课间休息时间

试想孩子们在课间休息时不知所措的情形。这正是从未经历过课间休息并且不知道如何打发自由玩耍时间的这一代孩子们的写照。芝加哥和波士顿的学校最近恢复了课间休息,全国都有重新恢复课间休息的势头,尤其是在都市学区。

随着课间休息得以恢复,它通常伴随着新的安排。安排好的课间休息意味着来自 Playworks 与 Peaceful Playgrounds 等公司的受训成人在场充当"课间休息教练",以引导集体游戏并帮助孩子们化解冲突。例如,在华盛顿州贝尔维尤市的学校中,正向行为干预专家会组织孩子们玩踢足球和鬼抓人等集体游戏。

某些学校的文化正处于转型阶段,因而可能需要这类额外的帮助。然而，安排好的课间休息不应该成为最终目标。这种安排——成人而非孩子主导的游戏和有组织活动——否定了课间休息的实质。例如，Peaceful Playgrounds 强调运动和健康，并建议在操场上增加数字方格和字母等。但课间休息不止于此。它涉及孩子的自由和选择。

Playworks 与其他机构说，在他们介入进来以后，行为问题减少了，学生们的身体活动增加了，但玛萨·布里克与同事所进行的研究表明实质性的区别并未发生，该研究已经通过美国教育部的审核。教师们报告说孩子们更加活跃，但加速仪数据表明并没有任何改变。拥有更多课间休息以后，学生们的行为确实有好转，但它无论如何都会好转，与 Playworks 无关。

根据 KUOW 公共广播电台的报道，当两个孩子在安排好的集体游戏场地之外逗留的时候，课间休息教练向他们走过来。"快做决定！"她说，"课间休息时间过得很快。"有个男孩笑了。"我们只是在看云。"他说。

孩子们不愿始终接受照顾。如果专业机构帮助恢复了课间休息时间，这是个好的开端，但孩子们有权度过名副其实的课间休息。

试试这个——加进你的工具箱

恢复课间休息需要家长和教育工作者共同努力。有些步骤相对很简单，但有些步骤需要更广泛的努力。但课间休息值得我们这样做。

保护课间休息权

剥夺孩子的课间休息会导致健康和学习隐患。作为预防性措施，可以试着给老师写个便条，解释你为何认为不应将课间休息当作管教手段。你或许可以给校长或学校董事会写封类似的信件。大多数学校都会尽力听取你的意见。至少，你将打开沟通的契机。

简单步骤

长期改变不是朝夕之间就能完成的。下面若干简单步骤或许有助于弥补此前的不足之处。

1. 清早的课间休息

   我们当地的学校会在学生到校上课前 20 分钟开放操场，从而在已有的两次课间休息之外又安排了新的课间休息。校长鼓励孩子们在上课铃响起之前尽情玩耍。这类游戏活动极为重要，因为大多数孩子都是乘坐公交或私家车上学的。如果采取这种极其简单的方法，就可以增加课间休息而学校却几乎无须承担代价。

2. 志愿的课间休息监督人员

   有时候，校方人员会忙不过来。此时可以主动召集某些家长，以便监督额外的课间休息时间。这个父母小组甚至可能要接受冲突调解培训。由于有合格志愿者照顾孩子们，教师们就有时间来预备下节课。

3. 教室内的活动

   绝不能将大脑体操（brain gym）和即时休整（instant recess）等活动项目误认为真正的课间休息。它们是由教师主导的、严格有序的室内锻炼活动。然而，可能你孩子所在的学校目前最多也只能这样。在忙碌的日子里，简短的伸展活动能够增加运动量并促进血液循环。

4. 自由玩耍

   如果校方日程表无法立刻适应新的课间休息时间，个别教师或许可以在其班级增加游戏或自主活动时间。这种休息能够促进社交、情感和认知的能力。

成为课间休息的英雄

善良的美国成人们正在联合捍卫课间休息时间。你可以加入他们。只要到谷歌上面搜索"家长想要更多课间休息"，你就会对此有所了解。不断有社区要求重新恢复课间休息时间。在这里，你会找到灵感和同盟者。

你可能无法完全如愿以偿。在学区取消课间休息以后，佛罗里达州李县的家长们聚集起来，要求重新恢复它。他们要求每天至少有 20 分钟课间休息时间，学校只批准了 15 分钟；他们要求八年级以下的学生每天都有课间休息时间，学校只同意对五年级以下学生这样做。孩子们上高中之前最好都应该有课间休息时间，但你也许得讲究战术。

帮助你的孩子，就是在帮助所有孩子。首先就是要有这种意识，因为许多成人还没有意识到课间休息多么宝贵。

研究课间休息

1. 从孩子开始

   孩子很快就能觉察到公平问题和课间休息问题。问问课间休息的实际情况。孩子们曾经被取消过课间休息吗？课间休息时间有多长？要不带评判地倾听。有些故事可能会夸大其词，但孩子的看法通常能暴露你未曾想到过的问题。

2. 了解学校关于课间休息的官方政策

   要了解预定的课间休息时间是怎样的。每天有几次课间休息时间？多少分钟？是每天都有，还是课间休息安排会不断变化？任何年龄或年级的孩子在上学期间都能或多或少享有课间休息时间吗？能够出于任何原因取消课间休息吗？

3. 观察课间休息时间

   看看你是否可以在课间休息时间参观学校。观察课间休息的实际情况。看看课间休息期间孩子们是否经常被罚下场（被迫面对围墙坐着或站着），会持续多久。这可能表明学校需要帮助，以便让课间休息监督人员获得更多的冲突调解或"维和"技能。如果在课间休息时坐在游戏场外，这根本就不能算作课间休息。

4. 问问老师有何要求

老师担心什么问题？哪些帮助可能有用？彼此尊重的合作关系通常能带来改变。

找到合作者

1. 找到同盟者

四处打听。开始对话。找到志同道合的其他人。和家长与教育工作者们分享课间休息的价值，看看你能不能找到一群同盟者来促进课间休息的讨论。

2. 寻找哪些学校提供了更多课间休息

也许小镇上的学校有两次课间休息时间，但你孩子所在的学校只有一次。最好是当地的学校，但如果你在附近找不到模范学校，那就通过新闻寻找并联系它们。关键就是让提供更多课间休息时间的学校校长与孩子所在学校的校长建立私人联系。变化通常都令人不安，但如果某件事请完成得相当好，其他人则更乐意进行尝试。

3. 礼貌得体地引导政策制定者们

教育工作者们很关心孩子。要让当地的校长了解你的观点和计划，以便促进有关课间休息的讨论。与政策制定者们分享研究成果，以及美国儿科学会的政策报告。

4. 获得外界专家的支持

当你准备就绪以后，介绍外界专家，让他们在公开会议或活动中提供见证。这会为你的事业增加说服力。

倡　导

1. 征集签名

倡导课间休息通常包括请愿和征集签名。许多学校很快会获得数百人的签名。

2. 参加校董会会议
设法了解学校董事会。参加公开讨论活动并发表支持课间休息的言论。有个妈妈曾经成功地让女儿所在的学校重新恢复了课间休息时间，她说："会哭的孩子有奶吃。"

3. 让孩子参与进来
孩子肯定关心课间休息时间。要让他们发挥积极性。让他们写信、做演讲、画海报、制作视频、接受媒体采访。这无疑给他们上了一节让他们终生难忘的民主课程。

不要让高档游乐场设施和价格标签阻止了你的脚步。在我小时候，课间休息是在链状栅栏围起来的方形柏油路场地上度过的。除开少量旧轮胎和跳房子游戏的油漆线以外，当时并没有游乐场设施。没有攀爬架，没有秋千，也没有滑梯。所有孩子真正需要的，就是充足的空间和时间。

应该说的话

我想更详细地了解我们学校的课间休息情况。我们可以谈谈吗？
研究表明，课间休息时间越多，考试分数就越高。
你知道课间休息能够提高课堂表现和学习成绩吗？
我们的学校只有20分钟课间休息时间。这还没达到小学生最佳学习环境推荐标准的50%。
关于课间休息，有些很有趣的研究。你知道吗？
《纽约时报》上的这篇文章谈到了这个问题。
我想分享一个故事。

你的角色

你可能不会将自己视为倡导者,但是,当你知道孩子的成长环境出现问题时,直言不讳是育儿工作的分内之事。也要了解一下周围的学校。可能你的孩子所就读的学校有课间休息,但它们都有吗?在低收入学校能最强烈地感受到剥夺课间休息的现象。真相让人感到吃惊。由哥伦比亚大学师范学院的约迪·罗斯和其他研究人员所做的全国性研究发现,在贫穷的美国小学生中,44%的孩子都没有课间休息时间。要捍卫各个地方的孩子们的权益。

法则 8　禁止小学家庭作业

"我儿子喜欢家庭作业，他每天回家以后都会开心地完成它。"丽贝卡告诉我。她的儿子当时 6 岁，刚开始上学。第二年我们再次谈到了这个话题

"我对这个问题的看法在不断发生变化。"她说。等到 7 岁时，利阿姆的家庭作业比以前多多了。"有时候他确实需要放松，待在我们身边。我们晚上共处的时间只有两个半小时。"

他的妈妈可能完全是对的。在上学 7 个小时以后，加上放学以后继续留在学校以及回家路上所花的时间，利阿姆可能最需要休息和家人的温暖。对这个 7 岁孩子来说，最好的事莫过于轻松玩耍，以便精神饱满地开始第二天的学习，或者，也可以让家长按照自己的方式来支持他的在校学习。问题是：由谁来决定？

"叛逆"的原因

家庭作业对上小学的孩子没有任何好处。放学以后，孩子们需要时间和空间做其他事情。

6 岁的达伦背着书包，蹦蹦跳跳地走出学校。他的妈妈向他打招呼："嗨，今天在学校过得怎么样？""很好！"他说。他咧开嘴笑

着，同时在树下跑来跑去。接下来，他将书包用力扔在地上，似乎想起了什么事情。"我还有家庭作业！"他痛苦地喊道，"我讨厌上学！"

当我下班回家以后，我感到很累。有时候，我必须将工作带回家，但我已无法高效工作。我很想躺下来，照顾家人的需求，准备明天的工作，以便我能保持最佳状态。孩子们也需要这样。

家庭作业是现代教育的标志。我们希望孩子成为好学生，认为家庭作业能够帮助他们。否则为何要将作业带回家呢，哪怕是幼儿园孩子？有些家长喜欢家庭作业，有些老师讨厌它，但是，当双方为此展开辩论时，他们基本上都诉诸信念。但研究成果非常令人吃惊：家庭作业无益于小学生的学习成绩。

如果你用心研究经过同行审核的家庭作业研究成果，你会惊讶地发现，它强烈支持我们在孩子年幼阶段抵制家庭作业。在高中，家庭作业是有价值的。在初中，不妨安排部分家庭作业。但在小学呢？研究结果是否定的。而且，研究表明，小学家庭作业会损害孩子对学校和学习的态度。

家庭作业量

家庭作业让学生产生了激情，但这不是学习的激情。孩子们穿着写有"不要家庭作业。""家庭作业：停止这种蠢事！"和"家庭作业？被云吃了。"字样的衣服。也许最入木三分的口号是："如果我没有家庭作业，我觉得我妈妈会比我更开心。"

"当我写这些话时，我眼中充满了泪水。"有个孩子的奶奶说，"我9岁的孙子从下午3点到晚上8点半都在做家庭作业。你觉得他喜欢上学吗？"

自从1980年以来，小学家庭作业就在逐步增加。密歇根大学2004年调查了近3000名孩子，发现自从1981年以来，完成家庭作业的时间增加了51%。马里兰大学的研究发现，在相似的时期以内，家庭作业时间增加了145%。这些时间剥夺了孩子的其他活动，产生了情感伤害。

以查理为例。二年级的查理要完成四门家庭作业：拼写、西班牙语、数学和写作，此外还有 20 分钟阅读时间，并需要登录到互联网家庭作业网站。"我们开始做作业，我疲倦的儿子无法算出数学题目，开始扔东西，哭泣和踢人。"他的妈妈说，"孩子不应该累成那个样子……也不应该在二年级完成两个小时的家庭作业。我的心完全碎掉了。"

　　这太过分了吗？很难确定孩子有多少家庭作业，因为家庭作业量在不断变化。不同的老师、学校和社区可能各不相同，每个孩子完成相同任务所花的时间也各不相同。在这里，平均作业量并不重要。最重要的是家庭作业在如何影响你的孩子。

　　9 岁的泰勒的老师每天都会分配家庭作业。"这是残忍的。"他的妈妈说。"他有短期的日常家庭作业和长期任务。"泰勒的应对办法就是，将家庭作业藏起来。

　　在美国，许多家庭都讨厌家庭作业。每天都有人在无意中读到我解释为何需要禁止家庭作业的博客帖子，所以我很清楚这一点。他们在谷歌中的搜索措辞包括：

家庭作业在毁坏我的家庭。
孩子已经在学校学习了 7 个小时，为何还要做家庭作业？
三年级的家庭作业让人很痛苦。
有反对家庭作业的老师吗？
写封信给校长，要求减少家庭作业。
因为家庭作业，我睡眠不足。

　　在我读大学时，我同学的妈妈出了本书《第二次转变》。该书的作者是加州大学伯利克分校的社会学教授阿莉·霍克希尔德，关注的是女性在从事全职工作后所面对的家务和育儿问题的双重转变。今天的社会也打着为孩子着想的名义，让他们——有些孩子可能小至 3-4 岁——面对着第二次新转变：家庭作业。

"叛逆"的好处

当我们信任孩子对学习的天然兴趣并通过各种方式来支持智力学习之时,孩子就会受益良多。在孩子十几岁时重视家庭作业会更恰当些。要让年幼的孩子慢慢地通过其他方式来成长和成熟,这是支持智力学习的最佳途径。

我喜欢上学。

我有时间做对我来说最重要的事情。

我自己的想法很重要。

我喜欢每天在家人的陪伴下读书。

我乐于和父母谈论学校发生的事情。

我的家人很重视学习。我也是。

既要安排时间工作,也要有时间玩耍。

在度过白天的漫长时光以后,每个人都需要休息。

上学时由老师做主。在家时由父母做主。

年长的孩子有家庭作业。这需要认真对待。等我长大以后,我也会那样做。

 **摘下成人的有色眼镜**

我们许多人认为,上学就必然会有家庭作业。孩子可能会抱怨,但我们相信,家庭作业对他们有好处。问题在于,这仅仅是个信念而已。研究再三表明,小学阶段的家庭作业并不能提高智力成绩。孩子们已经在学校里待了一整天,按照成人的吩咐在做各种事情,认知性的思考是他们唯一的学习方式。家庭作业侵占了本该用于其他学习的时间,包括身体(户外玩耍)、社交(家庭活动、吃饭和家务琐事)和情感(放松身心)。家庭作业旨在巩固课堂学习内容,但它可能完全适得其反,让孩子憎恨和敌视学校。如果我们想让孩子借此学会承担个人责任,那么,孩子可以通过其他方式学会这点。积极心态和良好睡眠要更加重要。

为何有效

"哦,我们在采取 10 分钟法则。"我儿子的小学校长告诉我。我茫然地看着她。她向我解释说,有人建议孩子上几年级就布置几十分钟的家庭作业,因此,一年级学生应该每天做 10 分钟家庭作业,五年级做 50 分钟,以此类推。在解释小学、全国家长教师协会和其他机构为何采取 10 分钟法则时,人们普遍会引用哈里斯·库珀的研究成果。由于双方在几乎任何辩论中都能找到有利于己方的研究成果,杜克大学的心理学家和神经科学家库珀编辑了 1989 年的约 120 份家庭作业研究成果和 2006 年的另外 60 份研究成果。结果呢?家庭作业所花的时间与小学生的学习成绩之间并没有任何联系。

大多数学校都在滥用 10 分钟法则。库珀建议利用它来限制小学家庭作业。这意味着它原本旨在保护孩子们不要承担太多家庭作业,而不是确定家庭作业量的最低底线。

"研究结果非常明显。"亚利桑那大学的教育学教授伊塔·科拉洛夫克在其著作《终止家庭作业》中表示同意。"小学阶段的家庭作业没有任何益处。"

"没有任何研究成果表明,布置(任何类型和任何总量的)小学家庭作业有好处。"全国教育专家阿尔菲·科恩写道,"不管证据是什么样的,我们都认为孩子理当做家庭作业。"

库珀本人尽管认为即便对一年级学生也应该布置有家庭作业,但他赞同科拉洛夫克、科恩和其他人的看法。他在自己的报告中写道:"没有任何证据表明家庭作业能够提高小学生的学习成绩。"

家庭作业的价值取决于孩子的年龄。根据库珀的报告,对小学孩子来说,课堂学习有良好的成果。对高年级学生来说,分析表明家庭作业时间与初中成绩之间具有极小的关联程度($r=0.07$),与高中成绩之间具有适度的关联程度。即便在高中,每晚两小时以上的家庭作业也没有价值。"只有适度的家庭作业才有好处。"库珀解释说。

> **研究成果**
>
> **六年级**
> - 家庭作业不能提高小学学习成绩
> - 家庭作业会破坏孩子对小学的好感
>
> **此 后**
> - 家庭作业能稍稍帮助初中生。学习成绩与家庭作业之间的关联性极其微弱,聊胜于无。
> - 每晚超过两个小时的家庭作业对高中生没有好处。

尽管研究并没有表明家庭作业的学习价值,库珀的广泛分析却表明小学家庭作业会损害孩子对上学的态度。这是危险的。在长达13年或更长的未来学习生涯中,最好是让小学孩子们热爱学校。家庭作业也会引起频繁的家庭冲突。《今日秀》对25000个家庭所做的问卷调查发现,76%的家庭希望学校不要布置家庭作业。为什么呢?因为家庭作业的冲突带来了太多眼泪,让家庭失去了太多的晚间欢乐时光。

在给孩子布置无益和多余的家庭作业之前,我们每个家庭都需要更好地了解家庭作业。未来的家庭作业研究应该重点关注小学生们的独特需要。

抛弃10分钟法则,它没有科学依据。要采纳"0分钟法则"。

每天的时间

如果每天有充分的时间,布置少量家庭作业或许是合理的。但这里的机会成本太高了。"即便孩子们熬夜完成作业。"《对家庭作业说不》的合著者萨拉·本内特与南希·卡利什说,"睡眠不足可能导致抑郁、更多压力,甚至导致学习与注意力障碍。"

在思考孩子可能花费在家庭作业上的时间时，我们很有必要来看看每天 24 个小时的加减运算。

儿科医生建议，小学生每晚要有 9-11 个小时的睡眠时间，而更小的孩子需要更多时间。5 岁孩子应该每天睡 10-13 个小时。日常例行活动（穿衣、做准备、上床）要花时间，尤其是疲倦的年幼孩子。除开 10 小时睡眠时间再加上早晚各 1 个小时的睡前准备活动，24 个小时还剩下 12 个小时。

学校通常要待 7 个小时，来回路程又得花 1-2 个小时。平均乘坐校车时间为 30 分钟，尽管很多孩子住得比这要远得多，尤其是在农村地区。这充其量还剩下 4 个小时的"自由"时间。

通常还要少。

7 岁的吉米参加的是课后托管。他的父母都在从事全职工作，晚上 6 点来接他回家，因此全家人只有两个小时彼此碰面、用餐、放松和上床睡觉。漫长的上学时间和课后托管让孩子们感到疲惫不堪。吉米并不是孤例。全国有 650 万孩子（大多数都在小学年龄）都会参加课后托管，许多孩子还参加课前托管。

我的孩子扎克上一年级，他在乘坐 1 个小时的校车以后，下午 4:45 到家。睡觉时间是晚上 7:00，因此，在放学回家以后，他只有 135 分钟的自由时间。在这段时间里，他得和家人打招呼、打开书包、赶紧完成当天的作业、玩耍 45 分钟、和家人用餐、洗澡、换睡衣、听睡前故事。没有时间做任何其他事情。碰到他哥哥上钢琴课的时候，扎克只好跟着他，下午 5:30 才能到家。

年幼孩子的生活中没有家庭作业的地方。

孩子们需要时间玩耍，消除每天的烦恼，以便准备好迎接次日的生活。孩子们放学后的时间是怎样度过的呢？家庭作业的支持者们通常说："他们反正在玩电脑游戏。"有些孩子的确如此。然而，对许多孩子来说，休息时间其实很少。孩子们通常会：

- 参加托管或在校延时计划
- 通过课外活动培养对体育、音乐、舞蹈、艺术等方面的兴趣
- 参加兄弟姐妹的课外活动或功课
- 由于监护权协议而在不同家庭之间跑来跑去
- 学习文化遗产(如中文学校、《圣经》研究)
- 跟随父母去杂货店或完成其他差事
- 练习乐器
- 完成日常家务琐事
- 通过玩耍、看电视或其他有趣活动放松身心

每天的生活都已经安排满了。当我们决定送孩子上学的时候,我们不应该让他们加班加点地学习。

孩子们不需要家庭作业,而需要:

身体运动

放松下来,不必听从成人的吩咐

玩耍

快乐阅读(重点是快乐和有趣)

自由探索感兴趣的事物

休息

家庭的呵护

家庭责任

户外时间,尽量亲近大自然

按时并充分睡眠

阅读胜过家庭作业

禁止家庭作业的学校成了新闻焦点,比如,纽约市的 P.S. 116 公立小学在 2015 年禁止了家庭作业;魁北克的圣昂布鲁瓦学校(Collège

Saint-Ambroise）在 2014 年禁止了家庭作业。P.S.116 的校长琼·胡在通知中向家长们解释说："家庭作业的消极影响已经被充分证实。"这个学校的新政策鼓励家长们限制屏幕时间，提倡玩耍和阅读。

后续故事才是最重要的。这有效吗？很少有学校采取这种大胆做法，但马里兰州盖瑟斯堡的盖瑟斯堡小学是个例外。

盖瑟斯堡在 2012 年禁止了传统的家庭作业。校长斯提芬妮·布兰特转而要求学生和家长们每晚阅读 30 分钟。由于涉及文化变革，校方将其定为试点项目，为期一年。在本书写作之日，这项政策已经在坚决执行。在盖瑟斯堡取消传统家庭作业以后，考试分数基本上保持原样。学生们专心地学习，家庭作业所产生的厌学情绪消失了。

在盖瑟斯堡的例子中，令人感兴趣的是，它是个低收入社区。高达 82% 的学生家庭都很贫穷，其中 70% 的学生出生于非英语家庭。在谈到不应该禁止家庭作业之时，人们常常诉诸这样的理由："说说还可以，但来自于低收入家庭的孩子怎么办？"他们认为，低收入家庭的孩子在家中无法获得教育帮助，因此，他们需要通过家庭作业来进行额外的练习。不管是低收入还是高收入家庭，大多数家长都关心孩子的教育问题，都赞成将阅读作为家庭作业。无论收入状况如何，传统的家庭作业可能让孩子们极其头疼，家庭生活也充满压力。家长可以通过多种方式参与对孩子的教养，除过家庭作业，还有很多其他途径。

尽管阅读习惯对孩子在学校的优异表现非常重要，但家庭作业常常会占用阅读时间。根据学乐出版集团（Scholastic）2013 年的研究，许多孩子在 8 岁以后就再也无法从阅读中找到乐趣。想想这个事实：孩子学会读书以后很快就会到达 8 岁。"阅读彩虹"（Reading Rainbow）的主持人列瓦·布尔顿提醒我们，要让孩子终身热爱读书，7-9 岁是个关键阶段。盖瑟斯堡小学的学生们每周都阅读两本书籍。

家庭生活 vs 家庭作业

"你的任务就是上学。"家长们对孩子说，"我来清洗碗筷。你专心完成家庭作业去。"这类信息让家长曲意侍奉孩子，担任了仆从总管的无益角色。它也造就了坐享其成的年轻人，后者很容易认为，家务粗活不值得他们动手去做。无论在什么地方，不管是家中还是学校，孩子们都需要参与进来，共同关心周围的人。

家庭需要有家人共处的时间，以便教给孩子如何清洗碗碟，切胡萝卜，擦洗浴缸，帮助弟妹，进行户外锻炼，从事音乐、画画或其他创造活动，蜷着身子阅读好书。这些技能有助于培养日常生活的节奏。学校任务不应该取代其他学习方式。

由谁做主？

顾名思义，家庭作业是放学以后在家中完成的。

家庭作业产生了潜在的权力冲突。谁说了算？如果孩子很累，需要上床睡觉，家长应该否决老师的要求吗？如果家长不认同家庭作业或家庭作业量，他们有任何对策吗？家庭作业的话题给老师和家长都带来了压力，当然也给孩子带来了压力。孩子的生活中有两个最重要的权威：家长和老师。然而，他们的角色与相对权力仍然不清楚。

作为家长，我们往往是负责家庭事务。我们知道孩子何时需要外出发泄旺盛的精力。我们知道他们何时筋疲力尽。我们决定何时报名参加足球队，并定好作息安排，如睡觉时间。当孩子达到上学年龄时，家庭生活似乎不再由我们做主。由谁来决定孩子在家时应该做什么呢？

在家庭作业文化中，有个潜在的假设就是，学校有权占用孩子放学以后的时间。其他事情都不重要。家庭的重要事情无关轻重，睡觉也无关轻重。玩耍也无关轻重。当家庭作业侵占家庭时光时，父母们会抗议。家庭时光是祥和而私密的，应该用这段时间来决定如何度过个人生活。能够不受干扰地过个人生活是最基本的人权。国家通过学校将权力渗透到了非上学时光。教师布置家庭作业的权力与家长安排家庭生活的权力发生了冲突。"谁在控制孩子的时光？"科拉洛夫克问道。"家庭作业迫使家庭遵从国家的教育计划。"

如果家庭作业不占用很多时间，大多数家庭都不会介意。在100多名阅读过我的家庭作业帖子的读者中，那些最赞成家庭作业的读者都有某些共同之处：他们谈到了合理的时间表。对小学孩子来说，通常每晚的家庭作业不超过 10-20 分钟。在他们看来，家庭作业并不很多，家人仍然有充分的时间来洗澡、玩耍、踢球和从事其他晚间活动。

然而，即便少量的家庭作业也能够造成伤害。"莎拉的作业量很少，很容易完成，但她不喜欢它。"她的妈妈说，"每天它都让她讨厌上学，当她回到家时，她都累得不行。"此外，老师安排的 10-30 分钟的家庭作业实际上往往要花更长时间。"'每个年级 10 分钟'的法则是个笑话。"二年级孩子的妈妈海蒂说，"也许老师在布置作业时是这么想的，但实际上绝不是那么点时间。"

很多家庭都会点头赞成。《欢乐无乐趣》的作者詹妮弗·西尼尔说："家庭作业成了新的主餐。"家人聚餐是家人团聚的时间，但它应该是私人性的，而不是事先安排好的。外部力量无权告诉你应该吃什么，或在就餐时谈论什么话题。相反，厨桌旁的家庭作业时间却是被安排好的，由学校决定何者为重。如果家庭作业成为新的家人聚餐时间，那么，真正的家庭时光就不复存在了。

孩子属于家庭。孩子不是学校的财产。

在孩子的生活中，家长是最高权威。仅仅在孩子受到虐待和忽略之时，国家才有权接管孩子。老师和学校必须承认，家长有权拒绝无益的家庭作业。教师负责尽力提高孩子的智力学习水平，家长负责尽力照顾好整个孩子。当两者发生冲突时，家长是最高权威。

正如密歇根的州法律所说：

经过修订的学校守则（节选）1976 380.10 的 451 号法令
家长与法定监护人的权利；
公立学校的职责。第 10 节。

决定和管理孩子的抚养、学习与教育事宜，属于家长与法定监护人的基本天然权利。本州的公立学校通过与学生家长与法定监护人的合作，在安全而积极的环境中培养学生的智力水平和职业技能，并借此满足学生们的需要。

哪些小学家庭作业是可以接受的？

- 充满欢乐
- 快乐阅读
- 偶尔的家庭作业（每年1-3次，每个学期1次）
- 非强制性的
- 可以独立完成。孩子们可以独立完成全部作业；只要在孩子希望分享时，成人才参与进来
- 促使学生更爱学校和学习，比如让孩子对某个话题更感兴趣的家庭作业（通常是专题式学习）

何时可以开始布置家庭作业？

大多数学者、家长和老师都赞成，在高中时布置若干家庭作业是必需的。此时上课时间更短，生活更严肃，而家庭作业可能对复杂课题或深入思考非常重要，不管它是化学作业还是散文写作。

不能指望孩子不经过任何过渡期，就忽然在高中面对大量家庭作业。这正是初中的价值。有个学生所在的学校不布置家庭作业，她说自己很难骤然适应高中生活。她羡慕同班同学更加训练有素的研究习惯。

我在上小学时也没有家庭作业，在高中时有大量学习任务。初中提供了充分的过渡时间。在开始高中或以后大学的刻苦学习之前，如果在初中"练习做"有限的家庭作业，这对孩子们大有好处。

然而，也有可能有走极端的危险。初中是个脆弱的过渡期。即便高中生也不能很好适应每晚超过两小时的家庭作业。不妨在七年级和八年级偶尔布置点家庭作业，这样孩子们就能逐渐习惯自己的家庭作业，记住作业并独立完成。如果我们将初中家庭作业视为养成良好学习习惯

的训练场地，那么，晚上布置 30-45 分钟时间的家庭作业就能达到目标，但不需要每天都布置作业。

布置家庭作业的最佳年龄

幼儿园与学前班	无
小　学	无
初　中	七年级和八年级可以练习做家庭作业
高　中	每天总共低于 2 小时；不必每个科目每天都布置

家庭作业不是布置给家长的

过早布置家庭作业还会产生一个问题，那就是，孩子往往不能独立应对或完成作业。

伊尔斯的儿子是一位二年级的小学生，当他面对着六个科目共两个小时的家庭作业时，他哭了起来。"我昨晚在替他写家庭作业，我问心无愧。"他妈妈告诉我，"只要我知道他会做，我就会继续替他写家庭作业。"家长常常同意替孩子完成作业，以免他们在学校受到老师的批评。但老师不喜欢这种欺骗。

越权帮助小学的孩子完成作业，意味着他们习惯于依赖父母来：（1）完成家庭作业或尽力帮助他们；（2）催促或提醒他们完成家庭作业。

我还记得我 14 岁时见到朋友的妈妈提醒她完成家庭作业时的情形。我的朋友在嘀咕和抱怨，但显然双方都习惯于各自的角色：提醒和抱怨。我的妈妈从不提醒我何时或如何完成家庭作业，我也从不指望她这样做。家庭作业是布置给我的，应完全由我负责。她偶尔会问："你晚上在干什么？"但仅此而已。

家庭作业应该完全由孩子负责完成。如果在孩子达到合适年龄时再布置家庭作业，孩子们便能这样做。家长不应该成为家庭作业的监督执行者（见**法则 10：不要在这里签字**）。

乐于完成家庭作业的孩子

"如果我的孩子想做家庭作业,我应该怎么办呢?"家长们问。如果你不赞成家庭作业,但你的孩子乐意做,此时千万不要阻止她。许多孩子喜欢假扮学校生活,对某些孩子来说,这包括完成家庭作业。我的儿子扎克在家中的白板上书写教案,然后假装四处检查学生们的日记。假扮学校生活能帮助年幼的孩子们面对生活。关键在于它仍然属于游戏范畴,它是孩子按照自己的创意所选择的活动。

要查明情况。有些孩子"想要"完成家庭作业是因为他们害怕在学校受到惩罚。要弄清楚这些惩罚措施。问:"老师是如何交代家庭作业的?"或,"如果孩子们没有完成家庭作业,会怎么样?"要确保孩子们完全出于自愿,而不是恐惧。恐惧不利于学习。

乐于见到家庭作业的家长

如果你是个喜欢家庭作业的家长,那么,你还有许多同道。许多家长认为,与听任孩子从事其他活动相比,每年布置少量家庭作业能帮助孩子更好地培养责任感和刻苦用功等人格品质。尽管研究表明小学家庭作业没有任何实际学习价值——通常会造成负面的情绪伤害——但许多家长并不介意适量家庭作业,认为它能够培养品格。

养育孩子有许多正确方法。无论你对家庭作业持什么态度,都应该由家长而非学校来决定是否为小学的孩子布置家庭作业。换句话来说,家庭作业应该是可选的,是家庭可以采用的育儿方式。

某些教师已经在采取这种做法。"我儿子的三年级老师每周会给我们发送非强制性家庭作业计划。"罗宾说,"泰从来不做这些作业,但他的两个朋友的家长却要他们完成。"

理解家庭作业为何存在

家庭作业的提倡者们希望孩子获得成功,并认为家庭作业是通向成功的路。除开学习原因之外,家长和老师们通常会谈到责任感,以及家庭与学校之间的联系。

教师布置家庭作业的理由
建立家庭－学校联系，并和家长沟通
教导责任感、纪律与时间管理能力
信奉家庭作业能够提高学生的学习成绩
取悦家长和管理人员

家长支持家庭作业的理由
培养良好的学习习惯
关注学校情况，了解孩子的在校学习内容
确保教师具有较高水平并尽职尽责
信奉家庭作业是通向成功之路，并为孩子竭尽全力

现在我们来审视这些理由。

家庭－学校的联系

"相对于孩子来说，家庭作业对家长更为重要。"有个小学老师告诉我，"除非布置家庭作业，许多家长并不关注我们的课堂活动。家庭作业在家庭与学校之间建立了联系。"

积极的家庭环境会关注孩子的身体与情感需求，提倡教育的价值，来自这类家庭的孩子通常都会在学校里健康成长。这些家长们创造了自己的家庭－学校纽带。要尽量营造积极的家庭环境，而这正是目前所缺失的，并远远超出了家庭作业的范畴。

家长们说，家庭作业让自己有机会了解孩子的在校情况。其实，简单的分享就足够了。你也可以检查孩子回家时的书包，通过这种方式来了解孩子的在校情况，而不需要家庭作业。

培养责任感和时间管理等良好习惯

成人通常会说,家庭作业之所以重要,有个主要原因就是,它帮助孩子培养责任感和时间管理能力。我们可以通过其他方式来教导责任感。在你 6 岁时,每天将手套、午餐盒和帽子带回家就是责任感。当你 8 岁时,按时起床并自己准备在校午餐就是责任感。正如某个妈妈所说的:"责任感就是照顾宠物并做些家务琐事。"

家庭生活已经确定了责任感和时间管理能力:"首先整理好床单,然后你就可以去玩。我知道你会错过最喜欢的节目,但你知道规矩:首先必须将洗碗机清空。"这些事都是培养责任感和时间管理能力的日常功课。

家庭最担心的事情,通常是性格问题。"家庭作业与勇敢和果断等软技能有关系吗?"某个学前班孩子的父亲问道。他不知道棉花糖实验等自律研究成果是否高度支持家庭作业。

沃尔特·米切尔的著名研究采用棉花糖来研究孩子的自律和满足感延迟能力,并于 2014 年在《棉花糖实验》一书中将其研究成果公之于世。我与我的朋友汤亚·希拉姆确认过此事,她是个博士研究人员和两个孩子的母亲,并与米切尔共同进行后续研究,在 30 年以后跟踪过这些学龄前孩子。"培养自律极其重要。"希拉姆说,"但不需要通过家庭作业来培养自律。"多种行为都能增强自律能力,包括武术、音乐课程以及家长以身作则。例如,我家会在杂货店练习自律能力。当我们在收银台排队穿过糖果的层层重围之时,我们不会买糖果。"为什么要去那里?"扎克问。"为了帮助我们抗拒诱惑,培养自律。"我回答说。

课外活动

"课外活动不能妨碍学校作业。"教师们通常会说。我结交的大多数教育者都认为,学校作业是最重要的。

作为家长,我们的责任就是考虑孩子的整体健康。课外活动是被家庭认为很重要的课堂外活动。有时候,它是希伯来语学校或中文课程。有时候,它是体育运动、观剧或社区服务。课外活动的"课外"仅仅指它们不包括在学校日程表之内。

我们知道，非家庭作业性质的活动（包括音乐和锻炼）能够强化孩子的大脑。我们需要追问，孩子在这些课外时间干什么。

尤其是在学校的艺术课程被削减以后，其他兴趣就很重要了。某些家长会为孩子安排太多活动，这是事实。但有些孩子或许只是耐着性子忍受课堂学习，然而在追求其他爱好时劲头十足。对具体孩子来说，谁能说什么更重要呢？

额外的家庭作业就是额外的——未必就是课外活动。

睡眠优先

如果我们希望孩子在考试时表现更好，汲取更多知识，思想具有创造性，并能积极解决问题，那么，答案不是布置更多的家庭作业，而是获得更多的睡眠。

根据全国睡眠基金会的调查，因为繁忙的时间安排、电子设备和家庭作业，我们的孩子被剥夺了睡眠时间。大约 1/3 的孩子因为家庭作业而在上周睡眠不足。小学的孩子没有获得应有的充足睡眠时间，30% 的孩子通常只睡眠 7–8 个小时或更少，大多数孩子没有达到 9–11 个小时的推荐标准。5 岁的幼儿园孩子应该睡得更长：10–13 个小时。睡觉并不有趣，但人们对其科学价值的认识越来越深入。获得充足睡眠以后，孩子们能改善学习成绩、注意力和行为。

试试这个——加进你的工具箱

不合理的家庭作业是个很大的问题。如果它让你感到不安，那么，首先要留心你观察到的情况。

例如，当 7 岁的长子进入小学以后，妈妈凯西就尽职尽责地扮演着"家庭作业监督执行者"的角色。"我扮演着教官的角色，每天都为家庭作业和他发生冲突，因为我觉得我本来就应该这样做。"

两年以前，当女儿进入一年级的时候，凯西观察到女儿面对每天的活页练习题都会哭泣并磨磨蹭蹭。"她开始抱怨说肚子疼，说她不想上学。"凯西说，"那时我忽然意识到，对于 6 岁的孩子来说，这太过分了。"凯西开始阅读各种有关家庭作业的书籍，认识到小学阶段的家庭作业基本上毫无价值。她找老师交流，减少并取消了孩子的家庭作业，最后干脆在家教育孩子。

　　观察你的家人，并留意你观察到的情况。你的孩子在放学以后需要什么？家庭作业花了多少时间？付出了什么情感代价？你在扮演家庭作业警察或替他写家庭作业吗？家庭作业在培养积极的上学态度吗？

　　做好准备以后，就转入**法则 9：远离有害的家庭作业**。其指导法则为家长和教师提供了若干建议，可以用它们来进行对话并开始做出改变。

应该说的话

哇，太好了。你在学习很多东西。

今天下午你到户外活动过吗？现在可以去跑跑。

你显得很累。你今天过得怎样？

你或许可以舒舒服服地躺下来。

我们在沙发上共同读书吧。

你可以玩到吃晚餐为止。

每个人都需要休息。

睡眠有好处，它让你的大脑清醒。

杰克只知道工作，从不玩耍，这让他变得很笨。

避免说的话

坐下来，完成家庭作业。

我不管，你仍然得完成它。

你的家庭作业是最重要的。

如果你不做家庭作业，你就不能上名牌大学。

来，我来替你做。

你今晚可以不管它。

不做完家庭作业意味着你会错过课间休息时间。

家庭作业优先。

你的角色

就像任何复杂问题，你对家庭作业这个话题的看法可以不断发生变化。也许你的孩子很小，或者，你还没有直接感受到任何负担。可能你的孩子毫无怨言地适应了家庭作业，或许你在小时候也做家庭作业并且不在乎家庭作业。我们许多人最初都强烈支持家庭作业，这需要花时间调整并考虑其他合理性。我们希望成为合格的家长，而我们的文化大力支持家庭作业。教师们的看法也在不断变化。正如《对家庭作业说不》的合著者萨拉·本内特所说，布置海量家庭作业的老师往往是缺乏经验的新教师。要为家庭确定重点事宜。

法则 9 远离有害的家庭作业

我在上小学时没有家庭作业，当时有非常优秀的教师和专题式学习。我记得在 9 岁时，我觉得上学如此令人兴奋，以至于我迫不及待地盼望着星期一的到来。

并不是每个学校的老师都会非常坚定地不布置家庭作业。在我的儿子迈尔斯进入小学之时，作为家长，我感到很不安。因为我从其他家长那里得知，家庭作业量每年都在不断增加，在四年级时，家庭作业会变得非常繁重。每年 9 月，我会和儿子的老师分享我对家庭作业的非正统看法：不要给小学的孩子布置家庭作业。是的，这有可能取消家庭作业但仍然与老师保持互相尊重的合作关系。

不要害怕直言不讳，要捍卫孩子的利益。你可能会遇到志同道合之人。老师们通常也讨厌家庭作业。

"叛逆"的原因

家长与老师可以达成共识，取消家庭作业。当某种东西毫无价值之时，就应该做出改变。

现在有个日益高涨的家庭作业减负运动，名叫"健康家庭作业"。有些学校开始采纳与家长协商后布置家庭作业的政策。"健康家庭作业"

努力为家庭作业确定合理限制，平衡上学与家庭生活。该运动致力于取消小学生的家庭作业——除开快乐阅读或偶尔由学生自选并且不需要成人帮助的课题。

许多教育工作者重视家庭生活并倡导无家庭作业或较少家庭作业的校园文化。正如三年级老师保罗所说："这是你的孩子，你的家庭，你的时间。家长应该有权选择家人在放学以后从事哪些活动，包括是否做家庭作业。"

如果你是老师或校长，不妨在你的学校取消家庭作业。如果你是家长，不妨选择不做家庭作业，并解释其原因。总而言之，我们需要让家庭和在校学习都充满欢乐。

"叛逆"的好处

当我们取消家庭作业时，孩子会获得许多好处，包括上学和学习态度的好转。当我们捍卫孩子的利益之时，孩子们就有更好的机会满足自己的需求，也会懂得如何捍卫权益。他们会观察我们并学习我们的榜样，这也是以文明方式捍卫权益的原因。

觉得事情出现偏差时，最好是直言不讳。

有时候成人们不能达成共识，甚至包括老师和家人。

人们可以文明地表达异议。

我不必偏袒任何人。我爱老师，也爱父母。

如果学校让你感到不快，不妨找老师交流。

我的父母非常关心我。

将来我会支持我的孩子。

为何有效

育儿就意味着捍卫孩子和家庭的利益。对大多数家长来说，孩子入学之时就是首次捍卫其利益之时。记住这条"叛逆"法则："如果某件事情让你感到不安，那就得马上做出改变。"

孩子们通过行为向我们表明，某些地方不对劲。如果孩子不听话，抗拒家庭作业，这就表明，家庭作业没有满足她最迫切的需求。研究表明，在孩子的生活中，家庭作业是头号致压因素。玛德琳·列文等心理学家说，压力也会体现在年幼的孩子身上，对小学的孩子来说，这表现为腹痛、头痛和沮丧。

若欲详细查阅相关研究成果，了解家庭作业备受争议的价值，请参阅**法则8：禁止小学家庭作业**。

坦言直说

家长和教师是搭档。出现问题的时候，搭档需要告诉对方。

你可以说："要是有家庭作业孩子就会出现这样的情形：[眼泪、腹痛、推迟睡觉]。这对我们的家庭没用用。"只有你知道自己家庭的情况。表明你支持课堂学习，希望孩子睡眠充足，有时间玩耍和快乐阅读，并热爱上学。教师知道，良好的家庭环境是学生获得成功的最佳对策。你或许会惊讶地发现，他们多么愿意支持你的目标。

在最近的学校迎新晚会上，老师解释了学校每天的安排，然后征求家长们的意见。每个家长的问题都与家庭作业有关："对三年级孩子来说，安排多少家庭作业是合理的？"某个爸爸说。"如果孩子很累，哭闹着想要睡觉，你还期望她完成家庭作业吗？"另外某个妈妈问道。

"如果到了上床时间，那就去睡觉。"老师回答说，"或者去调整课程安排。"家长显得很吃惊。"当然，"这个老师继续说道，"还要采取各种其他措施。如果让人感到沮丧，那就去改变它。我们希望培养孩子积极的上学态度。这是常识。"

常识通常是双方奋斗的目标。如果家庭作业没有用，那就告诉老师。家长们常常认为，在涉及学习成绩时，他们不能够质疑老师的教学计划，但家庭作业并不是神圣不可违背的法则。例如："萨拉要花一个小时完成拼写任务，她每天都会哭。"

"哦，我原本只想布置10分钟的拼写任务。那就让她练习几分钟，然后就停下来吧。"

或者:"纳森在阅读时非常痛苦,他在晚上太累,变得非常沮丧,所以他讨厌阅读。"

"你已经在给他朗读睡前故事吗?很好,朗读也算。"

如果在你的家庭不管用,很可能在其他家庭也不管用。如果只有你的孩子感到很痛苦,也有必要告诉老师。每个孩子都有权接受对她/他来说最好的教育。正如某个妈妈所说:"愿意以开放心态倾听家长意见的老师们万岁!"

家长和老师是搭档。出现问题的时候,搭档需要告诉对方。

退 出

越来越多的家长选择让孩子退出标准化考试。你也可以选择退出家庭作业。由电影与"无处比赛"工作组充当先锋的"健康家庭作业"运动要求教师们支持让孩子退出家庭作业的家长们。

在老师同意后退出

谈判协商可能很有效。这需要双方都具备勇气和开放心态。首先需要乐意询问和倾听。

幼儿园孩子戴文对家庭作业感到极其紧张,以至于他很难吃饭和睡觉。这个5岁孩子每天都会将数学练习题和阅读任务带回家,由于他妈妈的工作时间安排,母子俩要到晚上6点半才能回家。他的妈妈安排时间与老师面谈,并带着阿尔菲·科恩关于取消家庭作业的文章以及彼得·格雷关于学习和游戏的文章复印件。她很紧张,但决定要求老师每晚用阅读取代家庭作业。

"他的老师非常通情达理,但并不完全赞成。"她事后回忆说。他俩最终都同意每晚用阅读代替家庭作业,包括由妈妈朗读和由他自己阅读。老师容许戴文早晨到校以后填写阅读日志,每天的数学练习题减少为每周布置一次。"不理想,但比以前要好。"戴文的妈妈说。他们找到了双方都能接受的办法。

每年 9 月份,我都很重视和儿子老师的见面,并让她知道,为何我家在小学阶段禁止家庭作业。他不会在家完成拼写练习、登记表、数学或计算机作业。我们尽量限制屏幕时间,鼓励户外游戏,参与家庭活动,包括音乐和阅读。在三年级时,我没有机会尽早会见他的老师,于是我写了封信。我们每年不同寻常的做法让老师感到困惑,但他们都友好地接受了。

"家庭活动应由父母掌管,而不是老师、学校或政府。"四年级老师杰西卡说,"如果家长不希望或不赞成家庭作业,那么,家庭就应该尽量告诉老师。"

有时候,家长与老师之间的谈判会有效,但有时候,有的老师会坚决支持家庭作业,不肯让步。凯西就碰到过这种情况,她的女儿塔莎因为家庭作业的压力而感到腹痛。"我尽力跟女儿的一年级老师讲道理,但对方的态度是'要么听我的,要么走人',"她说。"我不想让女儿继续做家庭作业,我不在乎这是否会影响到她的成绩。"尽管双方存在分歧,塔莎的家庭仍然取消了家庭作业,塔莎也顺利升入二年级。

和老师谈判是每年都需要做的事情,它需要长久的精力和勇气。如果家中有好几个孩子,这可能意味着多次沟通,效果也各不相同。随着孩子升入较高年级,校方通常会布置更多家庭作业,所以,谈判也往往更加困难。

完全退出——合法吗?

如果没有谈判达成个人协议,完全退出合法吗?在这个问题上,公众都默不作声,非常令人失望。家长们不知道学校是否能够违背家长意愿,强迫孩子接受家庭作业。入学法律说得很清楚:按照强制性入学法律,儿童必须上学。家长们有合法权利在家自教孩子,但由于家长要上班,这或许不太可能,因此几乎没有其他选择。如果你选择让孩子登记入学,那么,他就必须上学,但他必须完成所有作业吗?目前尚不清楚学校或老师有多大的权力根据孩子们的家庭作业完成程度来给予他们较低分数或让他们留级,尤其是在小学。在加拿大,律师夫妇谢丽与汤姆·米雷起诉学校,为他们的三个孩子争取不做家庭作业的权利,并最终胜诉。在澳大利亚，新南威尔士州教育委员会明确表示，家庭作业不是强制性的。

美国的大多数家庭都不知道自己拥有哪些权利。显然，年幼的孩子会感受到上交家庭作业的巨大压力。教师们会发送"未完成的家庭作业单"让家长签字。分数很差的孩子会受到惩罚和斥责，剥夺在校活动时间和各种权利。最常见的惩罚措施就是"不交家庭作业的学生会取消课间休息"，这必然让每个小学的孩子感到痛苦（见**法则 7：课间休息是权利**）。

尊重权威

"你家是如何解决这个问题的？"有个妈妈问道，"我不是指学习成绩，我指的是如何对待权威。"

这对人们来说是个大事。"尊重权威"是很重要的价值观。涉及家庭作业时，成人们往往认为，尊重权威就是听从老师，完成他们布置的任务。

尊重在本质上就是善待他人。尊重家庭作业的习俗并没有任何可夸之处。我们应该尊重所有人——成人、年轻人、教师、非教师。这涉及社交生活和基本的人性尊严。

要尊重孩子，首先就要了解她的需求。如果睡眠是其最大需求，那么，我们就需要设法让她睡觉。如果放松身体——挥舞树枝、绕圈跑动——是其最大需求，那么，我们就需要给予他们这种机会。在诸多需求中，家庭作业可能并不重要。

保持开放心态

阅读课教师兼前二年级教师安德里亚说："我以前总是认为，活页练习题有助于让孩子们弥补知识空白，但我现在完全改变了看法。"身为人母的教师凯特说："我以前是个高中教师，会布置大量家庭作业。在阅读过大量教育书籍以后，如果再让我去教书，我会布置少得多的家庭作业。"

你的交涉对象可能不肯接受取消家庭作业的做法。改变观点需要时间和空间。

试试这个——加进你的工具箱

教师和家长都可以设法传递"不妨禁止家庭作业"的信息。每个人都可以采取不同方式来改变家庭作业的现状。

教师可以做的事情

真正的教育工作者会倾听新的想法，根据可靠研究成果来做出决策。

1. 开启对话

   向家长阐明你对孩子的目标，以及你对家庭作业的观点。不要假定家长都知情。大多数家长都对家庭作业很抓狂，要么就是希望布置家庭作业，要么就是贬斥它。分享你的看法，让他们知道你在何时会灵活变通。告诉家长你最看重什么：可能是孩子喜欢阅读、热切地与家长分享在校生活、上学时已得到充分休息并无忧无虑。帮助家长找到恰当的平衡点。

2. 教导家长们

   "身为老师，家长常常会问我，他们如何才能在家中强化一年级孩子的学习能力。"达娜说，"我会说：'给他们读故事。多读故事。'大多数家长都会迷惑不解地继续追问：'哦，除此以外呢？'"很可能，家长们并不善于引导学龄孩子。他们渴望知道怎样才能为孩子提供最佳教育。要分享你对学习的看法，以及家人共同阅读的重要性。尤其是年轻的家长们，他们因为自己以前的学校生活而习惯于繁重的家庭作业文化，可能期望你也布置家庭作业。

3. 分享研究成果

   "我是个教师，赞成取消家庭作业，但我必须布置家庭作业，以便保住我的饭碗。"听起来是否有似曾相识之感？作为单个的教师，你的力量非常有限。如果你始终不得不在教育中违背自己的法则，你很快就会感到筋疲力尽。孩子们需要你。要与同事和行政人员分享研究成果，寻找盟友，看看你是否能够开始进行内部变革。

4. 赞成家庭作业替代方案

   要想让阅读成功取代家庭作业，教育工作者就需要了解家长们所面对的障碍。有可能采取新颖的方式来提供书籍并逐渐改变阅读文化。例如，盖瑟斯堡小学的校长斯提芬妮·布兰特向家长们提供了流动图书馆，即便在暑假期间也坚持这样做。如果你没有精力或时间来采取这些深入行动，那也不要紧。要尽力确定潜在问题，寻找同伴，并让孩子们如痴如醉地阅读。

5. 寻找新的单个辅导时间

   "我以前有个助手，但由于预算削减被辞退了。"小学教师玛丽琳说，"当孩子们学习阅读时，他们需要单个辅导的时间；这能带来巨大的变化。"某些老师正是因为这个原因而赞成家庭作业。"当家长帮助孩子完成家庭作业时，孩子们实际上会得到更多个别关注和辅导。"小学教师安吉拉说。

   不妨招收更多的单个辅导助手。寻求家长和社区志愿者们的帮助。我们当地的学校因为退休教师志愿者们的存在而充满了活力，这些志愿者无偿提供了数百个小时来帮助孩子们。

6. 接受僵局

   某些家长强烈要求学校布置更多家庭作业，以便让孩子出类拔萃，而其他家长们出于同样的原因反对这样做。双方都认为，他们在为孩子提供最好的教育。这时应该怎么办呢？

在这种情况下，你不可能让每个人都皆大欢喜。也许我们需要承认这种分歧，不要指望立刻就能消除它。除非学校根据家庭作业的研究成果采取很坚定的态度，否则要承认这种分歧。表达你的看法。问问家长们，他们希望老师对孩子采取哪种方法。对于赞成家庭作业的家长们来说，可以将在家阅读称为"家庭作业"。要求其他家长们在家陪伴孩子阅读。偶尔布置点合理的家庭作业，以便满足要求或渴望家庭作业的家长们，并告诉不赞成家庭作业的家长们，这些作业不是强制性的。正如某个四年级教师所说："家长们不断感谢我让他们度过了没有眼泪的平静夜晚。如果他们需要更多，我可以推荐无数的自由学习网站。"

在你考虑这件事的时候，不要觉得，这背离了其他地区的学校的做法。有要求规定，家长应该让孩子接种疫苗，但某些家长没有这样做。学校里有性教育的课程要求，但某些家长选择不参与。在家庭作业这个领域，个人的价值观点可能也各不相同。

7. 支持家长们

孩子成长的最佳基石，就是可靠并支持其成长的家人。"教师应该支持相关的家长们。"教育工作者达里尔说。如果家长们的看法与你迥然不同，要给他们留出空间。说"我们来试试看"。如果这种方法需要改进，你始终都能够做出调整。抚养和教育孩子有多种正确方法。

家长们可以做的事情

要有信心。反抗习俗总是令人望而生畏，但你的权利超过你的想象。要保持尊重的态度，并关注你的孩子。

1. 感谢并鼓励老师

即便不布置家庭作业的老师也需要鼓励。教师们通常承受着布置家庭作业的巨大压力，他们经常诉说夹在中间，面对家长和管理人员的压力左右为难。不要仅仅在出现问题时才坦言相见。要明确表示，你支持不布置家庭作业或仅仅布置阅读任务的老师。他们需要听见你的声音。

2. 不要默默忍受

如果直觉告诉你有什么地方不对劲，那可能就是对的。要留意你的孩子。观察你自己的行为。如果全家都很痛苦，这对任何人都不好。

3. 开启对话

某些家长宁愿忽略家庭作业，也不愿意和老师提及此事。有个妈妈习惯于偷偷背着儿子撕掉家庭作业册中的半数活页练习题。还有个家长干脆忽略掉阅读之外的所有作业。可想而知，当布置的作业没有交上来之时，老师们会变得很沮丧。坦言相告需要巨大的勇气，但这是尊重他人的做法。"我现在和第二个孩子有了更多的勇气。"某个妈妈说。你可以做得到。如果你不知道如何下手，请参阅下文的样稿。

样 稿

想要和孩子的老师谈谈吗？可以首先做个数学计算题：

"我们下午5点到家。她晚上8点睡觉。她才8岁，感到很累。"

我们非常希望帮助她学习，所以我们整天都会交流，每晚会共读睡前故事。当然，你知道阅读对学业成功有多么重要。我们这个家庭的主要目标是确保凯特拥有必要的休息和玩耍时间，以便保障她次日的在校生活，并保持积极的学习状态。

> 我们观察到了如下情况：（描述家庭压力和冲突）。我们这个家庭需要这样做：（描述你们是如何共同度过家庭时光的）。我始终都在阅读最近的研究报告，这些报告表明，家庭作业对小学生没有任何价值。我乐于和你分享这些信息。因此，我们想提议以每日在家阅读取代家庭作业。我们坚信，这是对我们家最好的做法。你觉得如何？你会支持我们的教育目标吗？"

4. 要求以阅读代替家庭作业

    每晚对孩子大声朗读对于其学业成功至关重要。也许你已经在讲睡前故事，但它最多才5分钟。每晚向孩子大声朗读故事，并保证其时间长度（至少20分钟）。当孩子开始独自阅读之时，不要停止朗读；这没有年龄上限。拨出额外时间，让她独自开心地阅读。告诉老师，有些学校正在用每日阅读代替家庭作业，并主动帮助他们取得联系。

5. 支持老师们

    即便不赞成家庭作业，也要和孩子的老师合作。支持课堂学习无须牵涉到家庭作业。可以在家中讨论课堂话题，利用书籍或外出机会来巩固某些学习内容，指出日常生活中的各种概念。支持老师可能意味着采取自己的方式来巩固课程内容，并在班级中担任志愿者。要向孩子表明，你热爱学习，但有自己的学习方式。

6. 要求实行家庭作业权利法案

    从洛杉矶到弗吉尼亚州维也纳的学校最近都在学校和学区范围内采取限制家庭作业的政策，这项政策被称为"家庭作业权利法案"。某些学校禁止在周末和假日布置家庭作业，其他学校在修改家庭作业量和评分政策。所有这些都是先由相关家长和教师组成的委员会来谈论这个问题，然后提出新做法。

7. 更换学校或老师

   有时候，家长的育儿理念与教师的教育理念截然相反。如果碰到这种事情，要接受它。此时，最佳做法可能是换个班级或寻找与你的学习理念相符的新学校。当达尔所在学校的老师不认同家长的学习方式之时，校长同意将孩子转到其他班级。其他家长们决定换个学校或在家自教孩子，以便拥有更大的灵活度。

8. 记住你的力量

   你是孩子的家长。你有责任竭尽全力来抚养和教育孩子，并抵制对他们有害的事物。这包括不合理的家庭作业。

   你可以影响老师和校长们。这些教育工作者是你的合作者。在解决这个问题时，要尊重他们，并与他们合作。

   你可以选举校董事会成员。与其他相关教师和家长们进行合作，将这个问题提出来。校董会本来就是服务于家长和孩子们的。

应该说的话

家长和教师交流时说的话

现在方便谈一谈吗？

我想和你谈谈家庭作业。

我们家庭的情况是这样的。

我看到杰克在哭泣，经常失控，并说："我讨厌上学！"

这对我家的孩子完全不管用。

这在我们家中不管用。

我的目标是给艾琳娜提供积极的在家学习环境。

我们的做法是：早点上床睡觉，进行充分的户外玩耍，并且全家人共同阅读。

我对家庭作业做了很多研究。这些研究结果认为，家庭作业对小学生没有好处。

这篇文章谈到了这个问题。

我们想让艾琳娜每晚阅读，而不是做传统的家庭作业。这在很多学校取得了很好的效果。

你能花点时间考虑一下这个问题吗？然后我们可以再次交流。

你赞成我们的教育目标吗？

教师和家长沟通时说的话

在这个年龄，玩耍是你家孩子最重要的任务。

这个年龄的家庭作业就是每晚和家人共同阅读。

我的目标是让孩子保持积极的上学态度。

我希望你们共同阅读 ＿＿＿＿ 分钟。

如果不管用的话，请告诉我。

我理解，家人共处时光很重要。

如果家庭作业花了超过 15 分钟时间，就停下来。

这里有些信息谈到了阅读的重要性，以及关于家庭作业的研究成果。

我们已经在这样培养课堂责任感和时间管理能力。

这由你和你的家人决定。

这不符合我的教育哲学，但我愿意先试试看。

我接受那种做法。

我们来看看效果如何。

避免说的话

很抱歉，我们不能破例。

那么，你的女儿就会被取消课间休息。

我的儿子可以做更有益的事情，而不是完成这些无聊的活页练习题。

你看看这个错误。

你的角色

反对现有体制需要有决心，但鼓起勇气吧，你并不孤单。家庭作业过量正在成为全球性问题。

在德国的一所高中，教育工作者们取消了5-9年级的家庭作业。奥朗德总统呼吁在法国取消家庭作业，以便消除不平等问题。而通常被视为教育改革楷模的芬兰则要求所有年级减少家庭作业，缩短上学时间，并始终支持高水准的学习。

澳大利亚新南威尔士州教育委员会（它涵盖了该国最大的城市悉尼）最近发布声明，明确宣称家庭作业不是强制性的。其《家庭作业家长手册》还说，"要让学校知道你是否赞成其家庭作业政策，并讨论替代性方法。"该手册规定每个学校都必须有家庭作业政策，并提醒学校在制定政策时要考虑到最新研究成果。例如，"对于小学生来说，没有任何证据表明家庭作业能够提高学习成绩。"

每个学校和学区的环境都是独一无二的。可能老师富于同情心，也可能其校长乐于接受新的教育理念。也许你会满足于家庭作业量减半。由于没有现成的家庭作业政策，在确定你的孩子所在学校的家庭作业时，就需要平衡社交关系和双方对教育的"尊重"。要留意孩子的举动，竭力采取各种必要措施，确保孩子相信读书是快乐的事情，并对学习抱着积极认真的态度。

法则 10 不要在这里签字

当我的儿子迈尔斯达到上学年龄时,我首次被要求每天签字。

"你得在我的拼写表上面签字。"他告诉我。

我茫然地看着他。

"你得在我的拼写表上面签字。"他又开口了。

我仔细地浏览拼写表以及醒目的空白线。家长在这里签名吗?我有些犹豫。这个小小的举动违背了我辅导孩子学习的全部法则。这不仅不停地向我的孩子表明,成人并不信任他,也将我推到了我不想扮演的角色:家庭作业巡警。

我温和地告诉他,我不会在这些学校作业上面签字。

"但你必须得签!"他大声哭着说,"如果你不签字,我就没有课间休息时间了。"

"你的任务是学习拼写。"我告诉他,"如果我不想签字,那我就有责任找你的老师谈一谈。"

在家庭作业上签字向孩子表明:我们并不信任你。我们不相信你确实完成了家庭作业。我们不相信你关心自己的学习成绩。

"叛逆"的原因

家长为孩子的作业签字会损害信任和责任感。

诺拉带着中提琴课的练习纸来找妈妈。"她非常渴望我在上面签字。"她的妈妈说。诺拉担心她的老师不相信她已经练习过，因此，她可能得不到音乐老师奖品箱中的奖品。

在我小的时候，我的父母会在成绩报告单和野外考察许可表上面签字。仅此而已。现在，家长们需要种种签字。在这里签名。在这里写下姓名首字母。如果你不是每天签字，你的孩子就达不到要求，就会失去课间休息时间，或者失去课堂奖励。如果家中有多个孩子都要求签字，这时，每天的放学回家和生活分享就会沦为系列的打钩、签写姓名首字母，以及，"快，我应该在这个表单上的什么地方签字？"

下面是要求家长们签字的例子：

阅读日志

阅读合同

拼写表

每天的日程安排表或家长沟通文件夹

数学家庭作业

在线西班牙实验室

在线学习网站

音乐练习日志

行为合同与学校政策

这足以让家长们觉得自己像个狱卒。勾选你女儿的阅读时间、数学题目计算时间和钢琴练习时间。多少分钟？我在哪里签名？签字，签下姓名首字母，核查。每天都是这样。

家长检查消除了孩子们的个体责任。这些检查会在暗中破坏家庭关系，在家长与家长、孩子与老师之间形成互不信任的文化。而通过营造彼此信任的合作关系，我们本来可以做得更好。

"叛逆"的好处

如果让孩子们依靠自己，自主学习，并体会到家人互动的美好之处，而不是采取独断专行的管理措施，孩子会获得大量好处。

学习其实要靠我自己。

和家人分享我在学校学到的知识是很有趣的事情。

不需要由父母来确保我已经履行了自己的责任。

成人们在生活中信任我。

有时候我会犯错，但我通常很可靠。

我可以尽情学习，而不必担心受到惩罚。

即便父母和老师存在分歧，他们也会尊重对方。

当我不认同别人的时候，我也会尽力这样做。

在忙于照顾孩子的时候，你很容易不去理会家长签名之类的小麻烦。你可能会翻翻眼珠，说："没啥大不了的。我不会为此和人打起来。"然而，诸如签名之类的小事仍然不可小觑。

为何有效

家庭作业是孩子的任务，应该完全由孩子负责来完成它。要求家长在学校任务或练习记录上签字导致家长与孩子之间建立起了一种不健康的关系。这种签字的心态传递出如下信息："检查我的作业是父母的职责。"这会促使孩子养成新的坏习惯，"只有在他人（老师/家长/老板）监督时，我才会工作。"或者，"只有在别人催我之时，我才会去工作。"家长教育工作者维奇·霍福尔说，家长需要质疑这种角色。她问道："你想成为家庭作业警察，并在孩子余下的学习生涯中始终充当这种警察吗？"

签名模式强化了外在的奖励，而非内在的积极性。如果我没有获得家长签字，我就会失去课间休息时间。或者，反过来，如果我让家长签字，我就能在周五得到奖品。《动力》的作者丹尼尔·品克和其他研究者表明，诸如此类的外在动力会减少内在动力。阅读、学习乐器或勇敢面对挑战的内在动力会促使人们获得内在的满足感和成功。外在的惩罚和奖励会让孩子不知不觉地丧失掉积极性。正如《奖励的惩罚》的作者阿尔菲·科恩写道:"对于学习的奖励削弱了内在的积极性。"对于那些试图按照内在奖励法则来养育孩子的家庭来说,坚持签字就表明了家庭文化缺乏信任和尊重。

丹尼尔·戈尔曼对于情商的研究结果表明,当孩子很平静,不担心威胁或惩罚之时,这才最有利于他们的学习。如果他们关注的重心是如果得不到家长签名会给他们带来多少麻烦,那么,学习就成为次要的事情了。

如果每次阅读 20 分钟或练习 15 分钟音乐以后就要求家长签名,这会将学习效果降至最低。这已不再是快乐阅读,重心已变为:达到最低时间线,获得签字,撂下这件事情。

最后,某些学校依靠签字来解决恃强凌弱之类的复杂社交问题。在萨曼莎学校,所有的学生和家长都需要在每个学期开始时签署"反欺凌保证书"。由于没有更多实质性措施,行为保证书完全沦为新的签字手续。若真正想要减少恃强凌弱事件,则需要更多的措施:冲突调解技能、积极的学校文化以及社交勇气。所有这些都需要进行培训,容许犯错,并不断练习。

有些家长天生就会关注孩子的在校学习和健康情况,根据他们自身的信仰和风格来支持孩子。在其他家庭中,学校学习和家庭生活之间存在着鸿沟。大量的社会经济问题此时会产生影响,包括经济压力、心理健康和嗜好。学校的目标可能是让家庭积极参与进来,但签名栏——无论是否签名——都无法改变基本状况。

摘下成人的有色眼镜

签名制度取消了孩子的责任,将它转移给了成人监督者。它可能涉及孩子的阅读或音乐课,但家长必须签字。这让家长们毫无必要地成了巡警和叨叨不休者。你做了数学作业吗?你的阅读日志在哪里,我来签字?这种持续不断的签字要求传递出明确的信号:我们不信任你。家长不信任。老师也不信任。我们都认为,没有持续不断的监督,你就不会学习。

要恢复彼此信任的合作关系。要给予孩子自主学习的动力。

家长－孩子－学校沟通

日常安排表或学校沟通文件夹通常都包含有日常签名，并成为美国学校越来越普遍的惯例。日常安排表概括了当天的在校生活，并试图避免下面这种对话：

"在学校过得怎么样？"

"很好。"

"你今天上课在做什么？"

"什么都没做。"

"跟我讲讲你今天在学校是怎么度过的。"

"我能够吃点点心吗？"

有了日常安排表，就更容易说："哦，我知道你今天在观察毛毛虫。"

"是的。非常好玩。我们为班级找到了六条彩色的雌毛虫，然后用糖水喂它们……"

日常安排表或许能够激发孩子与家人之间的良性对话，然而，大多数学校的日常安排表都需要家长每天签字。这不能启发对话，而是将它变成了检查清单。分享是个自然而快乐的活动，为此而获得表扬则不是。

要求家长在学生的日常安排表上面签字，在部分程度上是为了向学生灌输责任感，部分程度上是为了确保家长至少能积极关注孩子的在校生活。正如某个老师所解释的，"孩子有责任将它带给父母，然后谈谈当天发生的事情。"

孩子可能想要谈谈她对于毛毛虫和行星系的了解，或者，她可能想要谈谈午饭时发生的事情，当时桑佳拿走了她的牛奶，而且不肯还给她。家庭更应该支持孩子的健康，包括其情感、社交和身体等方面。在我们家中，我们会在放学以后的点心时间分享各种想法和新闻。此时，我们会获取最紧要的信息，例如："今天课间休息时，我觉得自己特别愚蠢。事情是这样的……"

我问过老师们为何觉得家长签字很重要，归根到底，这通常源于他们真诚地想要弥合家庭与课堂学习之间的鸿沟。

老师们期待：

家庭和学校之间的沟通
确保孩子已经完成任务
家长了解课堂学习内容
家长能够支持和促进课堂学习

这些目标是合情合理的。但每天在纸上打钩也可能削弱这种联系。家长变成了签名分配器。孩子可能会开心地分享他当天的趣事，但他知道，如果他不能得到自己想要的家长签名，他就会失去课间休息时间，因此，他只能硬着头皮继续交流，直到家长宣布："我很满意；你分享了许多信息。"

谁的签字？

如果签名很重要，那就要选对人。在涉及学校作业时，那就是孩子。"如果你愿意的话，你可以写下你的姓名首字母。作业是你完成的。"

我得承认，我们常常忍不住对孩子说："只管签我的名字。"但这会传递出其他复杂的信息。如果允许孩子在小时候签上父母的名字，她就会觉得，这和以后在重要文件上签上父母的名字并没有任何差别。

萨拉的妈妈采取这种方法来应付女儿的阅读协议。协议中谈道："我郑重同意每个季度至少阅读 3 本书。"这份协议中有个阅读日志，要求每天签下三个名字：孩子、家长和老师。萨拉的妈妈在空白处写道："我相信萨拉会做好这件事。不需要我签字。"

结果呢？它对每个人都很有效。只要孩子们积极学习，老师们常常乐意接纳不同的家长风格。在一年前，萨拉的妈妈对女儿的五年级老师首次尝试了"我不签名"的做法。"在最初的震惊逐渐消失以后,他说,'好吧,我觉得我们可以试试。'"

萨拉整年都签下了自己的名字。但某次她没有签字。当老师问及原因时,她回答说:"哦,我昨晚忘记了读书。"

这就是学生的诚实、自立、正直和学习自主权。

家庭作业不是布置给家长的

问问孩子,他们都会告诉你:"由于父母没有做某些事导致孩子遇到麻烦,这对孩子是不公平的。"

因为家长的行为而受到指责更是加剧了孩子强烈的不公平感。由于没有带回家长签名或足够多的家长签名,孩子可能会受到很重的惩罚,包括剥夺课间休息时间(见**法则 7:课间休息是权利**)。

如果你家决定接受家庭作业,那要记住,这应该是孩子的家庭作业,不是家长的。让家长在孩子的作业上签名改变了成人们赞成家庭作业的初衷:孩子的责任感(见**法则 8:禁止小学家庭作业**)。

> 如果某个惯例有害或不当,应该由成人们提出来。

试试这个——加进你的工具箱

积极主动

由于你可能想不到会有家长签名,因此很难采取主动态度(你是说,我必须在他的图书馆书籍协议上签字?)。在每个学年,尽早安排时间与孩子的老师会面,以便解释你家的教育理念。起初可以写个便条。俄亥俄州的家长温迪向女儿的四年级新老师寄了封简短的邮件:

亲爱的＿＿＿＿＿＿＿先生，

  我们知道，学校经常希望家长们在日程安排表上签字。然而，作为家长，我们的目标是培养主动积极的终身学习者，我们认为，每天在日程安排表上签字取消了她的责任，在家中营造了不信任感。我们积极关注她的教育，如果你希望在课堂上这样做，我们想要和你商量一下其他办法。

先致谢意！

  她在第一天的日程安排表上签了字，并写道："请看我的便条。"他们见面以后，老师感到很困惑，但欣然接受了她的做法。诺拉继续将她的日程安排表给妈妈看，通过这种方式和她谈论她的在校生活。没有人在上面签字。那也是许多老师的真实目标：弥合家长和学校之间的鸿沟，建立学校与家长之间的联系。

要捍卫孩子的权利

  抗拒这种制度可能令人望而生畏。这会将育儿工作提高到新的层次，能让我们质疑自己根深蒂固的信念。感觉似乎不对劲。但我知道什么呢？老师认为它有效。或许我应该认同它。我不想制造麻烦。不管怎么说，老师都非常敬业。

  但"认同它"会让你更加麻烦。

  孩子的老师会教你的儿女 1–2 年。你和孩子会共同生活近 20 年，并终生保持深厚的感情。避难就易会损害人际关系中的责任感、信任感和内在积极性。

  感到不安很正常。如果某件事困扰着你，坦言相告需要巨大的勇气。要放松。记住，你需要做的，仅仅是和别人沟通，而这个人可能非常善良，热爱学习并已经在关心你的孩子。

结果会如何？

  试过以后才知道。要尊重老师，待人真诚。让老师知道，你希望支持孩子的学业。如果知道家长们关心孩子的学习，大多数老师都会很高兴。

如果某个家长坦言相告，整个班级都可能受益。当三年级孩子的妈妈朱莉直言她对家长签名的顾虑之时，老师反省了这项政策，然后对全班学生取消了该政策。

如果老师感到意外，要做好心理准备，因为这些想法可能不太为人所知。你可以主动发起出乎老师意料之外的对话。因此要心怀善意，说："我知道你可能很久以来都在这样做，但我有些担忧。"或者："我们试图让孩子独立自主。我觉得这种要求违背了我们对索菲的养育方式以及我们这个家庭的目标。"如果你觉得光动口说可能让将事情搞砸，也可以写下自己的看法，然后要求和老师私下见面。

在我儿子上小学的好几年里，礼貌地和老师沟通对我们非常有效。"相信我。"我说，并解释了我家互相信任的价值观和内在激励的法则。迈尔斯继续填写每天的日程安排表，我会阅读它，但家中没有人会签字。老师知道我关心孩子的学习。正如他们告诉我的，关键在于沟通与参与，我们达到了这个要求。

如果老师乐于尝试，要明确表达你们双方的预期。例如："我希望索菲每周都学习拼写单词。""我希望索菲签下自己的名字，但不要我签名。"

有的老师可能会强烈反对你的观点。要慢慢来。无论你是否签名，都不妨告诉老师和孩子你坚信学生应该有责任感。要示范出尊重异议的榜样，这也会让孩子受益终生。

如果签字问题让你不安，那就坦言相告。你可能是率先提出异议者，但不会后继无人。有时候，我们需要种下种子，让它慢慢生长。

应该说的话

讨论签名问题

我相信你。

这是你的阅读日志。

你自己知道你是否完成了它。

你不能签下我的名字，但你可以签下自己的名字。
目标是帮助你学习。学习由你自己做主。
你有什么想法？在担心什么事情吗？

确定角色并示范分歧

你的责任就是学习拼写。
如果我担心老师对我提出的要求，我有责任和她／他沟通。
不要担心。签字的事由我和老师来解决。
如果你愿意的话，我们谈话时你可以在旁边听。
我会告诉你结果的。
有时候，成人们存在意见分歧。
如果我和你的老师存在意见分歧，我有责任告诉她，并倾听她的看法。
我们都希望为你提供最佳学习环境。

避免说的话

你今天练习了多少分钟？
你的日程安排表呢？我在什么地方签字？好，签完了。
你只能那样做，这太愚蠢了。
那个作业毫无价值。

你的角色

不管你是否想打这场仗，缺乏课间休息可能都更加重要。你可以首先和老师培养更深厚的感情，或者从容地鼓起更多勇气。不管你如何决定，都要意识到家长签名对亲子关系的影响。要和孩子谈论这件事，并让他知道你信任他。

第四部分
更多在校权利

心灵不是有待填满的容器,而是有待点燃的火种!

——普鲁塔克

法则 11　改造学前班

从3岁开始，玛德琳就每周上四天幼儿园（preschool）①。妈妈希望她能顺利转入学前班（kindergarten）。毕竟，学前班也位于这座学校大楼，上学时间也是相同的：早9点至下午4点。在上学前班的最初几个星期，玛德琳都在停车场号啕大哭。

"太让我震惊了。"她的妈妈说，"当我去接她的时候，她几乎要崩溃了。在家中，她什么都不想做。我知道，学前班是个新班级，但我没想到，她会接受不了。"

"叛逆"的原因

> 孩子们理当在5岁时茁壮成长。如果学前班不理想，还有许多选择。正规的学校学习应该安排在一年级。

学前班孩子会通过身体来表达压力。4岁的杰丝敏身体疲乏坐在车上，4点半前就呼呼入睡。5岁的杰克会尿裤子。凯西上学前会哭闹，每天都是这样。

---

① 原书中preschool字面意思是"学前班"，但实际上是我们国内的幼儿园，kindergarten字面意思是"幼儿园"，但它才是真正的学前班，即正式上学之前的前一年，daycare则是托儿所。——译注

这是怎么回事呢？这就是学前班崩溃（Kindergarten Crash）。如果孩子们萎靡不振、哭泣或尖叫，进入失控状态，这就表明出了严重问题。我们需要倾听。

我们最小的孩子是我们家中最先尝试每周五天全天候上学前班的孩子。就像我刚刚谈到的其他孩子，扎克在托儿所（daycare）待了好久。他已经习惯于离开家人，在团体环境中待7个小时，但托儿所的生活符合孩子的成长节奏，有大量玩耍、午睡和充分的户外活动时间。然而，在学前班放学以后，当我去接扎克的时候，他却跌坐在公交站点的人行道上，并尖叫起来。从开始上学前班几个月以来，他就显得筋疲力尽。我吃惊地看着这个崇拜海盗的小人儿，他坐在扶手椅上，目光呆滞而空洞。玩具放在身边，丝毫都没动过。鸡毛蒜皮的小事都会让他大嚷大叫，下午5点就会呼呼入睡。

当代学前班常常完全违背了学前班孩子的实际需要，但并非每个孩子都很痛苦。某些学前班项目保留有充分的游戏时间，以便让孩子茁壮成长。学前班可以成为孩子成长的理想场所。但如果它不是，我们就需要改造学前班。

"叛逆"的好处

要让5岁的孩子茁壮成长。应设法保留她的学习热情，并让她积极玩耍。

学习很有趣！

我喜欢奔跑和玩耍。

我有时间琢磨自己的想法。

我觉得很好。

明年我会学习阅读。我等不及了。

为何有效

为何三四岁的年幼孩子能够适应全日制托儿所和幼儿园，但在上学前班时却会崩溃？

正如某个妈妈所说："玩的少了，吃的少了，休息少了。"

如今的学前班生活满心指望孩子们像个一年级学生：阅读、写字和算术。在校时间通常达到 7 个小时，孩子们安静地坐着不动，许多时候还会布置家庭作业。尽管大多数成人都知道，5 岁孩子需要时间来玩耍、放松并宣泄充沛的精力，但学前班通常都忽略了。小睡时间被取消了，大多数地方都实行半天制。很难找到沙盘或换装游戏。相反，房间里到处都是日程表、椅子和计算工具。

学前班孩子无法适应环境的其他原因呢？那就是，在他们的大脑还未充分发育之前，成人就向他们提出了学习的要求。

当代学前班在提供心理学家大卫·艾尔金德所说的"错误教育"——在错误的时间教导错误的东西。5 岁孩子需要学习的东西太多了：练习如何化解与同龄人之间的冲突、控制自身冲动、合理释放无穷的体能、研究虫子、建筑沙堡、热爱书籍、讲述故事、富有创意地玩戏剧游戏。如果学前班未满足这些需求，这就会妨碍学习，给孩子造成压力。

我们已经在着手对极幼小的孩子实施大规模的实验计划。现在得承认，它失败了。我们渴望与其他国家展开竞争，提高考试成绩，并为未来的劳动力投资，这促使学前班过度重视智力学习。研究表明，这种理念是错误的。杜克大学的研究人员全面审视了关于学前班的大量研究成果。结果是怎样的呢？从长期而言，太早开始智力学习对孩子的学习或行为并没有好处。尽管在重视智力学习的全日制学前班就读的孩子最初在阅读和数学领域稍稍超前，等到三年级时，这些优势就逐渐消失了。而且，该研究发现，这些孩子会讨厌学习，自制能力较差，社交能力欠缺。非营利组织 RAND 公司的研究也发现了相似的结果。

由于顾虑严格的学习，许多家长会拖延时间，等到孩子 6 岁甚至 7 岁时才会送他们上学前班。这产生了系列新的问题。到了该上学前班的年龄，孩子们就需要上学前班。

 **摘下成人的有色眼镜**

"每个人都上学前班。"我们说,并会想到自己上学前班时的快乐时光。在你上学前班的时候,主要活动可能是在沙箱中挖坑、唱歌,并在午睡时紧挨着好朋友休息。或者,你所上的学前班可能很重视阅读和写字,但这仅仅限于上午。甚至是在过去三年,学前班才发生了变化。玩具没有了,新增了课桌。有关儿童大脑发育的研究表明,5 岁孩子通过别的方式学习得最快。在孩子达到学前班年龄时,他们已经非常有创造力了。

上学时间过长

当我们关注现代学前班"取消"了哪些东西之时,必须不受"整天上学、每天上学"趋势的干扰。上学时间过长会让孩子精疲力竭,但是合理安排时间不会让他们疲惫不堪。

整天上学不是问题。每天上学也不是问题。根据美国人口调查局的数据,1500 万年幼的孩子都在上托儿所(daycare),其中许多是全日制托儿所。这几乎占到了 5 岁及以下孩子总数的 2/3。如果方案合理,孩子们能够在优秀托儿所中茁壮成长。

学前班可以促进孩子的成长,并让孩子度过非常快乐的时光。它可以让孩子日后在学校开心地学习 12 年。然而,越来越难找到能够满足 5 岁孩子发展要求的方案。个别老师可能会在某些学校做出改变。但是,即便是了解儿童发展的资深学前班老师也很难促使学前班项目适合孩子的年龄。他们必须遵从新的州课程要求,让孩子读书,而不管他们是否准备就绪。

如今的学前班很少能满足学前班孩子的需要。

是否准备就绪

4岁的辛迪已经准备就绪。这是毫无疑问的。这个小女孩已经在阅读，社交能力已很成熟，智力学习也让她感到喜悦。在学前班待了一整天以后，她会充满热情地偷偷溜走去上钢琴课。

本需要更多时间来奔跑和玩耍。他在6岁时上学前班，但回家时非常生气，甚至会打翻家具。他的家长迅速让他退学，让他在托儿所的游戏组里又待了一年。在7岁时，本学会了开开心心地读书。

年幼孩子的发育并不同步。有些孩子不到3岁就在阅读。有些孩子尽管起步很早，但步伐却比较慢。正如斯坦福大学的高级讲师丹尼斯·波普所说，我们知道，有些孩子要等到7-8岁才能熟练阅读，这在发育上是正常的。我属于发育较迟的孩子，因此，我会由着扎克的性子，并不担心他何时才会对阅读感兴趣。

但在某些学校，却没有回旋的余地。成人们可能期望学前班孩子留级，或上强制性识字班。当孩子的大脑发育充分之后，她就会学习。强迫孩子早熟是无益的。对这个年龄的孩子来说，合理的识字能力包括故事、歌曲、韵律诗、手指儿歌、口述故事、字词游戏。然而，智力学习开始在孩子越来越小的时候就入侵他们的时间。

学前预备班的迷你学校

"4岁时光正在逐渐消失。"康涅狄格州幼儿园的主管霍普哀叹道。加州合作幼儿园的家长克里斯表示同意。"家长们带着四五岁的孩子，让他们进入过渡性质的学前班。以游戏为主的幼儿园的入学人数正在减少。他们都在参加5岁幼儿项目。"

甚至直到20世纪60-70年代，年幼的孩子进入托儿班的情况仍然很罕见。现在，除开大学预备班以外，也有学前预备班。这些过渡性项目凭借其名字就能判断其实质，如学前预备班、4岁预备班、5岁幼儿班。它们通常位于小学内部，最小的孩子只有两岁半。这意味着，孩子还没达到上学前班的年龄，就会花更多时间来学习，而不是玩耍。学前预备班项目往往是小学课程的缩微版。

　　这个年龄的孩子需要学习很多东西。如果我们根据成人的安排来占用他们的时间，孩子们就无法健康地成长。对于刚刚上学的孩子来说，上两年学前班（如学前预备班和学前班）可能并不是最佳做法。要满足孩子当前的需求，而不是让其参加两年不适合其年龄的项目。

　　国家幼儿教育协会（NAEYC）是美国幼儿的信息交流中心。NAEYC 了解儿童的发育，并会分享有关儿童真实需要的研究成果。NAEYC 提供了如下数个建议，以便于家长为 3-6 岁孩子寻找优质的规划：

- 不要求孩子们安静地坐很长时间。
- 孩子们不应该总在相同时间做相同的事情。
- 孩子们应有充分时间来玩耍和探索。
- 极少布置练习题。
- 提供积木、美术用品，以及装扮游戏的道具。
- 绝不为教学牺牲户外游戏时间。
- 孩子和家长都盼望上学。
- 孩子乐于上学。不会经常哭闹或抱怨说不舒服。

　　这个清单包含了 5 岁（传统上学前班的年龄）孩子的需要。如今，多少学前班乃至于学前预备班达到了这些基本标准呢？

　　正如我的学前班孩子告诉我的："我不想上学。我想玩耍，蜷在玩具毯上。在学校里，他们不让你这样做。他们让你每分钟都忙个不停。"研究成果也支持这个例子中孩子的感受。

寻找优秀幼儿园或学前班

亲自观察

许多学校都声称他们的安排"以游戏为基础",但实际上游戏会受到忽略。甚至课堂上的积木和玩具也可能是骗人的。教师们会将玩具放在架子上,任何时候都不放弃智力学习课程。要求孩子整天都坐着不动。

检查日程表

科学、社会研究、数学、音乐、午餐、体育、西班牙语、图书馆……密集的日程安排通常意味着学校更重视智力学习,而不是基于游戏的学习。

太多过渡环节具有破坏性。年幼的孩子需要大段时间(1-2个小时的时间段)来玩耍并琢磨自己的想法。过渡环节会妨碍孩子的专注能力和深入学习。

欢迎换装游戏吗?

你看到了消防帽、假扮老虎的服装、公主装和斗篷吗?任何年龄的孩子都喜欢化装,但对于7岁及以下的孩子来说,这个游戏尤为重要,因为他们就是这样学习的。假扮游戏是社交游戏,富有想象力,可以让孩子高度专心地学习。

有宽敞的活动空间吗?

游戏不能限于安静的房间、桌子和椅子。年幼的孩子不仅需要活动,而且经常需要快跑、剧烈活动和喧闹。如果房间很小,附近有空间可以满足这类活动要求吗?

> **你有看见硬纸盒吗?**
>
> 　　大纸盒可以变成任何东西,让孩子发挥无穷的创造力,进行社交互动并开心地学习。乐于接受大硬纸盒的老师也理解游戏的真正本质。
>
> **美术作品都相同吗?**
>
> 　　如果你看到成排的雪人,都戴着同样的大礼帽和笑容,或看到造型相同的纸板狮子,那就得当心。艺术源于表达和想象力。了解孩子发展的项目会鼓励原创性创作。
>
> **寻找口述故事**
>
> 　　班级应该重视识字前阶段或识字萌发阶段。这是个快乐的阶段,包括:歌曲、韵律诗、大声朗读故事,以及由孩子们向成人口述故事。
>
> **观察人们**
>
> 　　最后归根到底还是人。观察教师和孩子们的活动。觉察成人与孩子之间是否体现出尊重、真实兴趣、信任和快乐。

能够适应的孩子

　　毫无怨言地进入学前班的孩子不会引起我们的警觉。但是,如果安排过于重视智力学习,我们也需要关注这些孩子。

　　不能因为孩子能够适应就认为其需求已经得到满足。5岁孩子在学前班能够学会适应不切实际的期望,但这并不是说他们应该这样做。15岁孩子能够怀孕,但这不是说这样做是对的。

　　"学前班是个新的年级"是成人们的口头禅。如果当真如此,这几乎不适合每个孩子。学前班孩子还没准备好上一年级。他们乐于接受适合其年龄的游戏和教学。

> **改造学前班**
>
> 1. 学前班需要承认并尊重孩子的发展阶段。
> 2. 幼儿园、其他学前预备班和5岁幼儿安排都应该符合孩子的具体年龄，而不是提供简化的学前班项目。
> 3. 当今的5岁孩子需要新的安排。这个年龄群需要类似于"旧日学前班"的环境，让他们在5岁时可以茁壮成长。

推迟上学

如果孩子们需要更多时间来接受严格的学前班安排，家长们应该尽力做出调整。艾米丽的妈妈推迟了女儿上学前班的时间。

"我希望她成为班上最大的孩子。"她说，"这样，她就能够轻松完成任务。"艾米丽快到8岁时才上一年级，等到她高中毕业时，她就快满20岁了。

"红体恤（Redshirting）"就是指推迟上学年龄以便让孩子更加成熟。这种做法正在赢得广泛的关注，尤其是在富裕家庭中。这些孩子上小学的年龄比同龄人要大一岁。这些孩子的数量不断攀升，全国大约有7%-12%的孩子在推迟上学，2008年的美国人口普查表明，17%的孩子开始上学前班时已经达到6岁或更大。这种做法可能很适合个别例子，但也要关注被推迟上学的孩子以及其同学。

原因如下。如果5岁孩子无法整天安安静静地坐着上学前班课程，此时若能安排适合其年龄的活动，那么，他们中的大多数人一年以后就能适应一年级生活。这些孩子不需要推迟上学前班的年龄。需要让他们有机会从事与其年龄相宜的活动。在学前班，他们需要玩耍，但是到了一年级，他们就得读书。然而，由于推迟上学的孩子面对着年龄更小、更幼稚的同班同学，老师则必须面对学生中间日益增加的差异性。普林斯顿大学神经科学教授萨姆·王说，当孩子们接近其能力的极限之时，其学习效果最佳。推迟上学的孩子在学习成绩上比年幼的同学更加优秀，但这仅仅限于最初阶段。等到小学结束时，这种优势就不复存在。

男孩们推迟上学的概率是女孩们的两倍。他们的情感和社交成熟度通常发育得更加迟缓，同时，年幼男孩在身体上更加活跃，而这是大多数学校所接受不了的。但男孩们会后来居上。

孩子5岁时，似乎无法想象他将来会成为体重达到150磅的高中生，但是我们必须审视育儿工作的长期结果。推迟上学对年长孩子和青少年都有影响。

"我关注长远影响。"某个妈妈说。"我发现，让我的孩子在幼儿园留级会导致他在12年级时'过分成熟'。这些孩子其实需要尽早毕业。"

当家长们告诉我说，他们打算让情感发育还不成熟的聪明孩子推迟上学之时，我感到很矛盾。对5岁孩子来说，玩耍就是很好的学习机会，但这些孩子可能在智力上飞速发展。作为班级中最大的孩子，推迟上学的孩子往往会感到无聊，行为也会出现问题。

随着不断成长，推迟上学的孩子常常越来越多地表现出对学习缺乏兴趣和动力。威斯康星大学麦迪逊分校的教授伊丽莎白·格劳伊与利哈伊大学的詹姆斯·狄波拉所从事的研究表明，推迟上学的大龄孩子会表现出更多行为问题，儿科专家罗伯特·拜德的研究表明，行为问题往往在十几岁时表现得更加严重。许多推迟上学的孩子在成长到十几岁时会缺乏动力，与较小的同龄人相比表现更差。为什么呢？这些"过度成熟"的大龄高中生渴望进入下个人生阶段。

与其推迟上学，不如考虑完全跳过学前班。不论孩子多大，都不值得等待上学前班。

跳过学前班

下面这个秘密鲜为人知：你不必送孩子上学前班。在美国，学前班并不是强制性的。许多人以为，法律要求你必须送孩子上学，但实际上，大多数州的法律都仅仅要求学校主动为5岁孩子提供课程，但并不要求学生报名参加，无论是在家学校或任何学校。

州法律规定了初始上学年龄。大多数州规定为6-7岁。两个州甚至达到了8岁。孩子开始上学时，他可以直接上一年级，也可以先上学前班。孩子们无须从学前班毕业就能上一年级。即便你所在的州"强制性"要求孩子上学前班，那仅仅意味着你必须提交文档，但你不必送5岁孩子上学。你可以绕开学前班。

我从未上过学前班，我的弟弟也没有。在上学前班的年龄，他大部分时候都是在沙箱旁度过的。我在幼儿园多待了一年，因为我妈妈认为，在5岁的时候，我的情感发育还不成熟。次年7月我满6岁之时，她重新做出评价，意识到我成长得非常快，可以直接上一年级了。

你仍然可以这样做。当我5岁的长子达到上学前班的年龄之时，我们跳过了正式学前班，粗略地拟定了我们自己的计划：参加半天5岁幼儿项目，并在放学以后参加延时日托项目（游戏时间），因为我们夫妻俩都在上班。因此，在校时间总共为4.5小时，其中充满着大量游戏。

当我们说我们会让迈尔斯跳过学前班时，朋友们都很担心。"但他不会落后吗？"他们问。我不担心他落后。我担心督促他走上了错路之路。

"啊，但你不能跳过学前班！"老师们抗议说。"我们要学的东西太多。如今，学前班是必不可少的。"

只要孩子会阅读，他们就可以跳过学前班。即便孩子不会阅读，他们仍然能够在一年级表现良好。本在进入一年级时还不会阅读，但他在11月份赶了上来。卢卡斯不认识一年级老师所要求的不规则单词。"她希望他认识所有这些单词，但他在一年级表现良好。"他的妈妈说。大人可以要求孩子进行一年级阅读测试。"我必须找个执业教师来评估本的状况，看看他能否上一年级。"他的妈妈解释说。在孩子到达上学前班的年龄之时，完全有可能采取其他方式（见后面"加进你的工具箱"），然后直接上一年级。

即便学前班不是强制性的，如果你报名，那么规则就变了。如果你选择让孩子上学前班，那么，义务教育法就要求孩子必须参加。如果你注册，你就得去。

直接上一年级

一年级孩子会练习阅读和写字能力，以及基本的数学知识。一年级新生可能很快就能学会，因为他们的大脑已经发育成熟。和上过 2-3 年学前预备班和学前班的同龄人不同的是，这些孩子在上学时不会感到无聊或焦躁不安。他们会热切地学习。学习阅读太有趣了。当他们的大脑发育充分以后，他们乐于感受那种乐趣。

在 5 岁的时候，我的儿子扎克非常好动，静不下来，常常玩得昏天暗地。上一年级时，他的身心似乎发生了变化。他仍然会蹦蹦跳跳，假扮警官和海盗，但他进入了新的成熟期，开始喜欢学习。

大约 7 岁的时候，孩子的大脑会发生重大的变化。这个年龄长期被称为"理性之年"。精神病专家西奥多·夏皮诺与理查德·佩里表明，其年龄因孩子而异，并将其称为"7(±1)岁之年"。具备这种新的理性以后，忽然之间，孩子们可以进行抽象的认知思考活动，并迅速具备阅读等技能。

但这有用吗？直接上一年级的学生不会处于劣势吗？如果我们明智地引导 5 岁孩子，那就不会。如果孩子在达到上学前班年龄之时拥有合适的成长环境，那么，他们就能更好地控制情绪和冲动，具备良好的社交技能、冲突调解能力和自我意识。他们在识字前阶段的根基就会很牢固，在经过整年的身体活动以后，其大脑也会更强大。恰当的分班分级因人而异，但是，如果 5 岁孩子的需求得到满足，他们就完全能进入下个阶段。

试试这个——加进你的工具箱

并非每个人都能幸运地在附近找到以游戏为主的优秀学前班，也并非每个家长都能为孩子多付一年的日托费用，或留在家里照顾达到学前班年龄的孩子。在直接上学前班以外，还有许多其他办法。你可以寻找适合你的方法。

为孩子改造学前班

1. 待在幼儿园或托儿所

   如果你发现了以游戏为主的优秀幼儿园或托儿所,那就让孩子待在那里。大多数幼儿园都接受没有上过正规学前班的5-6岁孩子。要利用这种好环境,将它当成孩子的学前班。然而,这种做法可能很花钱,因此请继续往下读。

2. 寻找半天制安排

   有些学校仍然提供半天制学前班安排,当然,你当地的学校可能没有。四处打听。可能某个蒙台梭利学校接受半天制,或某个特许学校许可这种做法。那么,即便学前班生活以智力学习为主,其时间也很短暂,你可以利用每天的余下时间来予以平衡。

3. 缩短每周的上学时间

   如果你的孩子在学前班表明有压力,可以让她每周的某天不用上学,或安排中午去接她。

   当5岁的迈尔斯宣称"我讨厌上学"之时,我开始让他每周一待在家里,并聘请了周一临时保姆,这样,我就能够上班。某些学校或校长许可家长中午来接孩子或减少孩子每周的上学天数。学校可能会担心法律后果,包括失去政府资助。这些担忧是合理的,但你或许仍然可以和当地学校共同努力。由于减少了上学天数,扎克顺利度过了学前班生活。我让儿科医生写了个便条:"多休息对这个孩子有好处。"这帮了学校的忙。

4. 在家自教达到学前班年龄的孩子

   稍安勿躁。在你以必须工作为由打消在家自教孩子的想法之前,请先阅读下文。即便每个成人都在从事全职工作,这样的家庭仍然可以在家自教孩子。如何做到呢?指定某个可靠的老师或日托人员充当孩子的在家学习指导者。相关法则在各州并不相同,但你可以将孩子送到可靠的照顾者那里,并不妨将其视为学前班。

"在我住的地方，每个有大学学历的人都能教育你的孩子。"詹妮弗说，"我有个朋友办了个学前班后项目，于是我提交资料，送孩子去了那里。她的学前班项目总体上办得比我们的学区要好。"

5. 试试5岁幼儿项目

　　5岁幼儿项目非常酷似学前班，因为它是免费的，但在校时间通常更短，智力学习也不太严格。这些项目因州而异，但许多学校都提供免费的学前预备班或5岁幼儿项目。5岁幼儿项目最初是针对出生较晚的孩子而开设的，但它逐渐包括了在情感上无法适应正规学校的孩子。大多数报名参加5岁幼儿项目的家长都在寻求更适合5岁孩子的半学前班项目。

　　每个学前预备班项目的妥当性因教师而异。要记住，其课程仍然是学前班预备课程——如果对学前班孩子不适合，那就对情感上还很幼稚的5岁孩子更不合适——但它可能适合你的孩子。从这些项目毕业以后，孩子们次年就要上学前班。如果你为孩子选择了学前预备班或5岁幼儿项目，那么，你要善于变通，并在学年结束时做出评估。你的孩子届时或许可以直接上一年级。

6. 宣布随机休息日

　　在我儿子上学前班的那一年，我们经历了严酷的冬天，当时下了12天雪。下雪的日子带给他的好处就是，让他拥有了更多休息和玩耍的时间。如果冬天没下雪，需要时也可以安排休息日。要让你的孩子恢复精神。

　　"我了解孩子们。"4岁孩子的妈妈特蕾莎说，"如果艾娃在学前班显得很疲倦，我会让她整周不上学。这对她很有好处。"

　　"心理健康日很重要。"跟踪学生出勤情况的小学办公室助理萨拉说，"有时候，孩子们非常需要休息。"

7. 与学校共同努力

   丹尼尔 4 岁时开始上学前班,当时他还很小,但已经达到了州法律规定的学前班入学要求。他的妈妈知道学前班可能让他受不了,但仍然将他送了过去。

   "我们没办法。我没法再失业一年。"她说,"幼儿园的学费超出了我们的支付能力。"

   丹尼尔在上学前班期间是个活跃的男孩,充满 4 岁孩子的活力。考虑到他的年龄,他的行为完全是正常的,但这在学校里行不通。校长打来电话:"我们觉得他今年最好是待在幼儿园。"就像许多小学那样,丹尼尔所在的小学中有个收费幼儿园,他们将他免费转入幼儿班。

   这种安排可能有用。教育工作者非常关心孩子们,有时候,你会遇到若干支持者,他们可以在体制内找到灵活的变通办法。

8. 寻找多年级课堂

   课堂上混合有不同年级的学生可能是个好事。在多年级课堂上,老师当然知道孩子们处于不同阶段,往往会适应孩子们的不同需求和学习能力。例如,如果孩子在学前班结束时无法阅读,那么,在混合年级的环境中,孩子可以更顺利地进入一年级。

9. 直接上一年级

   如果你没有送孩子上学前班,务必要经常朗读,利用歌曲、韵律诗和故事在孩子的识字前阶段为其打下坚实基础。通过日常生活,孩子可能理解学前班"多于"与"少于"的数学概念("他的糖果比我多"),但在上一年级之前,要介绍">"和"<"等符号。检查课程要求。有些州可能要求对孩子做出评估,考察其能否上一年级。

要了解你所在州的具体法则和家长权利。大多数地区通过在家自教网站也能获得大量优质资源。

为你的社区改造学前班

5–6 岁的孩子往往被称为学前班孩子,现在,我们迫切需要为他们营造良好环境。可以在现有安排的基础上完成这个目标,也可以为 5 岁孩子开办新安排。

1. 联合支持半日制方案

    即便对于需要全日制日托服务的家庭来说,半天时间的智力学习可能也达到了孩子的承受极限。正式请求校董事会保留或恢复半日制学前班。

2. 开始创办自己的幼儿园

    丹尼尔·卡萨塔就是这样做的。她是两个幼儿的母亲,和丈夫决定在密歇根州安娜堡市的家中和后院中创办以游戏为主的合作幼儿园。他们研究了游戏环境和哲学理论,经过 7 个月的规划以后,他们在新学校中招收了 20 名孩子。如果你觉得自己有创业精神,世界也需要你,那么,你当然可以为 3–7 岁的孩子创办新的幼儿园。

3. 改造目前的学前班

    改正不恰当的课程要求并非易事,这需要很多支持者。如果孩子的需要与成人的期望发生冲突,那就需要调整这些期望。优秀的学前班应该包含:运动与活动、富有想象力的扮演游戏、口述故事、识字前阶段的技能培养,以及充分的户外活动时间。要想实现这个目标,那就需要政治支持,并深入了解儿童的发育。

应该说的话

学前班的日程安排是怎样的?

如果我今年不给她报名，她明年能够直接进入一年级吗？
那是怎么回事？

他今天感到不开心。
我让他在家休息。
他很累，无法正常上学。

我很担心纳森。我们能谈谈吗？
我在家中观察到下述问题：[描述紧张行为]
你在学校观察到了哪些问题？
这对我们没有用。
安娜需要更多休息。
这是医生给她写的便条。这有用吗？
我需要带他回家，减少他的在校时间。怎样做最好？
你能接受我让孩子在周二和周四上半天学吗？
我们先试三个月，经常保持沟通。

避免说的话

每个人都上学前班。
你会喜欢它的。
学前班很好玩。
我记得我小时候喜欢学前班。
只是学前班而已，等你真正上小学就知道厉害了。

你的角色

你的孩子适合上学前班吗？不如问：学前班适合你的孩子吗？了解当地的其他渠道。如果学前班不适合孩子的发展，那就进行调整。长远的出路是，探索更适合孩子的安排，但对今天 5 岁的孩子来说，远水救不了近火。

法则 12　在围圈时间取消日历①

我4 岁的时候喜欢围圈时间。我们会唱歌、读书，做各种有趣的事情。曾经有个魔术师来到学校，其高超的戏法至今让我惊叹不已。

我之所以喜欢围圈时间，这要归功于我的老师。我们将小组活动时间称为"地毯时间"，这段时间很短，很有趣，也适合孩子们玩耍。在此期间，我们会大声喧闹、活动，并感受到新的喜悦。我们并不会始终坐在那里，老师也不会要求我们始终保持安静。我们从未研究过日历、天气，或数数到 100 为止。

不应该将 5 岁及以下孩子的围圈时间安排得像个小型学校。

"叛逆"的原因

小组围圈时间要简短而有意义。在孩子的大脑发育充分之前，不要用日历来浪费孩子的时间。这会妨碍年幼孩子的学习过程。

在围圈时间，通常所有人都会在老师面前围坐在地毯上。如果安排得很恰当，它会促进集体感，带来新的点子和欢乐。围圈时间太长——

---

①　对美国孩子来说，学习日历是个很重要的学习内容，因为里面涉及到时间、季节、节日、天气、学校课程和活动安排、事件先后顺序、客观的时间长短等概念。——译注

30、40 或 45 分钟——往往会让孩子感到无聊，妨碍他们进行有益的学习。最好的围圈时间通常都是短暂而甜蜜的。

如今，日历悄悄混入其中。如果你观察大多数 3-6 岁孩子的班级，你就会发现，大型日历占据了核心位置。问题在于，即便每天操练，在上小学 3-4 年级之前，大多数幼儿无法理解时间的抽象含义。

现在应该质疑那些对孩子们毫无意义的习惯。扔掉日历吧。藏起天气图吧。等到大脑发育成熟之时，孩子们会轻松地理解九月、周一和十二点钟的概念。现在不需要强迫他们理解我们准备好的时间概念。

"叛逆"的好处

如果满足孩子今天或当前的需要，这就是在帮助他们面对未来。如果成人的期望与孩子的年龄相符，这才最有利于孩子的成长。他们将学会：

我每天都喜欢和大家相聚。

我知道如何融入团体。

每个人都可以贡献自己的想法。

我很聪明，能够完成老师的要求。

在团体中，有时候需要保持安静。如果时间不太长的话，我能够做到。

我对自己很满意。

时钟、图表与日历：谁关心今天是否是星期一呢？

日历和时钟对于成人安排日程非常有用。它们有助于我们碰面、共同工作、安排课程、参加庆典和约会。对于年幼的孩子来说（在本章中界定为 5 岁及以下），时间的先后概念则是很模糊的。

理解每周的天数并不难，但是，要知道它们是有关联的则需要成长来解决。我从未见过哪个成人不知道周一是怎么回事。每个四年级学生也都很清楚。

在大多数幼教项目中，使用海报般大小的挂历是根深蒂固的做法，但这纯粹是浪费时间。"当我们学习日历的时候，孩子们在教室里到处乱跑，所以，他们显然不感兴趣。"幼教老师谢里尔说，"我在几个月前已将大型日历取了下来。"

除开日历之外，在许多班级里，绘制天气图也是个惯例。今天是晴天吗？昨天是雨天吗？由于天气每天都会变化，通过绘制天气图，孩子们可以了解"每天"有多长。我发现，无数课堂老师都会要求孩子们观察窗外，以便预测天气状况。只有当孩子们在户外玩耍的时候，天气才与他们有关。

要观察孩子们的表现。他们感兴趣吗？它有意义吗？如果答案是否定的，那就缩短或调整围圈时间。要让孩子们重新拥有欢乐时光。

为何有效

"我们很快就会在奥利弗家中玩耍。"我 5 岁的儿子扎克说，"也许是明天，或者是昨天？"

对幼儿来说，时间是个模糊的概念。他们会任意使用各种时间词汇，例如"我将这个蛋糕烤了两个星期。""这本书我还没有读多久，也可能是六年。"或者，"我的意大利面条需要煮 100 个小时！"孩子们知道，某些词汇与时间有关，但要等到很久以后，他们的大脑才能理解时间的含义。

专门研究人类时间概念的心理学家威廉·弗里德曼研究了儿童对较长时间间隔——几周或几个月——的理解能力并发现，对于一年级以前的大多数幼儿来说，学习日历毫无意义。根据弗里德曼的研究结果，孩子只有成长到 7–10 岁之时，才有能力判断日历时间。成人往往期望一年级孩子开始理解日历时间，某些孩子能够做到，但孩子对时间概念的理解有早有迟。

孩子首先会了解顺序。对他们来说，要判断时间跨度要困难得多。5 分钟有多久？生日派对安排在周六，到周六还有多久？奶奶明天来，她为什么不在这里？判断相对时间——和 1 个小时比起来，1 分钟有多长,或者,和 1 个月比起来,1 天有多长——是个抽象概念。

莉莉安·卡兹与萨里·博尼克等幼教工作者说,孩子可以通过图片和故事很好地理解时间概念,因为他们非常善于理解叙述性的故事。如果你说"我们先吃饭,然后来读书",孩子能够理解你的意思。利用图片也很有效,因为他们能够理解图片中被串成故事的连续事件。

在美国国家幼儿教育协会期刊《幼儿》上发表的文章中,卡兹和其他作者称日历时间是"好心办错事",建议老师们放弃这种流行做法。日历和天气图在浪费孩子们的时间。

不要对孩子抱着太多的期望。他们在按照自己的步伐成长。此外,不仅孩子们会如此。1752 年,当英格兰用格里高利历取代儒略历之时,成人们认为他们的寿命减少了 11 天。

 **摘下成人的有色眼镜**

> 我们很难摒弃那些"始终被社会接受的"事物。我们往往会依赖于传统做法(比如日历),并认为,既然这种做法极其普遍,这么多人是不可能出错的。取消日历不是彻底取消,仅仅是等待三年左右。首先需要让孩子的大脑发育成熟。我们可以训练他们,但我们无法强迫他们的理解能力。要信任孩子们。他们终究会做好准备的。

对于孩子的影响

如果围圈时间占用了大量上午时光,孩子们就会失去其他学习机会。考察天气要花时间;请吉萨将代表太阳的魔术贴贴在天气图上要花时间;让本将星标棒指向 10 月 22 日星期三需要时间。如果这些活动让孩子们觉得无聊,变得焦躁不安并故意捣乱,并促使老师也需要花精力让全班孩子安安静静地坐着,那么,这就会花更多时间。不管围圈时间是由老师讲课,研究日历,还是延长时间让孩子们演示和讲述,都会是这样。这纯粹是个机会成本的问题。

那么，孩子们应该做什么呢？去户外。面对同龄人的冲突并消除它。管理自身的强烈情绪。口述故事。自己想点子玩游戏。听老师阅读或自己看书。鉴于围圈时间的通常做法，儿童教育者贝夫·波斯说："围圈时间是最糟糕的学习时间。"

在大脑还未发育充分之时，如果孩子们试图取悦成人并再三失败，他们会感到泄气。他们能够习惯于重复数算日历天数，但是，其背后的含义仍然是个谜。这可能对孩子的自信和上学态度产生严重影响。时间久了，他们会感到不开心，或觉得自己能力不足。如果孩子在2-3年中每天都要面对这种日历惯例却仍然不理解它，这种累积影响可能造成真正的压力。

围圈时间本身是很宝贵的。融入人类集体、共同唱歌或共同参加木偶戏或故事，这些经历都会让人感到很开心。我们没有足够时间来读完适合幼儿的所有优秀图画书。我们还来不及读完，孩子们就长大了。因此要保留最好的集体活动——能够激发年幼心灵的活动——放下其余的事情。

试试这个——加进你的工具箱

确定你真心认为对团体时间很重要的活动。你希望达到什么目标？为何欢聚是个好事？发挥灵感并列个单子。可能是音乐、分享新闻、欢迎他人、解决集体问题，或者玩运动游戏。如果你的内心乐意摆脱日历的束缚，不妨参考下面这些主意：

尽量简短

"10分钟最好不过。"这是幼儿学校的老师们建议的围圈时间。围圈时间通常会给老师的日程安排造成负担。如果你将时间减半，会怎么样？或许可以将大的围圈时间分成两个较短时间，分别在刚上课和快放学时使用。

时间只是个指导法则。有时候，话题非常有趣，以至于孩子们不断问问题，表现得很积极，以至于延长了围圈时间。或者你在针对愤怒情绪排演木偶戏，孩子们灵感迸发，不想停下来。

要让它具有意义

安排恰当的围圈时间能够产生神奇的效果。孩子们喜欢融入团体，并按照自己的方式参与其中。我们将这称为集体感。

"我知道，许多老师以给予孩子选择权为由放弃了围圈时间。"被博客读者和家长们称为"汤姆老师"的汤姆·霍布森写道，"我不会这样，我们也不会。"霍布森是伍德兰公园合作学校的领导人。他喜欢围圈时间，但他会让孩子们主导团体活动时间，或者，用他的话来说，"集体主导。"

汤姆老师的围圈时间令人回想起我幼时的围圈时间——那时，彼此相聚、分享想法、唱歌并打造集体凝聚力是何其有趣！有时候，汤姆老师的围圈时间会持续近半个小时。如果你非常投入，孩子们也很积极，那么，孩子们就会希望继续进行围圈活动。应该让团体活动时间适合孩子们的年龄并富有意义。

让它成为非强制性活动

有些幼教项目会对围圈时间采取自愿加入法则。邀请孩子们，但是，如果他们更热衷于其他游戏，那就不要干涉。如果成人营造了非常有趣的围圈时间，孩子们就会乐意加入。

可能你会决定让每个人都待在一个房间，但是，不必让大家都坐在地毯上。例如，3岁的马修老是喜欢动个不停。他在讲故事时间会跳来跳去，但他会在家中向妈妈复述故事。马修的老师认识到，他需要运动，还需要融入团体当中（见**法则 13：不要强迫参与**）。

留意每天的计数和数学

有些老师偏爱日历是因为，它有可能引入数学和时间概念。当然有计数、认识数字、图形、排序和其他基本数学概念。年幼的孩子通过实践游戏能够更好地培养出数学思维能力。计算自然地融入许多儿童歌曲与故事之中，例如"五只小鸭出门去""五只小猴在床上跳"。孩子们整天都在学习排序，包括每天的活动安排、排队等到自己玩某个玩具，等等。他们可以用积木、珠子或排列玩具卡车来拼成各种图案。用于数学的积木在他们的生活中随处可见。

要让天气进入他们的生活

到户外去。只有在户外时,天气才会进入年幼的孩子的生活之中。要信任年幼的孩子。他们的心灵会很快理解时间的含义。与此同时,要尽量将围圈时间变成美好的集体时光。

应该说的话

我们来共同读这本书吧。

有人知道这首歌吗?

现在是围圈时间。你们不必坐着,但你们必须待在房间里。

好像下雨了。这里还有几双雨靴。

今天冷吗?我们出去看看。

避免说的话

(尤其是对于 1–5 岁的幼儿)

今天是星期一,10 月 20 日。

现在大家都来计数:1,2,3……

今天谁来当我的星星,利用指示棒来标出日历?

今天是什么天气?

米卡,将云朵放在"星期一"这个单词旁边。

你的角色

身为家长,你可能会急匆匆地赶往孩子所在的幼儿园或学前班,并突然担心墙上的日历。很可能墙上有日历,但你不必惊慌。围圈时间的质量在很大程度上取决于老师。问问老师,你是否能够在现场观察围圈活动。记录它持续了多长时间,孩子们是否感兴趣。也许可以和老师分享本章内容。如果你在为孩子挑选学校,那么,不要让日历课程成为每天的重头戏。如果你是个老师,要勇于质疑日历。看看你取消日历以后会产生什么结果,并要顺应大自然的节奏。

法则 13 不要强迫参与

孩子们会在团体活动中度过大量时光。现在我们来唱歌，现在我们围成圈向前走，现在每个人都拍手。团体歌曲和活动可能会让孩子们觉得非常有趣。如果没有 20 个人将巨型降落伞高高升起，那么降落伞有什么用呢？如果没有很多人弹指和拍手，你怎么能制造"暴风雨"呢？大多数时候，团体活动适合大部分孩子。

但总有些时候孩子不愿意参与。那该怎么办呢？放松下来，这不要紧。不管你是老师、团体领导者，或者是场外焦急的家长，不知道为何所有孩子中只有你的孩子摇头躲藏起来，都不要为此感到发愁。孩子有权不参与团体活动，而且，不参与或许能最好地满足他的需求。

"叛逆"的原因

孩子不参与往往有合理的理由。不要强迫孩子参与团体活动。只要孩子的行为没有干扰团体，不妨让他们坐在场外。

看到孩子没有参与团体活动会让人很难接受。在成人看来，不合主流者的行为可能让人觉得不尊重团队领导者和团队。我们觉得事态失控，担心他/她的行为会影响团队的活力。没有融入团体的孩子让我们感到痛苦。天哪，她被排除在外。她无法学到其他孩子学到的东西。她无法赶上来。他太敏感了。他必须学会和其他人相处。他没有特殊情况——我们不能搞例外。她得学习合作，融入整个班级。他需要克服这个问题。

当老师叫到卡勒布的名字时，他没有动。轮到他去展示和讲述了，但他没有站起来。

在幼儿班的音乐课上，索菲没有加入唱歌的孩子和家长们当中。班上的其余孩子都在唱歌，但索菲在旁边10英尺远的地方走来走去，静静地看着他们。

泰勒的老师播放了一支进行曲。"我们将围成圈向前走。"她宣布说，"每个人都站起来！"除开泰勒和布雷登以外，每个人都站了起来。老师将他俩拽起来。"你们必须站起来。"她说，"每个人现在都得站起来。"

每个行为都有其意义，因此，要相信孩子不参加集体活动是有正当理由的。有些孩子最适合通过观察来学习，有些孩子需要首先建立信任感，然后才乐意参加集体活动。还有些孩子可能会担心或害怕相关活动或人群。如果强迫孩子参加，以免他错失任何重要体验，那就错了。当人们感到不安全的时候，他们就无法好好学习。

"叛逆"的好处

如果孩子乐意加入集体，他们就会加入。由孩子自主决定有如下好处：

我可以按照自己的方式来学习。有时候，我会通过观察周围人的举动来学习。

每个人都不相同。我有自己的方式。

我的需要很重要，但其他孩子的需要也很重要。我不能妨碍他们的学习或乐趣。

我的家长和老师都尊重我。

如果我害怕什么东西，我可以告诉成人，即便这显得很可笑。

我可以信任我的恐惧和感受。

当我准备好以后，我就可以改变主意，冒险试试。

如果我需要慢慢适应，这都没问题。

"其他人都在这样做"并不意味着我也必须如此。

我觉得受到了接纳和欢迎。我始终可以发挥更大的作用。

团体参与度的社交期望值往往很高。我们通常怀抱着"每个人都得这样做，没有例外"的心态，尤其是孩子到达上学年龄以后。瑞恩的学前班老师认为他"极不听话"，因此在开学的那天，他不肯站起来介绍自己。老师通知他的妈妈在放学以后和老师谈谈。"他经常表现出这种对抗行为吗？"老师问。5 岁的瑞恩面对着全新的学校、新的同学、新的老师以及新的班级，他感到不知所措是情理之中的事情。

在幼儿园的假日音乐会上，当 28 名孩子戴着圣诞老人的帽子列队而出之时，30 名家长充满期待地坐在折叠椅上。在小朋友中间，4 岁的亨特突然大哭起来，想要离开合唱团。老师不让他走。"没事儿，什么都很正常。"她说，带着他回到露天看台上。"没事儿，现在只管站在其他人身旁微笑。"亨特没有笑，没有唱歌，在整个演奏过程中都显得可怜兮兮的。

强迫孩子参与集体活动可能会让孩子觉得：

我很害怕，但没有人在乎。

你必须服从，像其他人那样——不管发生任何事情。

我无法专心于眼前的事情，因此，我无法学到任何东西。

我不喜欢这样。我不知道如何停下来。

很吵闹，很拥挤。太多人让我感到心烦。

为何有效

　　孩子们出于各种各样的原因而不肯参加集体活动。有时候，他们很担心；有时候，他们需要在当时做主；孩子可能高度专注于某件事情而无法分心；有时候，孩子无法完成全部动作。团体可能让他/她受不了。

　　孩子们通常会害怕新的活动、新的团体以及新的社交场合。可能某种活动吓到了他们（降落伞的迅速升起，音乐唱片的极差音响效果）。可能团体领导者很陌生，他的声音过于刺耳或响亮，或者他的举止吓到了他们。此外还可能害怕其他孩子。可能仅仅是不愿意在这么多人中间挤来挤去。可能是某个特定的孩子被他们视为威胁。孩子们会想：这个老师坏吗？那个孩子会打我吗？这些噪音听起来很吓人。我不会受伤害吗？

　　从成长的角度来说，人群可能带来过度的刺激。孩子们需要处理太多的信息，但他们仍然还在学习处理各种感觉信息，筛选重要信息，并学习如何专心。大脑的专注能力取决于额叶，而对于幼儿来说，额叶仍然还在发育。孩子对过度刺激的自然反应就是后退。有时候，他们完全接受不了。

　　有些孩子不想在团体活动中受到关注。对成人来说，自我介绍似乎是很简单的事情，但孩子们可能不愿大声报出自己的名字，或参与团体分享活动。孩子们刚刚流露出自我意识，并在学习社交技能。对于某些孩子来说，这个过程要迅速得多。玛丽·谢迪·克尔辛卡说，敏感的孩子可能需要更多时间。她非常理解难以加入团体活动的孩子，在其著作《如何培养精力旺盛的孩子》中，有个章节专门谈到了这个问题。这些孩子需要练习，并需要成人的耐心和理解。

　　所有幼儿都会通过观察来学习，对于某些孩子来说，这是他们获取新技能和信息的首要途径。视觉型学习者通过观察其他人的行事方式来学习知识。他们可能宁愿以旁观者的身份在场外观察，理解各种事情但并不直接参与。某些孩子会通过倾听来学习（听觉型学习者）。即便孩子在附近做其他事情，他也可能会倾听，而后者可能是他的最佳学习方式。当然，对于活跃好动、静不下来的孩子来说，可能只有运动才能让这种动觉型学习者集中注意力。

当孩子们间接参与团体活动之时，这就被称为"平行参与"（parallel participation）。有时候，退到场外对所有孩子都有好处。对于存在感觉处理障碍的孩子（包括自闭症孩子）来说，这可能是必不可少的。待在同一个房间里但不直接参与进来，这能够减少焦虑感和过度刺激，从而让孩子们自主决定何时加入团体活动。这意味着尊重。当孩子准备好以后，他们就会前进。

需要让孩子们学会信任自己的感受，尤其是恐惧感。如果某件事情让他们感到不安，这是必要的本能反应。正如嘉文·德·贝克尔在其著作《保护馈赠：保护孩子和青少年的安全，做明智的家长》中指出的，安全感首先意味着培养并留意内在的声音。当我们引导孩子独立自主之时，我们需要尊重他们的恐惧感。这是培养合理的风险和安全意识所必不可少的（见**法则 4：和陌生人说话也没问题**了解详情）。

团体活动未必适合每个人。有些孩子（和成人）不喜欢大型团体。不喜欢团体活动的成人可以选择独处。孩子却无法离开。有时候，融入团体可能是必须面对的现实，但是，当孩子们对社交场合感到不安之时，他们需要花时间来学习应对技能。要慢慢来，理解他们，并教给他们应对措施。

 **摘下成人的有色眼镜**

我们可能忍不住会催促孩子，以免他"错过机会"。但强迫孩子参与并不意味着孩子会学习。如果感到不安全，没有人能够好好学习。如果孩子不服从团体安排，不要担心。只要他的行为没有干扰其他人的活动，那就不妨让他退出。要充分尊重孩子，倾听他的感受和恐惧。例外处理并不会让孩子变得过分"特殊"。公平的做法是满足每个人的需求。每个人都是独立的个体，要这样对待他们才是合理的。

保护孩子，保护团体

坚持让孩子参与团体活动涉及恐惧——我们的恐惧。不妨审视一下我们为何恐惧：

她会错过学习机会。
如果他不那样做，他们都会想要退出。
我需要控制局面，如果孩子们各做各的事情，这太让人难受了。
搞特殊化意味着，她比其他人更优秀。
她永远不能克服恐惧。

孩子们拥有自己的方式和节奏。与此同时，不妨让个别孩子退出。孩子有权不参与团体活动。如果他不想参与活动，只要他的行为没有干扰其他人，那就不要紧。要设立限制，以便保护团体和个人。

设立限制，以便保护团体和个人。

如果某个孩子在图书馆讲故事时间站起来，要尊重团体和这个孩子。你首先可以指出其行为对其他人的影响："我知道很多孩子都想看图画。如果你站起来，其他人就看不到了。"有些孩子可能会想，原来是这样的！然后立刻坐下来。其他孩子可能仍然需要站起来或走动。"似乎你想站着听故事。可以走到教室后面，在那里站着。"

也许团体活动很活跃，不够安静。"我们现在在跳舞，你不必跳舞，但你不能坐在教室中间。别人会撞到你。如果不想跳舞，你可以坐在窗边。"

不必让孩子模仿团体，但也不应该让他干扰团体。

她会错失机会

凯特琳没有在幼儿园玩耍。当她的妈妈看到其他孩子忙着画画、玩沙子、堆积木和玩装扮游戏时，她感到很绝望。在学校时，凯特琳会安静地观察鸟儿和其他孩子。然而，等到她回家的时候，她能够很好地描述她观察到的细节。

在幼年时期，有许多事物需要观察。有些孩子会亲自体验，还有些孩子最适合通过大量观察来学习。例如，利阿姆每天都会观察其他 4 岁孩子举行的舞会。他坐在附近，观察他们的动作并倾听音乐。在最后那天，他加入舞蹈者当中，如痴如醉地跳起舞来。时间成熟以后，他就会加入。

"我们经常看到有些孩子不肯在团体中唱歌。"我的妈妈（她当了 40 年幼儿园教师）告诉我，"他们会坐在那里。但是，等到他们回家以后，这些孩子会突然唱歌，并记得所有的歌词。"

学习方式因孩子的个性和情绪而各不相同。不参加团体活动的孩子并没有错过学习机会，她只是在照顾自己当时的需要。

审视你自己的感受

如果你身为家长，并且刚刚为孩子的音乐课缴了 100 美元的学费，当你看到孩子完全坐在那里不肯参与的时候，你可能会感到很恼火。快来，你想，我已经为此付款了。行动起来！这些感受可能很强烈。记住，每天都是不同的，每个孩子的学习方式也不同。很多"作壁上观"的孩子正在按照自己的最佳方式学习新事物。在房间里走来走去的孩子可能在吸收各种信息。要接受这种做法，而不是指望孩子完全投入到每件事情当中。

她可能在课堂上神情茫然，但要相信，她正沉浸在自己的生活当中。她可能回家以后会唱歌。

这与团队领导者无关

无论你是举办生日派对的家长，还是组织手指歌谣的幼儿园老师，我们都时不时地会担任团队领导者。如果某个孩子没有参与你安排的活动，不要在意这件事。这与你无关。而且，如果某个孩子不服从你的安排，这并不是表示不尊重。孩子有许多成长任务，她当时可能致力于其他成长任务，而不是你关心的成长任务。

邀请孩子加入，但不要将团体一致性当成目标。

尽量不要主观对待这件事情。你仍然可以认为自己很称职，并没有失败。放弃想要控制局面的想法。你可以自主决定如何保护团体，但你不能控制每个人的反应方式。不要呵斥孩子，而要找到可能存在的真正问题。要相信，那个孩子可能是对的。

他已经很大了

当然，达到某个年龄之时，孩子们需要进入团体参与的下个阶段。如果戴着古怪帽子或声音洪亮的团队领导者吓到了4岁孩子，这是正常的，但是四年级孩子应该能够适应这种情况，但可能会逃避课堂练习。这种转变何时发生呢？我们何时可以合理指望孩子参与进来呢？通用的经验法则是7岁左右，此时可以指望孩子学会基本礼仪。大多数时候，大多数7岁以及更大的孩子都能够适应团体的活动。他们已经见到许多人，不必担心周围人的相貌、行为以及性格。即便如此，他们的情绪还会变化，每天都不相同，有时候，较大的孩子也会选择退出团体活动。

无论年龄多大，每个人都可能有合理的原因不参与团体活动。如果某个较大的孩子犹豫不决，可以尝试如下办法：

明确阐明你的期望值。

询问她是否有任何担忧。

让她知道，她可以等到以后再告诉你。

要意识到，这可能涉及恐吓或同龄人的强迫。

要乐于承认，她可能是对的。

每种行为都是有意义的。

就像年幼的孩子不肯参与团体活动往往是出于合理的成长原因,年长的孩子在社交、情感、学习方式或神经处理方面也有同样合理的原因。如果某项活动适合这个年龄并且很有趣,此时,退出的孩子通常有着合理的原因,即便她不能明确表达出来。记住,每种行为都有其意义。

对于每个孩子来说,合适的年龄也因人而异。

特立独行的价值

团体活动天生鼓励人们遵从团体规范。团体做什么,个人往往也会做什么。我们可以向孩子表明,不管付出什么代价,你都需要服从团体,或者,我们也可以帮助感到不安的孩子,让他们知道,如果他们感到不对劲,他们不必服从团体。随着孩子的成长,同龄人的压力会越来越强烈,他们需要练习倾听自己内在的声音,并学会说不。

"如果我们想让孩子抗拒住同龄人的压力,这极其重要。"幼教工作者艾米丽·普兰克说,"我们深深地恐惧孩子受到同龄人压力或恐吓的不良影响,但我们却违背他们的愿意,敦促他们参加大型团体。"

这些孩子不会错失学习机会;他们都有个好的起点。

试试这个——加进你的工具箱

平衡个人和团体之间的需求可能是很棘手的事情。下面这些主意可以帮助家长和团体领导者。

找个地方

如果某个孩子不想参加团体活动,那就找个适合她待的地方。旁观者可以开心地在场外观察,因此要找个能够让他们充分观察团体活动的地方。有时候,这意味着安静地坐在旁边。如果某个孩子想要站起来而其他孩子都坐着，这可能就需要他走到房间后面或侧面。如果孩子需要说话，那就需要给他找个可以说话的地方。"你现在似乎很想说话。你不能和我说话，因为我在读故事。你可以和斯蒂芬妮女士说话，她在桌子附近。"要设立好限制，但让孩子在限制内拥有自由："你必须待在这个房间里，但是，如果你不愿意，你可以不看木偶戏。"或者，"如果你跑来跑去，你会让大家分心。你可以参加我们现在的活动，或者，你可以在走廊上跑一跑。"

经常带领成群孩子的成人可能会预先准备好"中心区"。这是指定的安全空间——可能在桌子底下、椅子后面或角落里以便休息之用。孩子们知道，如果他们受不了团体活动，他们可以随时去那个地方。如果你照顾的孩子受不了噪音和过度刺激，你也可以在这个地方备好耳罩以便消除噪音。

观察面部表情

孩子很满意吗？他显得很好或很担忧吗？在督促孩子完全参与之前，先花点时间读懂孩子的面部表情。可以说："你似乎很担忧。你不喜欢什么事情吗？"如果孩子露出满意的表情，这可能表明他乐意当个旁观者。"你现在似乎只想在旁边观看。"

邀请并接纳

将门打开。让孩子们知道，他们随时可以改变主意。这种保全面子的做法很重要，因为坚决宣称"我不想这样做！你不能强迫我"的孩子在后来可能羞于启齿要求加入团体活动。在画出战线以后，孩子们很难得体地放弃最初的要求。要给予孩子们脱身之计。只要说："不要紧，你现在不想这样做，我知道小朋友可能会改变主意。"不时关注他们并邀请他们加入。

个体的需要

无论孩子是否被诊断为有特殊需要，满足个体的需要都有助于让孩子们感到安心，产生信任感，并具备专注能力。在团体讲故事时间，阿迪在绕圈子行走。她的家人发现，行走并在手中拿着东西有助于她保持专注，她能更开心地倾听故事。各种接触活动可能有助于具有感觉处理障碍的孩子。

承认有些活动不合适

米切尔和孩子报名参加了母子课程。每个星期，老师都会拿出降落伞玩游戏。"这吓坏了他们。"米切尔说，"他们不肯待在降落伞附近，只愿意坐在我身上。"某些团体活动现在并不适合你的孩子。

做出改变

如果某个孩子偶尔离开团体或暂时不感兴趣，或者某个旁观者在场外观察，这都是正常的，但是，如果整个团体都显得焦躁不安或觉得无聊，那就另当别论了，这可能表明团体活动并不合适。要寻找原因。首要的原因包括：（1）团体活动时间太长；（2）团体活动不适合这个年龄（见**法则 12：在围圈时间取消日历**）。

家长在选择学校或班级时要评估团体活动。不需要让孩子练习坐着听成人说话。幼儿主要通过实践来学习，因此，在寻找学校或班级时要找个明白这个道理的老师。老师要留意团体向你发出的信号。你选择的课本可能很无趣，或者你安排的活动可能无法吸引他们的兴趣。这不要紧。"如果这种事不断发生，那我就知道，我做得不对。"某个幼儿园老师说。停下来想想看。你可能只是在按照成人的思维行事。

好的团体尊重个体的需要和感受。退出团体活动的孩子可能需要合理的休息。

应该说的话

<u>发现恐惧</u>

你在担心什么事情吗？
你不喜欢什么事情吗？
你担心别人会伤害你吗？

这间屋子很吵。你可以堵上耳朵。

接纳特立独行者

特萨现在不想跳舞。

我知道，小朋友有时候要慢慢来。

我知道，小朋友有时候心情不好。

你不必这样做，但是我们会这样做。

你现在不想这样做。我知道小朋友可能改变主意。

如果等会儿你的感受发生变化，你可以回来。

你可以改变主意。

保护团体

你可以坐着观看，或者可以安静读书。

到窗子那里去，以免被别人撞到。

如果你想站着，那就站在后面，这样其他孩子都能看到图画。

我现在不能陪着你。我得照顾其他孩子。

你现在不想听这个故事。

你不必待在这里，如果你想待在这里，那就坐下来。

你现在似乎很想说话，那到隔壁房间去吧。

你不必唱歌，但你不能吵闹，影响大家唱歌。

当我们大家都在读书的时候，这样做会让人分心。

你现在不能和雷利说话。她想听故事。

你可以和斯蒂芬妮女士说悄悄话。

你可以做些什么事呢？

邀请并接纳

你现在想加入我们吗？

你想牵着我的手吗？

如果你愿意的话，我可以站在你身边。

你想和我坐下来吗？

马克斯正在桌旁观察大家唱歌，跟他打个招呼。

你喜欢唱歌吗?

你随时可以加入我们。

避免说的话

每个人都必须这样做。

不许反对我!

你没有别的选择。

马丁!我看到有人不肯合作。

我不管。你必须这样做。

不要犯傻。她无法伤害你。

没什么好害怕的。

所有其他孩子都在这样做。

他不服从命令。

她不听话。

你的儿子不听从教导。他可能有学习障碍。

你的角色

有些人天生喜欢团体,有些人天生喜欢独处。我们可以同时尊重两者。家长需要考虑如何支持自己的孩子并在同时尊重团体。

如果你是个老师或团队领导者,在权衡团体和个人的需求之时,要反思你自己的偏见。你可能渴望安静和秩序,偏爱讲故事之类安静的团体活动。相反,有些团队领导者则会偏爱那些吵闹并喜欢运动的孩子,但忘了许多孩子喜欢团体唱歌和讲故事。应该接纳各种气质的团队和个人。集体感是大家齐心创造出来的,不能诉诸强迫。

第五部分
悲伤、同理心与不幸

教育是社会的灵魂,因为它会世代相传。

——G. K. 切斯特顿

法则 14 不要删除书本中的食人巨妖

我的儿子将我眼中的"垃圾"书带回家来。我不在乎劣质的装订封面,只关心其中的内容。这本书本该讲述《四眼天鸡》的故事,但它并不是。

古老的《四眼天鸡》讲的是,某只傻傻的小鸡被橡子砸中了脑袋。这只小鸡遽然断定天空塌了下来,并跑去告诉国王。在路上,它说服其他鸟儿加入它的队伍,并遇到了远比它们机灵的狐狸,狐狸将它们都给骗了。故事的结局很恰当:狐狸吃上了美味的晚餐。

在我儿子买的这本书中,结局很不妥当。不仅小鸡活着,而且它与狐狸和所有其他鸟儿朋友坐下来分享晚餐。故事变得极其贫瘠乏味。

当我告诉扎克传统的结局之时,他喜欢这个结局。优秀故事能让读者感到满足,结局——幸福也罢,伤心也罢——都很恰当。这是人类故事讲述的精髓所在。

"叛逆"的原因

> 要给孩子们讲伤心故事。他们需要倾听各种故事，以便与他们的各种不同感受产生共鸣，而不仅仅是"此后过上幸福生活"的故事。

在我5岁的时候，我的姑姑给我寄了封信，信中有张明信片，上面有个小女孩的墓碑。"现在，我要告诉你小佩尼洛普·布思比的故事。"她写道，"可怜的小佩尼洛普只有5岁就死了……"她谈到了佩尼洛普的生活，并在结尾时说："这个故事不令人伤心吗？"佩尼洛普死于200年以前，我将她在墓碑上的凄凉模样盯了几个小时。收到这种信让我感受到了信任和尊重。特别是这激起了我的兴趣，因为这个故事的结局并不幸福。

许多最优秀故事的结局并不幸福。在《夏洛的网》《红气球》《卖火柴的小女孩》等经典儿童读物中，主人公都死了。在孩子看来，主人公是否是蜘蛛、气球或人并不要紧；主人公生活过，爱过，其死亡是深刻的。这些故事触动了我们的心灵。

在孩子的生活中，伤心故事具有其价值。恐怖故事也是如此。伤心的结局会触发我们的同情心和悲伤，而食人巨妖和穴居巨人等可怕人物让我们的主人公成为可敬的对手。如果没有有趣的坏人，哪里还有喜悦和"接下来会怎样"的疑问呢？大多数时候，主人公都应该获胜。但是，如果有必要的话，在故事中，有时候必须让狡猾的狐狸获胜。

大多数儿童故事的结局都是"此后生活得很幸福"。但是，有时候，更深刻的故事会谈到悲伤的话题，或者以悲剧结束。孩子需要这两者。

"叛逆"的好处

> 透过书籍，孩子可以放心地认识世界和自身的不快情绪。如果故事反映出各种人生经历，孩子会感到惊奇、同情和放松。

阅读很有趣！

我喜欢书籍和故事。我迫不及待地想知道接下来发生的事情。

这个人物完全知道我的感受。

哇，这个故事太伤心了。我觉得，我们的生活不会事事顺心如意。

如果你做些傻事，那就可能惹下大麻烦。

食肉动物会吃其他动物。

好人仍然可能遇到不幸。

有时候，人们和动物都会死去，即便你深爱他们。

这个故事和我以前的经历很类似。我很欣慰地知道，我并不孤单。

经历不幸的孩子仍然可以获胜。我能够找到同样的勇气。

为何有效

孩子们想要什么呢？"他们喜欢受到吓唬。"儿童作家罗尔德·达尔写道。"他们喜欢鬼魂。他们喜欢发现宝藏。他们喜欢巧克力、玩具和金钱。他们喜欢魔术。他们喜欢被别人逗笑。他们喜欢看到坏人面对可怕的死亡。他们喜欢英雄，并希望英雄获胜。"

达尔知道，孩子们非常在乎公正。恶毒的巨人应该生活在洞穴中，吃怪物黄瓜。穴居巨人应该回到岩石中或死掉。如果懒惰且忘恩负义的动物分享小红母鸡的面包，那是不公平的事情。

在幼儿的眼中，世界非黑即白。众所周知，他们会坚定地支持同伴反对不平之事或可怕的敌人。皮亚杰和其他人阐释了儿童的道德发育阶段，认为我们的人生观就是从这种非白即黑开始的。至于穴居巨人饱受折磨的灵魂，这种微妙的寓意我们应该讲给青少年和成年人听。孩子的思维和心灵具有不同的需要。

我们在早期阅读的故事必须要引导孩子热爱书籍。心理学家知道，人类大脑天生就对故事感兴趣。我们有义务分享好的故事，这些故事或引人入胜，或吓唬孩子，或逗他们发笑，或激发好奇心，或分享新的看法，或增加敬畏感，或触动人类的深层情感。哈佛大学的进化心理学家史蒂芬·品克说，故事有助于学习并帮助人们在社交场合建立人际关系。如果故事总是很开心或被理想化，就会减少孩子的学习机会。故事确实会让我们沉浸其中：我们的大脑如何对故事中的情绪做出反应，它就会对现实经历做出同样的反应。心理学家将其称为"叙事传输"(narrative transport)。如果孩子们听到各种故事，这有助于他们了解各种人类体验。

正如一位叫玛丽·霍华斯的作者在捍卫童话时所指出的："我们常常害怕承认，孩子的生活中既有光明的感受，也有黑暗的感受，她也需要表达和发泄这些感受。她怎能知道，人类上千年以来都在体验所有这些同样的感受？"

如今，讲述给幼儿听的故事的结局越来越幸福。图画书中消除了冲突，改变了结局，让愚蠢、残忍、真正的坏人获得了自由。姜饼男孩再也不会老是被狐狸吃掉了——有时候，他只是被河水打湿了。现在，小红母鸡会和那些粗暴地拒绝帮助她的动物们分享她辛辛苦苦挣来的面包。在许多新版的《三只山羊》中，有个版本甚至将穴居巨人变成了花儿。

在我们改编书籍的同时，我们又用画面视觉效果和暴力来增强儿童电影的效果。这与我们需要做的事情完全相反。阅读书籍——或大声朗读——是让孩子在安全的地方探索各种想法。"儿童会想象他们能够做哪些事情，"幼儿学校的联合主管苏珊·罗西格诺说，"他们会想象可怕的蜘蛛，但没有电影节目中的蜘蛛大。"电影镜头切换得很快，它会闪现强烈的视觉形象，是不可预测的。孩子此时无法做主，它不能决定情节的发展或快慢。

与此相反，书籍是静止的。可以根据个人的节奏来阅读。通常会由可靠的成人来阅读故事，引导其情节的发展。你可以停下来说话。如果情节变得很可怕，成人读者可以改变语气，或合上书本。

许多针对儿童的伤心故事都与死亡有关。在《夏洛的网》中，可爱的蜘蛛夏洛死了；在《再见了，小老鼠》中，孩子的宠物鼠死掉了。专门研究儿童道德生活的精神病专家罗伯特·科尔斯提醒我们，孩子们需要探索死亡这个重要的话题。与死亡有关的伤心故事让孩子了解到人生的短暂和生死循环，这些故事早在孩子三四岁时就能引起他们的兴趣。

伤心故事有若干种类型。有的故事结局美好，但涉及很痛苦的话题，比如父母的离婚或死亡、贫穷、酗酒或虐待孩子。斯沃斯莫尔学院的儿童作家与语言学家丹纳·琼·纳珀尼说，所有孩子都需要倾听这些痛苦的故事，但原因各不相同。拥有幸福童年生活的幸运孩子需要了解其他人的生活。"在书中，你能深入他人的内心。"她说，"你能学会体谅。体谅是文明的基石——让孩子学会体谅的最安全方式莫过于阅读。"那么，其他孩子呢？

书籍可以成为生命的支柱。经历不幸——贫穷、虐待、丧失亲人、父母酗酒——的孩子能够与悲伤故事中的人物发生共鸣。如果这些孩子发现他们并不孤单，这能够改变他们的人生。

"儿童作家不能盲目编造幸福的结局。"

——纽伯瑞奖获得者理查德·培克

 **摘下成人的有色眼镜**

我们都希望孩子生活开心。但没有人能够始终开心。作为人类，我们每天会感受到各种情绪。身为家长，我们有义务教导孩子学会如何面对各种各样的情绪。可以利用书籍和故事，它们能创造奇迹，帮助孩子们培养体谅能力，学会面对恐惧和困难。我们忍不住会想象"四海皆兄弟"的大同世界，但孩子们需要了解能够吸引其心灵的故事，即便这些故事有时结局很悲伤。孩子们需要感受到难过情绪，也需要体验到惊恐。需要阅读结局并不完美的故事。悲剧故事、挫折和荒唐的人物在孩子的世界中应该占有一席之地。

结尾悲伤的故事

幸福感是相对愉快的情绪。但悲伤呢？故事也让我们有机会面对悲伤，而且以更为安全的方式这样做。小小的美人鱼死了，变成了海上的浪花，但这没有直接发生在阅读这个故事的孩子身上。它发生在不同的层次上，比如孩子失去了安全毯或某个朋友伤害了他。不幸的结局让孩子可以安全地表达自己的悲伤。

"希望结局幸福是成人的做法，"幼儿学校的前主管简·瓦特斯说。"我们想逃避不快的感受。这涉及危险和情绪。"

孩子们尤其能接受有关其他孩子的故事。我的儿子扎克听我讲过某个已故小男孩的真实故事。"再给我讲讲那个嘴唇发紫的男孩。"某天，他在晚餐以后说。他在深深地思想这个素昧平生的小男孩，这个故事让他变得更体贴，更富有同情心。

凯瑟琳在成长过程中知道，她的"天使哥哥"萨姆森在她出生之前死于白血病。萨姆森曾经是这个家庭的一员，也是这个家庭故事的一部分。她的父母设法保持平衡，既给她讲述萨姆森之类的伤心故事，也给她讲述充满希望、欢乐和可笑的其他故事。

故事直指人类的心灵。我们希望孩子生活开心，但孩子不只是需要幸福，他们需要的更多。如果我们有勇气向他们讲述悲伤的故事，我们也是在尊重他们。

寻求正义

孩子们需要乐观、希望和幸福，但这不应该成为他们全部的精神食粮。

尤其是，如果孩子拥有稳定而幸福的生活，此时，洞察他人的生活会赋予他们新的视角和同情心。故事也可以唤醒孩子内在的正义感。如果孩子首次听到安徒生的《卖火柴的小女孩》的故事，他可能会想："天哪，有些人没有鞋子穿。我不想那样卖火柴。我不相信没有人帮过她。如果我遇到她，我会帮她的。"

这类悲伤故事通常会激起义愤和改变世界的愿望。它们是我们给予孩子的有力工具（见**法则16：分享不公平的历史**）。

在小时候，我从不喜欢谢尔·希尔弗斯坦的《爱心树》，但我翻来覆去地阅读它，因为它让我感到困惑。这就是神话的力量。悲伤故事会困扰我们，促使我们去了解其中的原因。我们想要改变那个男孩：有些人直到年老以后才能意识到自己人生的错误，有些人（也许就是家长？）就像那颗爱心树，始终在不对等的关系中付出太多？悲伤故事能够唤醒孩子的批判性思考能力，指出问题所在（付出太多的树木、目光短浅的男孩），并激发我们消除它的愿望。

我知道，就像许多孩子，我以前常常改写这个故事，让那个男孩更懂得善待那棵树，欣赏她，我希望那棵树坚强地站起来。不妨让孩子们改写不幸的结局，对儿童的道德发育来说，这完全是正常的。

伤心故事能提供安慰，唤醒同情心。

虚假的友谊

故事常常会受到扭曲，营造出人人都是朋友的错觉。不吃姜饼男孩的狐狸，和身边懒惰的小动物们开心地分享自己辛苦挣来的面包的小红母鸡……这些结局迎合了成人的欲望：每个人都和睦友好，心地善良。

诸如此类的虚假画面不能欺骗孩子。他们会完全失去兴趣。优秀的故事会触动人类的内心深处，不管它是欢乐、惊奇或悲伤。优秀的故事能带来满足感。

愚蠢的人物会承受鲁莽行为和盲目轻信的后果。想想比阿特丽克斯·波特的母鸭洁玛和彼得兔。和其他主角不同的是，他们没有被狡猾而饥饿的狐狸吃掉，但洁玛孵的蛋被吃掉了，彼得兔失去了大衣、鞋子和纽扣。

当然，不必让每个故事的主人公最终都死去，但这样的故事尤其具有吸引力。当狐狸逮住姜饼男孩时，孩子们会非常感兴趣。这也符合现实。狐狸吃掉猎物是自然而然的事情。这个故事让孩子们意识到了愚蠢的后果。

可怕的故事

在万圣节前夕，我从图书馆中借来了《沉睡谷传奇》。可怕的无头骑士太有趣了，但我的孩子们还没听过这个故事，因此，我迫切地想和他们分享这部美国经典。

回家的路上，我大声地朗读故事，而孩子们则盯着书中的图画。故事读到中途时，我停下来了。这个版本的结局是怎样的？当邪恶的骑士扔出南瓜以后，仙鹤伊卡博德（Ichabod Crane）还是会死吗？我记得原版的结局很可怕：只有可怜的伊卡博德的帽子留了下来。这个版本会改写故事以便保护孩子美化结局吗？幸好，它仍然忠实于原版内容。

如今，穴居巨人、食人巨妖和无头骑士仍然出现在故事中，因为它们自有其价值。首先，故事中的怪物让故事变得更有趣，要想孩子热爱阅读，这尤其重要。可怕的怪人制造了悬念，因此孩子们会追问："接下来呢？"

坏人也制造了巨大的障碍。在《三只坏脾气的小山羊》中，住在桥下的巨人是个有益的反面角色。孩子们知道，粗暴可怕的巨人可能会挡住道路，但只要具有韧性和机智，即便巨人也能被打败。在《蜘蛛安纳西》《兔弟弟》《罗宾汉》等许多更复杂的故事中，都有个聪明的反派失败人物。

4岁的艾娃是个胆小的孩子。她会避开喧闹的游戏，很容易被吓着。当她倾听别人讲述《彼得和狼》的故事时，她会捂上耳朵，但她仍然想听。彼得的故事吸引了她的兴趣。随后的几周里，她开始在游戏中模仿《彼得与狼》中的内容。她为狼布置陷阱，挖好洞，然后套好绳索。通过模仿故事并玩捉狼的游戏，她化解了自己内心中强烈的恐惧和情绪。

故事以安全的方式让孩子们面对恐惧，培养适应能力，增强勇气。孩子们在现实生活中需要面对各种怪物：衣橱的阴影、窗外的雷雨、社交恐惧……这些恐惧都是正常的，也都极其真实。讲述与恐惧相关的故事能够帮助孩子们面对自身的恐惧，并开始化解它们。

大多数孩子都喜欢受到吓唬，但不要过分惊吓他们。恐惧故事隐藏着危险,许多孩子喜欢这种感受,也乐于从中获得胆量。成人往往会在万圣节前夕摒弃这些恐惧故事,但孩子们整年都在寻求那种刺激。

试试这个——加进你的工具箱

寻找童话故事和民间故事

许多悲伤而可怕的儿童故事来自民间故事。无论是俄罗斯的芭芭雅嘎(Baba Yaga),还是西印度和西非神话中的安纳西(Anansi),或亚洲的魔王罗波那(Ravanna),当孩子们阅读令人开心的优秀故事之时,他们同时也会获得一点点文化意识。你可以改写这些故事,回避种族主义或大男子主义的语言,但童话和民间故事之所以经久不衰,恰恰是因为它们具备丰富的阅读价值。

阅读不同版本

向孩子提供不同版本的故事。如果在你手头的《三只小猪》中,小猪最后和狼成了朋友,只管阅读它,但同时寻找其他版本,比如:狼掉进火坑中并被烧死,或者狼在炖锅中扑腾,尾巴发出呜呜声。问问孩子最喜欢哪种结局。他/她的回答可能会让你感到意外。

不管你自身的家庭背景如何,要尝试阅读各种版本的流行故事,从不同角度来讲述故事,比如《三只小猪》的西班牙版《三只小野猪》;美国黑人版的灰姑娘故事《猫姑娘》(Catskinella)。这些故事跨越不同文化,却具备共同的主题。

消除可怕图画

3岁的夏洛特讨厌家中的童话书籍。书中的图画吓到了她。即使妈妈将它塞进壁橱里,这还是不行。书中的图画仍然让她害怕,她希望这本书从家中消失。

图画有很大的影响力。即便你的孩子间或会喜欢恐怖故事,但图画可能仍然让她受不了。让孩子们接触可怕图画或电影可能会让他们更加害怕,因为视觉刺激过于强烈。害怕看电影的孩子通常喜欢看书。大声朗读故事（而不是看书）能够淡化那些恐惧的情节，让孩子们感到更加安心。

关注情绪

如果你想讲个悲伤或可怕的故事，先要提醒你的读者。"这是个悲伤的故事。你想听吗？""这个故事有点可怕，但我知道结局很美好。"或"有些小朋友认为这本书很可怕，但它是我最喜欢的图书，如果你不喜欢，我们随时可以停下来。"

在讲故事的时候，你是书籍和听众之间的桥梁。由你来决定自己的语气。你可以采取平静的语气阅读悲伤的情节，或者，你的语气可以饱含深情。你可以用可怕的腔调大声阅读，也可以缓和紧张气氛，降低声音。

无论采取什么方式阅读，都要留意孩子的情绪。这些情绪都很真实，即便故事中的人物是虚构的。

在听到《夏洛的网》中夏洛死掉以后，我 6 岁的孩子会啜泣一个小时以上。我将他抱在怀里，轻轻摇来摇去。"为何夏洛必须死呢？"他哭着问。我回答了他的问题，但不是在当时。有时候问为什么只是在表达忧伤。当他不再感到那么痛苦之时，我们会谈起夏洛和难过情绪。"难过不要紧。"我告诉他，"每个人有时候都会觉得难过。人们难过时会有人关心他们。我会关心你。"然后，我们谈到，蜘蛛的寿命比小猪短，小猪的寿命比人类短。我们也谈到了人类在悲伤时的举动：哭泣、依偎在亲人身边、将毯子裹在身上、倾诉感受和事情原委，以及吃东西。当我抱着他吃面包圈的时候，我会感谢《夏洛的网》的作者怀特。不仅因为他触摸到了我孩子的灵魂，更因为他让他有机会练习如何面对铺天盖地的悲伤情绪。

了解你的听众

如果你的孩子极其敏感，或容易做噩梦，你要体贴他们。有些孩子完全忍受不了可怕的故事，其他孩子偶尔愿意听听，但不是在睡觉时间。可以将时间选在白天，并要在白天留下充分时间来消除他们的情绪。

不要强迫孩子听故事或看图画。敏感的孩子可能有不同的需求。要了解孩子的气质，帮助她感到舒心。

应该说的话

是的，很让人伤心，不是吗？
多么令人伤心的故事。
有时候，书中的故事令人伤心。
有时候，现实生活中的故事令人伤心。
我也希望她没有死。
我不知道故事结局为何是这样的。

这个故事有点可怕。
你想听情节可怕的故事，还是不太可怕的故事？
如果你愿意，你可以堵上耳朵。
我们将这张图片遮起来吧。
什么情节让你感到不安？
这本书太可怕了。我们将它藏起来吧。

避免说的话

没啥可怕的。
并不可怕！
你当然会喜欢它。
别犯傻了。就是幅图片，不会伤害你的。
我无法相信，你害怕那个东西。
要像个男子汉。
你不应该那样想。
不要那样说起伤心事儿。
我绝不会让那种事发生在你身上。
别担心。

你的角色

我们讲述的故事内容归根到底源于主观的判断。你最了解自己的孩子,也最了解他目前的需求和恐惧。在每个年龄段都要乐于讲述各种各样的故事,但是,某些故事最好留到孩子更成熟以后再讲。要信任自己。

| 法则 |
| 15 | **应对新闻灾难**

3岁的杰伊准备利用他的玩具飞机再次发动攻击。"9·11"袭击事件刚刚过去不久,杰伊就在客厅里用积木搭建塔楼,然后踢翻它们。嗡嗡!嗡嗡!杰伊的玩具飞机再次撞到了塔楼,积木散落在地毯上。这种事情发生在全国无数的家庭和学校之中。

有可能,你的孩子并没有留意成人关注的大部分新闻。这不要紧。但有时候,灾难特别严重,以至于年幼的孩子也能留意到。要谈论这些感受,让孩子拥有安全感。

"叛逆"的原因 -

即便年幼的孩子也知道许多重大新闻事件。如果我们承认灾难并谈论自己的感受,孩子会感到更安全。

- -

花斑虎丹尼尔很担心。丹尼尔是电视节目《罗杰斯先生的街坊四邻》中的木偶,他问他的朋友阿伯林小姐:

"暗杀是什么意思?"

阿伯林小姐没有立刻回答。相反,她反问这只小老虎:"你今天经常听到这个词吗?"

"对,我不知道它是什么意思。"丹尼尔回答说。

"哦，它的意思是，有人被杀了，意外被杀了。"

"这种事已经发生了！"丹尼尔不安地惊呼道，"那个人杀死了别人。"

当时是 1968 年，在罗伯特·肯尼迪遇刺以后不久，弗雷德·罗杰斯制作了这个在黄金时间播出的特别节目，以便消除孩子们的恐惧。

弗雷德·罗杰斯非常了解孩子们，他不担心他们最深的恐惧和情绪。害怕是正常的，困惑或愤怒也是正常的。

可以谈论各种感受，从而给予孩子们安全感。孩子不需要了解世人承受的每种灾难，但是，当灾难主宰了成人的交谈、思考和情绪之时，孩子们早已知道出现了问题。要消除她的疑惑，帮助她克服复杂的情绪，并借此来尊重她。

必须记住：

孩子们知道，成人何时感受到了悲伤和恐惧。
孩子们（即便是非常年幼的孩子）了解的东西超过我们的想象。
孩子们通常知道何时发生了重大新闻事件。
孩子们可能会掩饰悲伤或害怕情绪，认为这些情绪不好。
孩子们有恐惧和疑问。最好是面对它们。
悲剧可以促进亲密感、体谅能力和善举。

在我读小学的时候，三哩岛核泄漏事故吓坏了全美国人民。我当时 9 岁。我的老师取消了当天的教学计划，冷静地向我们解释发生的事情。她在黑板上用粉笔画出示意图，回答我们的每个问题。我已不记得当时的细节，但我还记得当时的感受：感激。我很感谢有人花时间来解释这件事情。我的老师并不知道全部答案，但这并不是最重要的。有成人在负责。知道人们在努力解决问题并确保它不会再次发生，这就足够了。她的风度让我感到安心；她缓冲了来自世界的压力。

当灾难发生时，孩子需要从你这里得到什么呢？你不必知道所有的答案。

- 你需要和往常那样，做个从容而善良的人。
- 你需要提供诚实而简单的信息。
- 你需要接纳各种情绪。
- 你需要在场。花时间陪伴他／她。
- 你需要表明善意，并设法给予帮助。

"叛逆"的好处

我们可能希望永远不会发生灾难和悲剧，但对于世世代代的人们来说，它们都是现实。即便可怕的事情也能给孩子带来祝福：

我可以消除恐惧，哪怕是极大的恐惧。

我可以和家人谈论任何事情。

这不是我的过错。

我觉得很困惑。这不要紧，困惑感是正常的。

最好是直接化解冲突。我无须诉诸暴力就能解决自己的问题。

我希望它不曾发生，但帮助他人令人感到很愉快。

我可以帮助他人。

为何有效

当美国向波斯湾派遣轰炸机时，马克斯、赛特和基兰（他们全都4岁）都将胳膊张开，装成飞机在教室里飞翔并扔下炸弹。"你们怎么看海湾战争？"老师问。"我们喜欢它！我们喜欢飞机。我们喜欢隐形轰炸机。"他们大叫道。

孩子们的反应可能不代表我们成人。这不要紧。你可以表达自己的情绪，但不要论断他们的情绪。心理学家劳伦斯·夏皮诺说，小学年龄段的孩子似乎什么事都不在乎。这个年龄或更小的孩子在情感上还未成熟。即便他们大致知道当前发生的事情，但他们并没有真正了解。不要试图改变孩子们的游戏，相反，可以公开讨论这个话题，消除错误信息。当战争结束时，这三个孩子表现得同样开心："战争结束了！真好！战争很可恶，因为死了那么多人。"

年幼的孩子可能也会对当前发生的事感兴趣，但他们的关注很有限。在龙卷风袭击中西部以后，梅根和两个孙子来到地下室，用木偶戏表演龙卷风灾难。他们最初喜欢这个游戏，但不久尼克就说："我的狗狗在吃草。"这个信号表明他玩够了，他想玩其他游戏。

如果孩子经常在电影或视频游戏上看到暴力场景，他们就可能会对现实生活中的暴力感到麻木不仁。他们可能不了解事情的意义，真实生活中的人们被杀害之时尤其如此。"不要保护过度。"夏皮诺建议说，"让他们知道这是真实的。悲伤和担忧都是正常的反应。要以身作则，不要让他们无动于衷。"要让他们见到你的爱心、悲伤和愤怒。

《情商》的作者丹尼尔·戈德曼说，情商包括能够应对压力和逆境。当可怕的事情发生以后，我们想要保护孩子。我们习惯于认为，灾难是成人们的事情。在某种程度来说，这是对的，但是，问题在于，大多数孩子知道何时发生了重大灾难。他们会在有意无意中听到成人的谈话。即便你在家中关掉电视，孩子们还是会从同龄人那里得到正确或错误的信息。换句话来说，孩子们知道的东西可能超过你的想象。因此，你的沉默和消极无为才是值得担心的。

但它太可怕了！我们说。我的儿子会做噩梦。我的女儿会认为所有人都是坏人⋯⋯"真相并不可怕。"夏皮诺说。孩子们能够适应压力。他们可能会感到难受，但不是源于真相。重要的是表达相关情绪，并用简单事实予以陈述。"发生了可怕的公交撞车事故。非常令人伤心。"正如弗雷德·罗杰斯提醒我们的："可以谈论的事情都可以得到控制。"

孩子们可能还怀有某些独特的恐惧。最常见的是："谁会来照顾我呢？"以及"这件不好的事情是我的过错造成的吗？"你可能认为孩子还不知道当天的灾难，但她可能认为这是因为她泼出的牛奶造成的。最好是让孩子将这些情绪和恐惧公开表达出来。

罗杰斯先生"关注帮助者"的建议已成为面对灾难时安慰孩子的标准做法。关注帮助者能够带来希望和乐观态度，让孩子们达观开朗。要寻求帮助者。要表达出自己的悲伤和担忧，并采取行动加入帮助者当中。这对所有人来说都是最有力的安慰。

 **摘下成人的有色眼镜**

你可能认为她太小了，但很有可能，即便 3 岁的孩子也听说了重大新闻事件。不要回避这个话题。要问：你知道什么？要关注她的恐惧，这会让孩子感到平安和安全。她会根据自己的理解能力来吸收信息。灾难通常会让成人们感到困惑，也感到矛盾。有些事情很难做出解释，因此，不要担心你不知道所有答案。这并非孩子最需要的东西。要关注事实和感受。允许孩子提出棘手的问题，并让她表达愤怒、悲伤和恐惧，这样，你就给予了孩子最大的安慰。

感到安全 vs 确实安全

"妈妈，你会死吗？"

我的奶奶回答这个问题的时候，她通常会说："会，亲爱的，但今晚可能不会。"

在平息孩子的担忧之时，我们常常忍不住会说："别担心，宝贝，这种事绝不会发生在你身上。你没事的。我不会让任何人伤害你。我始终都会照顾你。"这种话平息了未曾解答的大问题，但它可能催生新的恐惧。幼儿非常聪明，知道即便成人有时候也无法阻止糟糕的事情。

人世无常，你无法给予绝对的安全，因此，不要做出虚假的保证。而且，她也不需要它。关键是在诚实和安全感之间寻求平衡。如果我们倾听孩子的感受，给予她真实的答案，并让她有机会表达自己的感受，她就会感到安全（参阅"**法则 1：安全其次**"中关于安全和风险的详细内容）。

如果孩子们感到安全，他们就会茁壮成长。他们需要知道真相。我们都会死去，无论我们的愿望多么强烈，我们都无法担保孩子或我们本人安全无虞，但我们能营造安全而充满信任的环境。安全来源于安全感。我们可以帮助孩子感到安全，并在同时告诉他们某些痛苦的真相。

> 安全来源于安全感。

技术导致影响加剧

要明智地选择告诉孩子哪些灾难，以及如何告诉他们。视觉形象往往尤其生动，因此，要限制孩子接触视觉媒体，尤其是电视和视频。孩子们可能很难忘记视觉形象。而更好的做法是讨论令人不安的事情。当孩子们听到而非看到灾难以后，他们会根据自己的理解能力来严肃地想象这件事情。

技术加剧了生活的步伐。无论在家中还是在校车上，越来越多的孩子都在接触他们无法理解的图像。要过滤外界信息。尽量进行限制，并不时观察孩子，看看有什么东西在困扰着他们。

当前事件

就像面对残酷的历史，要将新闻与孩子联系起来，以便面对当前的事件（见**法则 16：分享不公平的历史**）。

在我 9 岁时，我的爸爸给我看《新闻周刊》的特别报道，里面谈到了全球皆知的红色高棉大屠杀。直到今天为止，我还记得，在众多成年的难民当中，有个 8 岁的男孩凝视着我。我立刻对他产生了同情。不仅因为他是个孩子，也因为他同样戴着眼镜。高棉军人对任何戴眼镜的人都格杀勿论，因为它正在驱逐知识分子。这个小孩子害怕别人看出他脸上的眼镜压痕。我想要帮助他，并且很欣慰地看到他当时安全无事。人的同情心因为某种联系而增长。

今天的新闻中铺天盖地的都是中东的动荡局势。要对新闻有所选择，以便培养孩子的历史观。如果你想讲述当前事件，那就关注新闻中的孩子们，强调同情心和安全感。"这个孩子活在战乱的国家。为了保全性命，他和家人背井离乡，来到新的国家。"

如果当前事件直接影响到某个孩子——发生他/她所在的州或国

家——那就务必要了解她的恐惧，回答各种问题。例如，警察虐待非白人居民的新闻可能会唤起孩子本人的恐惧，促使孩子大喊："这不公平！"记住，如果她年龄大到可以提出问题，那么，她也足以接受诚实的答案。

要有选择性。你分享的内容可能会产生巨大的影响。与了解历史不公来说，了解当前事件更容易让孩子感到恐惧。正如金·约翰尼·佩恩在其著作《简单育儿》中所说，我们可以"过滤成人的世界"，以此来减少孩子的压力。

校园枪击

如今，电视"谈话"节目不仅仅涉及性。它涉及许多话题，包括校园枪击事件。

校园枪击事件仍然很罕见。从统计学上来讲，这绝不会发生在你的孩子身上或你所在的社区。然而，学校惨剧值得单独谈谈，这是因为，和其他灾难不同的是，即便最幼小的孩子也知道学校是孩子们待的地方。这些灾难很罕见，但与孩子的生活密切相关。

在谈到校园——孩子天天去的地方——发生的悲剧之时，务必要让孩子正确看待这件事情：它很罕见，就像被雷电击中那样。有时候人们确实会遭受雷击，但这绝不是说我们不应该外出。我们会外出，但我们也会设法保护自己的安全。

大多数成人都认同，我们不应该用校园枪击案来吓唬孩子。事实上，即便是3-4岁孩子所在的学校也会进行安全防暴演习。就像龙卷风演习和火警演习，这些演习可能会让幼儿们感到害怕，产生恐惧和焦虑感。你可以采取如下方式讨论这种事情：

我们在进行火警演习，万一有火灾我们好知道如何应付。我们离开大楼，走到外面。

我们在练习安全防暴演习（或躲避演习），万一有其他危险时我们好知道如何应付。

如果有坏人在附近，我们可以采取防备措施，保护自己的安全。

在安全防暴演习中，我们会锁上门。我们躲在避护所里，保持安静。

安全防暴或躲避演习旨在练习将人们转移到安全的地方。在这个过程中，无须惊吓孩子，剥夺他们的安全感。要了解孩子所在的学校是否会突然进行任何演习，其流程又是怎样的。

在发生新的悲剧以后，我看到互联网帖子上到处都是焦虑不安的家长，不知道如何保护孩子的安全。正确的做法是怎样的？弯腰躲藏起来？跑开？没有任何办法是万无一失的。相反，要关注孩子的感受，他们对于新闻的感受，以及对于演习的感受。

提醒孩子和自己：去上学不会有事的。如果我发现有危险，我就不会让你上学了。

自然灾难：地震、海啸、龙卷风等等

当飓风或龙卷风侵袭小镇的时候，人们必然会感到悲伤，但解释这种事也更简单。飓风无所谓善恶，仅仅是地理和天气造成的。

要告诉孩子，当地会发生哪些自然灾难，此外还有哪些自然灾难不会在当地发生，因此他们无须担忧。你们可以共同讨论，在遇到自然灾难时如何安全脱身。告诉孩子救难者会如何发送紧急信号，比如龙卷风警报。制定家庭逃生计划，并加以演习。知道如何应对——尤其是成人知道如何应对——会让孩子保持冷静。

利用这种机会来敬畏大自然的威力。要表露出尊重和敬畏感。找出地理或气候书籍，了解地球。即便自然灾难造成了严重的损失，它的威力仍然令人肃然起敬。在与孩子相处的时候，我们越是能够对大自然怀有惊奇感和敬畏感，孩子们就越能认识到，生活是不可思议的。而且，敬畏感和乐观精神有助于培养孩子的适应能力。

不要做出虚假保证。比如说："我会采取各种措施，我能够保证你的安全。"

适应能力

尽管我们真心希望，可怕的事情不要发生，但如果它们发生，还是能够带来很多益处的。

坦然面对灾难给我们带来的各种益处

- 家人和社区更加亲密团结
- 产生同情心和同理心
- 成为更热心的救助者
- 练习消除恐惧
- 练习消除负面情绪
- 有机会讨论无常和死亡
- 再次关注冲突调解工作
- 培养适应能力和抗压能力

每一代人都会面临灾难。当珍珠港受到轰炸之时，罗杰斯先生13岁。在可怕的二战中，他长大成人。我们不知道以后会发生什么。我们并不是生活在最糟糕的时代——悲剧和暴行贯穿于整个人类历史之中。我们也不是生活在完美无瑕的时代——灾难还在不时发生。

但在每次灾难中，孩子们的需要却始终没有变化。

灾难有助于我们关注最根本的问题：我在每天可以做些什么，以便让孩子准备好面对人生不可避免的困境和悲剧？乐观开朗的孩子充满乐观精神，能够消除痛苦的情绪。如果你教给孩子下面三种东西，你就已经在促进他/她的成长：(1)每天安慰孩子的各种情绪和表白；(2)引导孩子化解冲突；(3)在日常生活中帮助他人。

世界充满了良善，因此，我们能够共同应对各种困难。

试试这个——加进你的工具箱

孩子是个偷听高手。我们想要为孩子遮风挡雨，认为他们还太年幼，懵懂无知，但他们会在无意中偷听媒体言论和成人谈话。尽管他们可能不了解细节和原因，他们却能理解语气中透露出来的严肃和焦虑。

邀请孩子加入——询问他们知道什么

首先在孩子面前，问："你听到了什么？"或"你对此了解多少？"这让你有机会估量孩子对于事实和情绪的理解能力。孩子们常常不明所以，所以会提供一些奇怪的信息，因此要澄清谬误。如果孩子毫无所知或不感兴趣，那就打住话题。关键是邀请孩子加入谈话，但不要强迫他们。

尊重情绪

告诉孩子，感到悲伤、害怕或愤怒是正常的。这些强烈情绪是天生的，也是正常的。你可以说："我也那样觉得。我希望它没有发生。"接纳各种负面情绪，找到渠道来表达这些情绪。如果孩子产生报复欲望，那就说："你确实很生气。我们能够做的最好的事情，就是帮助他人。"

诚实地回答问题

措辞要考虑孩子的年龄，但是，在谈到复杂话题时，要告诉孩子真相。如果你不知道孩子是否能面对它，那么，此时的最佳法则就是：如果孩子年龄大到可以提出问题，那么，她也足以接受诚实的答案。

问："你想了解什么？"然后诚实地回答问题。"有人做了大坏事。他伤害了许多人，有些人死掉了。"不必提供太多信息（你可能会诱发新的恐惧），但务必回答他们迫切的问题。在继续谈话之前，要确保你已这样做了："我回答了你的问题吗？"

让他们把灾难玩出来

2011年日本地震以后，纳特和卡勒布（两人都5岁）假装玩地震游戏。他们用积木建了桥梁，将汽车放在上面，然后猛烈地晃动大桥，车辆纷纷坠落。

孩子们通过游戏来理解生活。要让他们有充足的时间自由玩耍，尤其是在灾难发生以后。如果孩子重现灾难或假扮坏人，不要担心。不要评判孩子的游戏或试图改变其游戏内容。然而，通过观察和提问，你可能会发掘出孩子新的恐惧。要让游戏自然发展。

限制视频时间，并关掉新媒体

当某个场景重播之时，幼儿们可能会认为，灾难仍然在发生或者在反复发生。重复能够加剧恐惧，妨碍健康的应对能力。当孩子在附近时，要关掉新媒体，尤其是电视和视频。

营造机会来释放情绪

要乐于花时间和孩子拥抱、共同散步、画画，或创作其他艺术、捏橡皮泥、向小溪中丢石头、快速奔跑，或通过其他方式来释放强烈情绪。孩子可能喜欢闹腾，比如跑跳、击打某些东西、喊叫，这也能释放情绪。只要陪着他即可，你从容的陪伴能够提供情感安慰。

寻求帮助者

关注那些灾难援助人员，比如消防员、医生、警察、捐赠食品或提供住宿的陌生人。这自然引出了下面这个话题。

采取行动

覆水难收，但你能够改变你的应对方式。应对时要充满关爱，举止充满善意。当我们感到无助之时，我们往往也极其愤怒，因此要学会自律。要采取措施帮助孩子。让孩子感受到你的帮助，最好是让孩子也参与进来。

灾难是不可避免的。孩子们可以认识到，坏事和伤心事有时会发生，但始终有人在设法造福世界。

喧闹的行为——比如跑跳、喊叫、击打什么东西——有助于释放情绪。

孩子可能的应对方式

提出许多问题，极感兴趣

立刻做出喧闹而显眼的举动

将灾难纳入游戏或故事当中

嘀咕或缠人

尿床、分离恐惧症或睡眠问题

做噩梦

漠不关心

孩子可能的行善方式

画画或寄明信片。

捐出存钱罐中的零花钱。

帮忙寄送捐赠的物品。

写个便笺，将钱捐赠给非营利机构。

参加祈祷或仪式。

口述写给新闻编辑的信件内容，讨论应该做出哪些改变。

参与家庭行动，以便帮助他人。

应该说的话

邀请孩子发言

你听到别人在谈论那件事情吗？

你对此知道些什么？

你想知道些什么？

你知道那个字是什么意思吗？

你对此有何感受？

回应

感到害怕和愤怒并不要紧。

产生那种感受（悲伤、害怕、愤怒）是自然而然的。

许多人都有那种感受。

有时候确实会发生很糟糕的事情。

我不知道原因。

我也很难过。

就是这么回事儿。

有个坏人试图伤害别人,有三个人去世了。

这个问题很可怕,人们正在设法解决它。

你希望这个故事的结局是怎样的?

我也是。我希望暴风雨不曾伤害到人们。

你可能会听到的话语

这件事会发生在我身上吗?我会受伤吗?

妈妈、爸爸和其他人会没事吗?

这件事是我造成的吗?

龙卷风会吹倒我们的房子吗?

枪手会来到我们学校吗?

乔叔叔的飞机安全吗?

帮助孩子感到安全

我会竭力保护你的安全。

我会照顾你的。

我不知道自己何时去世。但我会竭力保护好自己,这样,我就能陪着你。

我知道无数人在努力保护他人的安全。

我的职责是照顾你,保护你的安全。

在学校里,老师会照顾你的。他们知道怎么办。

适应能力

在我感到害怕时,不妨_____。

瞧,消防员和邻居都在帮忙。

世界是美好的,即便有些人在做坏事。

人们在帮助别人,这表明了他们的善意。

我们也去帮别人吧。

我打算这样帮助别人。你也想帮助别人吗？

人们收到卡片和图片后，他们会感到开心。

对于校园悲剧的回复

感到害怕是正常的。

新闻刚刚播报过这件事，但它极少发生。

世界上有时会发生可怕的事情，甚至会发生在小朋友身上。

去上学不会有事。

这种事情多半不会发生。

我知道你的学校已经演习过如何保护孩子的安全。

对你来说，学校属于最安全的地方。甚至比在车上还要安全。

如果我认为有危险，我就不会让你上学了。

避免说的话

不要担心。

没事儿的。

这种事绝不会发生在你身上。

你始终都是安全的。

我绝不会让任何人伤害你。

我始终都会保护你。

那种事情绝不可能在这里发生。

等到你长大以后，我们再谈那件事。

你的角色

透露多少信息和隐藏多少信息是个极其主观的事情。你了解孩子和她的气质。要知道，新闻会泄露出去，甚至年幼的孩子也会听到。如果你心存疑问，可以询问孩子知道什么。通常可以这样开启对话："你有没有听到人们一直在谈论这件事，而且这件事也让你感到焦虑不安？我可以回答你的问题。"无论孩子是高度感兴趣还是漠不关心，记住，他/她的每种反应都是正常的。你无须知道如何解答孩子的所有问题，只要乐于接纳她的各种情绪即可。

法则 16　分享不公平的历史

8岁的加比对妈妈说:"课间休息的时候我们会玩一个游戏,游戏的名字叫'奴隶'。"

原来,"奴隶"是孩子们编出来的游戏,玩的是如何让人获得自由。他三年级的老师在给他们读《问题不会持久》这本书,讲述的是某个男孩与地下铁路的历史。发明"奴隶"游戏是孩子们消化这类沉重信息的方法。白人小孩们和非裔美国小孩们共同玩这个游戏。有时候白人女孩扮演"奴隶",有时候孩子们则随机变换角色。

奴隶制。战争。种族灭绝。恐怖主义。这些是否能成为学前班和小学孩子讨论的主题?你可能认为:这可以等到中学或高中的时候再说。但孩子们很早就会接触到有关种族、战争和分歧的观点。要温和而直接。孩子们理解"公平"和"不公平",并且需要你做他们的向导。细心的大人们会给他们提供希望、背景和情感支持。

"叛逆"的原因

孩子们有深刻的公平意识,而且已经充分理解了不公平。从小时候就有这种意识。孩子们需要了解世界以及他们在其中的位置。

艾伦曾经很害怕希特勒会躲在她的床下或厕所里。她3岁时得知了希特勒的很多事情。她的父母特意分享了大屠杀的暴行，因为他们的部分远房亲戚曾经被关押在集中营里。到4岁的时候，艾伦去了大屠杀纪念馆，看见了集中营囚犯的图片。这些都让孩子难以接受。

6岁的科拉躺在床上，二战的故事让她感到心烦意乱。她9岁的姐姐在学校里学习二战史，而听到这些让科拉感到不安。奥巴马总统和他的妻子在他们的女儿"很小"的时候，就开始教她们了解非裔美国人的历史。一位知名博客作者汤姆·约尼说，孩子们需要"从母腹中就开始"学习奴隶制。

应该在孩子多大的时候教导他们了解群体不公正和它们与今天的孩子有何联系？多早算太早？如果吓着孩子，那就毫无益处。对于年幼的孩子（大约3-6岁），你只需要讲述简单的故事，简要介绍不同的文化，并安慰他们说，世界上充满各种各样的好人。年龄稍大的小学孩子可以开始接触更复杂的话题，但他们需要你陪伴在他们身边，做他们的向导。

了解人类历史会令人心绪难平。我们不能将其交给历史课堂。到了某个年龄阶段（因人而异），孩子们可能会被令人心烦意乱的历史事件搅扰。他们会感到愤怒、恐惧、悲伤、悔恨和内疚，心中五味杂陈，这是很自然的反应。我们无法改变不愉快的历史，但我们可以引导孩子们培养同情心。

我们需要谈及种族、种族屠杀、奴隶制、战争和贩卖人口等众多话题。孩子们应该按照他们自身的节奏和情感能力，逐渐接受人类的这些历史事实。从历史着手是安全的做法，因为当今的事情会让孩子感到更恐惧（参见**法则 15：应对新闻灾难**）。

要有选择性，并以孩子为中心。现在就开始，并随着孩子的成长逐渐增加难度。

"叛逆"的好处

当我们谈论困扰成人的问题和历史之时，孩子们会获得正面的自我认同、同情和同理心，甚至感到安全和轻松。不要害怕说真话。

我的家庭很棒。我的家人善良而坚强。

世界是美好的。

大多数人都很好。

面对不公平的事情，人们会试图改变它。

有些人受到非常不公的待遇。这不公平。

听到那个孩子的故事，我感到难过和生气。

我不会这样。我会善待他人。

我不知道成为别人会怎样。

这个世界充满了分歧。分歧并不是坏事。

某些家庭和我家不同，但它们都是正常的家庭。

事情会改变。以前的交战国现在都是朋友。

我可以跟家人谈论任何东西，甚至可怕或糟糕的话题。

知道是怎么回事后，我感觉好多了。

 **摘下成人的有色眼镜**

"但是他太小了……"我们都想保护我们的孩子，但更重要的是保护他们免于麻木和不宽容。谈论不公正的事情不会毒害无辜的幼小心灵。研究表明，对于重大话题保持沉默，往往会让孩子觉得困惑，无意中会使他们得出错误的结论。孩子们善于觉察到公平和不义。他们也渴望理解他们所发现的世界。我们可以温柔地启动这个过程。可以从儿童故事开始。了解人生中最大的问题需要付出终身的努力。

小孩子，大话题

7岁的卡登喜爱阅读《1912年沉没的泰坦尼克号幸存者自述》和《1941年的珍珠港爆炸幸存者自述》。他的妈妈将幸存者自述系列中有关"9·11"的那本书藏了一年，但到卡登二年级的时候，他发现了这本书，并贪婪地阅读起来。

有关死亡和毁灭的话题可能看似可怕，但孩子们渴望了解这个话题。我们担心孩子们的安全，但当他们理解了他们的世界之后，他们会感到更为安全。

当今的孩子都出生于"9·11"袭击之后。二战等重大的世界性事件已经成为更久远的历史。孩子们会听闻各种片段，但他们需要我们向他们解释那些严酷的故事。正如幸存者自述系列的作者劳伦·塔西斯在作者手记中所说的那样："我收到了上千封儿童来信，请求我著书谈论这个话题。在访问学校的时候，总有孩子举手问我，'你会写"9·11"吗？'……我很震惊，你们竟然对那个恐怖的日子感到如此好奇。"孩子、图书馆员和教师说服了她撰写有关"9·11"的简明书籍。她意识到孩子们为何渴望了解重大的世界性事件，甚至是难以形容的恐怖事件，并了解他们所处的世界。孩子们有强烈的求知欲。

我们不愿谈及的原因都是善意而合理的，其中包括：

我不知道该说些什么。我可能会说错。
我不想让他心烦意乱。他是个快乐的家伙。
如果我不提及种族差别，我的女儿也不会注意到。
应该尽量让孩子保持单纯。保护好他们的童年是很重要的。
他们会在学校历史课上了解这个问题。老师们会解释的。

勇敢些，要允许自己有时候犯错误。最大的错误可能就是根本就不谈论。

当孩子们了解某些故事并认为"不公平"的时候，
这就有助于他们理解世界，并培养出正义感和同情心。

为何有效

幼儿园和小学低年级阶段是孩子了解人类公平和不公平故事的绝

佳时机。即使孩子个人会有问题（为自己抢夺最大的饼干），他们也有敏锐的正义感，会抱怨历史和现实生活，会说："这不公平！"《这不公平》的合著者安·佩罗说，如果孩子们留意到其他人的感受，觉察到差异，并对不公平充满义愤，此时，他们就可以了解有关社会公正的话题了。

在童年阶段，道德感发展得非常迅速。心理学家劳伦斯·柯尔伯格和其他人描述了儿童的道德发展阶段，其中包括同理心的发展。与孩子选择性分享历史故事可以唤起同理心和道德义愤。"他们为什么不让女生去上学？这不公平。""他们为什么不让华裔美国人拥有自己的房子？这不公平。"

了解历史和当前社会与自我认同是密不可分的。我是谁，我如何才能适应环境？培养身份认同感是整个儿童期的主要工作，并在学龄前就开始了。

但是，不要让孩子们害怕现实生活中的坏人就藏在他们床下。只要为年幼的孩子提供足够信息即可。在孩子童年早期，要专注于你的家庭和他人的家庭，并了解不同的观点。当他们在七八岁左右进入"理性之年"时，孩子们就可以更多地了解世界，尤其是通过书本等安全途径来加以了解。

由于孩子们天生热爱公平，因此，我们可以在孩子的年幼阶段，培养他们对于正义和爱心的终身激情。

如果孩子理解他们所处的世界，他们会感到更安全。

从小开始

诸如有关性、死亡和其他敏感话题的讨论，从小开始能够给予孩子他们必要的情感支持，培养开放式交流的模式，并让孩子在面临棘手话题时可以向你求助。"想象这个话题对你有多重要。"教导孩子了解性和多样性等敏感话题的黛布·百列尔建议，"如果想要孩子最先从你这里听到这些话题，你就需要尽早开始。"

四五岁左右是开始的适当时机。此时，大多数孩子能够真正从他人的角度看待问题。来自多伦多滑铁卢大学的研究人员丹尼斯·奥奈尔和瑞贝卡·舒尔提斯发现，大多数3岁孩子尚无法理解故事，但较大的学龄前儿童可以揣摩故事中人物的内心世界。从他人的角度看待事物对于培养同理心至关重要。

很多童年早期项目在幼儿园采取反偏见教育。反偏见教育是由路易斯·德曼-斯帕克斯发明的，它包含四个部分：

1. **积极的自我认同**。对自己的身份和出身感到骄傲。
2. **社群意识**。欣赏我周围来自不同背景的人们。
3. **批判思维**。觉察并指出不公平事件。
4. **行动**。能够捍卫自我或他人。

这个话题是否过于严肃？"孩子们通常会根据自己的理解能力来吸收信息。"来自幼儿学校的简·瓦特斯说，"他们会想象自己能够理解那些信息，如果他们无法理解，他们会改变话题。"

着手培养公平感的年龄和话题内容取决于家庭的具体情况。你可以在幼儿园阶段开始谈论家庭差异以及身体差异，但要等到三四年级的时候再开始谈及种族灭绝。

历史可以帮助孩子

历史是孩子了解人类不公平的安全渠道。尽管它涉及若干悲剧，但孩子可以从历史入手，理解世界并培养公平感和同情心。

历史学习关乎情感和人类的关系，诸如奴隶制和战争之类的话题是课堂学习所力不从心的。孩子们想知道"人们怎么会这样做？""为什么？"孩子们需要与家人来慢慢地消除其情绪反应。

于12岁以下的孩子，你可能需要为他们筛选历史，但不要完全忽略历史。此外，孩子们的吸收能力超出了我们的想象。从我们出生时开始，我们就饱受历史故事的浸润。无论是通过观看《音乐之声》，吟唱教会的自由之歌，还是观察他们周围的生命，历史时刻都在塑造我们孩子的生命。

各种肤色的家庭

当我们探索历史的时候，不可避免地会遇到种族和民族问题，因此我们现在要谈谈偏见。

根据你的家庭背景不同，你可能已经开始进行这样的讨论，或者你还在犹豫不决。对于大多数有色人种家庭来说，良好的育儿包括教导孩子有关种族主义的问题，并帮助他们克服这个问题。对于大多数白人家庭来说，良好的育儿最终意味着"无视肤色"且不提及这个话题。

"我们从孩子出生之日起就教导孩子识别颜色和按颜色分类——蓝色球、红色自行车。"童年早期教育专家艾米丽·普兰克说，"然后，当我们发现孩子在留意那些肤色不同的其他人之时，我们却感到有些吃惊。"

研究表明：你得谈论这件事。威斯康星大学密尔沃基分校的非洲学教授艾林·温克勒说，白人父母担心，提起种族话题会毒害孩子的心灵，将差异和不公平的观念灌输进他们的心里。但婴幼儿就能区分肤色，孩子到5岁时就已经形成了很强的种族观念。年幼的孩子天生就会分类，喜欢自身所属的族群。在不谈论种族的家庭中，孩子们会自己得出结论，包括"我的父母不喜欢那样的人"等之类的观念。媒体、同龄人以及周围环境传递出的社会信息会影响孩子们的心灵。如果白人文化是高级文化，来自各种背景的孩子们都会吸收这种信息。

年幼的孩子热衷于权力和了解权力关系。儿童早期教育专家以及《针对孩子和我们自身的反偏见教育》的合著者路易斯·德曼－斯帕克斯说，白人孩子和有色人种孩子都需要他人的帮助来消除偏见，但对应的要旨是不同的。白人孩子早在幼儿园时期就在内心中产生了白人优越感，因此我们需要帮助他们尊重别人的价值。而对于非白人小孩来说，我们则需要帮助他们消除有关自身的负面信息，并形成强烈的身份认同。

你可以指出各种不同——孩子们已经注意到了这些不同。"为什么那个人的皮肤是那样的？""为什么那个女孩的眼睛那么有趣？"当我们阻止孩子们这样说的时候，他们会认为某些话题是禁忌。孩子们也会特别留意禁忌。

试试这个——加入你的工具箱

在加纳之行中，6岁的南亲身感受到了她妈妈所说的"艰难的历史"。她们来到了黄金海岸，这里是跨大西洋奴隶贸易的中心，当年关押奴隶的监狱仍然矗立在此地。她的父母回答了她的问题，非常坦率地谈起奴隶制。

无论你们在亲自参观历史景点，讨论家族历史，还是在读书时，总有大量机会进行这样的谈话。每个人都有义务关注痛苦的普遍性话题，这要从每个家庭入手。

循序渐进

随着孩子的日益成长，话题可以逐步深入。不可能一次就把所有问题谈完。我们会根据孩子的年龄坦诚地谈论性和死亡的话题，同样，关于不公平的讨论也是持续的，井然有序的。这是螺旋形的学习方法，要随着孩子逐渐成长，每年都回到相同的话题。要在恰当的时候与孩子分享。"爸爸，为什么那个人躺在街上？""为什么她头上戴着那个东西？"学龄前儿童开始问问题，并能够理解相同与差异、公平与不公等基本概念。不时地教给他们少许知识，不要停下来。你们的谈话会持续终生，而且有望终生致力于促进公平。

进行讲解

如果你在读苏斯博士的《史尼奇》之类的书，别指望孩子能够达到同样的理解层次。年幼的孩子只能理解字面意思。读完这本书后，他们可能会对所有的史尼奇很友好，但他们无法理解这本书隐含的寓意。

你可以从书本着手与孩子谈论人的外貌差异，但要给予讲解。"你和凯文就像史尼奇。你们没有星星，但你们长得不同。他的肤色比你浅。你们应该被区别对待吗？我敢打赌你们都喜欢棉花糖。"或者"我们去清真寺。但有些家庭会去教堂或犹太会堂。不同的家庭通过不同的方式行善。"承认这些不同并指出这是正常的：你们在某些方面是不同的，但在另外某些方面是相同的。

成人常常诉诸含混的说法，如"人人平等"或"我们都是相同的"，来教导孩子学会接纳和包容。孩子们需要我们将事情解释得更加清楚。

家族历史

分享你自身的家族历史。孩子们深深地需要这些故事，即便他们可能很多年都无法充分理解其中的含义。

如果你的家族曾经是受害者，要把握好分寸并给予孩子力量。例如，多伦·拉波特在犹太家庭长大，她听说在大屠杀中，"犹太人就像被屠杀的绵羊"。成年后，她研究了犹太人的反抗历史，意识到这种反抗极其强烈和深远，于是，她为年轻人撰写了《超越勇气》这本书。

如果你的家族曾参与迫害其他人，要分享你自己的观点："白人曾经迫使土著孩子远离父母，让他们上寄宿学校。我觉得这不公平。"

要分享事实，但要随时讲述那些强调力量、善良和勇气的故事。

孩子认同孩子

孩子们会认同其他孩子。当谈论差异以及不公平的故事时，要透过孩子的眼光来分享这些故事。找些包含儿童人物的书籍。讲述家族大人们的幼年故事。如果故事源于孩子的视角，孩子就能接受。

和书交朋友

小学阶段是通过儿童故事理解历史和全球多样性的黄金年代。学龄前图书更多地探讨不同类型的家庭和文化的主题。8岁及以上孩子的文学作品则会探讨更复杂的话题。

1. 孩子们需要看到自己

   92%的美国儿童书籍仍然以白人孩子为主人公。位于威斯康星州麦迪逊的合作儿童书籍中心多年以来都在跟踪这个数据。这个比例在过去 20 年始终保持不变，尽管现在全美中小学生中，白人孩子所占的比例不到 50%。需要让所有孩子看到他们自己出现在公众文化中。要寻找包含各种故事和图片的书籍。

2. 孩子们需要看见别人

孩子们在看见自身形象之外，当然也需要看见别人。书本是实现这个目的的绝佳途径。即便孩子的邻居或同学汇集了众多种族，这通常还不够。故事拥有触及灵魂的独特途径。

关键在于将其正常化。中国或拉丁美洲儿童的故事不应该总是移民故事。土著儿童的故事不应该总是创世神话。非土著儿童经常说："再也没有印第安人了。"所以要阅读若干关于当代土著人的书籍，以拓展他们的视野。

将其他人的生活正常化意味着讲述以各种人物为主人公的普遍性故事。像伊斯拉·杰克·济慈的《彼得的椅子》和《下雪的日子》等书籍就是这类书籍的优秀例子。这些故事讲的是其他话题——新出生的妹妹、新雪初下的某天——但这些图画展示了非裔美国人家庭（妈妈、爸爸和哥哥）的日常生活。1953 年出版的《都是一家人》讲述了五姐妹的故事，这是美国最早将犹太家庭生活正常化的童书，从那以后又出现了很多同类书籍。当我们想到不同种类的家庭举行野餐、在学校交朋友、期盼得到小狗、经历悲伤事情和深爱他们的祖父母之时，我们就赋予了他们人情味，也让我们彼此有了人情味。

要多给孩子读正常化的书籍，永远都不要嫌多。同情心就是这样滋养出来的。

3. 超越历史

尼日利亚小说家奇曼达·诺兹·阿迪奇警告人们，单单聆听针对某类人群的单个故事，可能会导致危险。"反复以某个单调的故事来展现某类人群的形象，"阿迪奇在 TED 的演讲中说，"会让人们对他们形成固化的印象。"孩子需要阅读那些能够解释重要历史事件的书籍（比如《锁链》《数星星》《广岛》等许多书籍都做得很好），但歧视、压迫和战争不可能是历史的全部面貌。可以讲些逃脱奴役的故事，但要注意平衡。奴役、公民权和歧视不会是非裔美国人的全部故事。战争和种族灭绝不会是美洲土著的全部故事。要讲述这些故事，也要讲述其他的故事。

4. 多方面讲述

   谈论历史包括选择故事内容。最好的方法是多方面讲述。

   我的儿子扎克 5 岁的时候很喜欢《民兵萨姆》。而在其姐妹篇中，作者从"敌人"——英国鼓手——的角度讲述了这些发生在莱克星顿和康科德的战役。尽可能地从不同角度来讲述历史。给孩子阅读有关入侵美洲和发现美洲的故事。给孩子阅读越南战争的故事并从越南人的角度来看待这场战争。

   我们越是能从多个角度分享同一段历史，就越会为之赋予更多的人性。

谈论棘手话题的技巧

以公平为目标

利用孩子天生的公平意识。

人性化

讲述的故事以儿童为故事人物。

多方面讲述。

正常化

分享关于族群的故事，故事的要点不是种族或差异。

讲述的故事并非单单针对历史中的某个时间点。

进行讲解

措辞准确。非常清楚地讲述。

孩子只能理解字面意思，不要借助于隐喻来表达你的看法。

提及相同点和不同点。

客观描述"差异"，而不做价值判断。

与年龄相符

如果孩子已经成长到可以提问，那么她也足以接受诚实的答案。

幼儿园：公开谈论差异；阅读有关家庭的故事。

小学：通过阅读书籍来培养同情心和历史感。

给孩子消化时间

学习历史中的不公平事件需要情感支持。

让孩子用游戏演出来。

分享而不让孩子受到惊吓

分享就够了。

帮助孩子获得安全感。

指出日常生活中的公平性。

给孩子讲述充满希望、改变和进步的故事。

让孩子行动起来。

铭记目标：知识渊博、富有同情心的世界公民。

你的眼泪是很好的老师

孩子们无法完全理解历史。他们的情感意识尚处于发展之中。如果他们面对悲剧显得有些麻木，请不要感到惊讶。但你要继续，分享你自己的感受。即便孩子无法理解，他们也会注意到我们的价值取向和反应。

当我在四年级学习美国内战和奴隶制时，我对老师的观点至今记忆犹新。在她给我们讲述了若干可怕的事实之后，她的声音变得嘶哑，她说："最糟糕的是，很多家人被卖到不同的地方，彼此分离。父母和孩子被卖到了不同的地方。"我非常惊讶。作为9岁的孩子，我认为最糟糕的事情是被鞭打，那是我幼小的心灵所害怕的事情。但我留意到老师的强烈反应并记在心中。如果某件事能够让她哭泣，那肯定非常严重。孩子们会从她周围的成人那里获得价值观。

孩子们会从书本和媒体中学习，但我们的反应会让他们的认识变得更为深刻。要陪伴他们。不要担心你的声音变得嘶哑，眼泪流淌出来。心与心的教导是最有效的，即便他们以后才能理解其真正的含义。

接触到"这不公平"

当孩子喊出"公平"和"不公平"时，我们很容易忽略掉。"她得到了更多！她的那块比我的大。这不公平。""为什么他能熬夜，我却不能？这不公平。"根据艾米丽·普兰克的观点，我们经常纠正孩子，调整不公平行为，或不重视他们的话，但最好别这样做。我们往往会说：

是公平的。看见了吗？你们每个人有三颗浆果。（纠正）
给你。我给你这颗，这样你们每人都有三颗。（调整不平等行为）
生活本身就不公平。要学会适应。（不重视）

公平的观念需要我们加以培养，所以不要忽视它。相反，要跟孩子在公平这件事上建立情感联系。"听起来你好像没吃饱。"或"你希望今天晚点睡。"当你与孩子讨论公平的时候，要采取相应措施。这可能包括告诉他们可以索取更多食物，或睡个午觉以便晚点睡觉。但是，公平并不意味着屈服或同等对待所有人。"因为你的身体需要更多睡眠，所以你七点半就得睡觉。杰克4岁的时候，他的身体也需要更多睡眠。所以，睡觉时间是公平的。"

"这不公平！"这个迹象表明孩子已经可以接触不公平的话题。在孩子还小的时候，可以通过对一些细节的观察来进行。当他们注意到斜坡时，告诉他们这会让城市变得更公平，以便坐在轮椅和婴儿车的人们可以通行。当孩子注意到便利店门口有一篮子食物时，告诉他们有些人没有足够的食物可吃，这是不公平的，所以人们会捐赠食物来帮助他们。

培养乐观和变革精神

要记住，每种棘手的话题都可能吓着孩子。要在严峻性和希望之间保持平衡。

我成长于20世纪70年代，这个时期的孩子最先接收到的是铺天盖地的环境破坏信息。从"小心点，不要污染环境"到动物灭绝的事实，在我成长的过程中，我始终认为地球注定将要灭亡，而对此我无能为力。

要分享有关改变和进步的故事。谈论为了促进公平而制定的新法规。孩子们应该在成长过程中知道，他们都可以成为"好人"和造福人类的人。然后和他们共同采取若干行动。如马丁·路德·金所说："长路漫漫，终归正义。"

资源

不知道应该说什么？可以咨询相关的机构。可以参观拥有各种展品的儿童博物馆。到网络上搜索"多元文化儿童文学"，获取大量文献，或者更好的方法是和儿童图书管理员交谈。好的图书管理员会提供丰富的知识，告诉你如何分享以儿童为中心的故事，这些故事涉及多元化和历史。

应该说的话

有各种各样的家庭。
有些家庭很小。萨沙家里就只有两个人。
塔拉的父亲使用轮椅。

你们学校里的人大多是白色人种，但世界上大多数人是棕色人种。

在有些地方，女孩子不能上学。

是，这不公平。

有些人帮助了双方。

现在，英国和美国是朋友，但它们曾经打过仗。

_____ 曾经是违法的。这不公平，所以人们努力改变了它。

人们曾经认为女人不如男人聪明，所以不让她们投票。

人们过去认为 _____，所以他们制定了错误的法律。

现在还有人那样认为。

有时，人们害怕不同的东西。

大人有时候会犯严重的错误。

你认为如何？

要避免的话

人人平等。（含糊）

我们都是相同的。

我没注意到他是黑人。

小点声！这样说不好。

我们不要谈这个。

你的角色

至于哪些方法适合你的家庭，这完全要由个人决定。这基于你的背景、信仰和生活经历，以及孩子本人。我们都竭力为孩子提供"根基与翅膀"——对于家族传承的骄傲和理解，以及过上理想生活所需的办法。当你引导孩子之时，想想其他父母也在指导自己的宝贝孩子，想想我们如何协力将这件事情做到最好。

第六部分
刻薄的言辞和公主的力量

人就是人,无论是多小的人。
——苏斯博士

法则 17 公主是有力量的

蕾拉热爱粉红公主。她的发夹是粉红色，她的魔法仙女衬衫是粉红色，她读的童话书封面装饰得闪闪发光。

"她头上戴的、身上穿的都让我心烦。"詹妮斯说，她的女儿喜爱紫色。"我担心她真的是得上了公主病。"

"叛逆"的原因

女孩子可能非常强大，同时却仍然喜欢扮演公主。要让孩子远离媒体，但要听凭她们感受公主的力量。

公主的影响力可能很大。我的孩子们也曾经热衷于公主的游戏。我们的化妆箱曾经（现在也是）塞满了淡淡的薄纱裙子、面纱和礼服，上面装饰着彩带和鲜花。在 4 岁时，我最小的孩子索要"闪闪发光的鞋子"，所以我们新添了闪闪发光的平底鞋。生日的时候，他们会说："公主蛋糕！要有角塔，还有个公主从里面出来！"

我的两个孩子都是男孩。公主游戏对女孩子更有魅力。年幼的孩子饱受公主文化的浸淫，正如《灰姑娘吃了我女儿》的作者佩吉·欧伦斯泰因所说，它可以吞噬他们。

作为成人，我们担心如下问题：

我们的孩子永远丢不下这个公主阶段。
他们将执着于媒体塑造的形象：无助公主需要男人的拯救。
我们的孩子会变得过分注重外表和美貌。
公主病文化无法提供正面的榜样。
这样的执着本身就不健康。

"公主大辩论"在这个国家正在如火如荼地进行。在反公主阵营中，家长和心理学家们警告说，这可能会限制女孩们的选择，导致她们对自身形象不满，将游戏商业化，以及将童年性感化。公主文化的拥护者们则指出，媒体和现实生活中出现了强大的女性榜样，她们庆贺当今的女孩们拥有巨大的自由，可以做几乎任何事情，不受任何束缚。如果女孩们想要扮演公主，那又怎样呢？如同有人在博客圈中说的那样："你们这些有女儿的妈妈们是怎么了？我从未见过你们中有谁没有因为粉色和公主而备受煎熬。"

妈妈、爸爸、憎恶公主的人，以及热爱公主的人，我们都关注同样的结果：我们想要让女孩变得强大，拥有美好的童年时光，并在未来成为自信的女人。

总体上来说，我们可以放松。孩子扮演公主并不意味着她长大以后就会变得像无助的公主那样。事实上，真正的公主游戏能够赋予女孩力量。公主游戏可以帮助我们的孩子，同样，渴望成为公主的压力会伤害她们。关键是要知道差别所在。

"叛逆"的好处

无论你的孩子是男孩还是女孩，都有权利扮演公主。少让他们接触剧本情节（反复观看同样的电影），但要允许他们自然而然地玩这个游戏。孩子们被这个游戏吸引是情有可原的。你的孩子可以学到如

下内容:

　　我可以变得很强大。

　　想象力很强大。我喜欢扮演我想象到的东西。

　　我的父母和老师尊重我的想法和兴趣。

　　故事让人兴奋。我热爱读书、看电影、唱歌和故事扮演。

　　化妆非常有趣。探索和尝试不同角色让人感到很开心。

　　友谊让人很开心；当我们分享梦想的时候，我感觉和我的朋友很亲密。

　　在某些方面，女孩和男孩不同。

　　做个女孩真好。我就是我，我想成为谁就成为谁。

　　对于男孩来说：也许这就是作女孩的感觉。我始终对此很好奇。

 **摘下成人的有色眼镜**

　　孩子们有充分的理由去探索公主游戏。我们可能会看到守旧而讨厌的性别角色，但对孩子来说，公主游戏涉及获得力量。这种力量包括作为女孩的自豪感（确认性别认同），以及使唤别人、住在城堡里、穿着花哨衣服、拥有特殊地位所带来的乐趣。三到七岁的孩子往往最爱玩公主游戏，随后兴趣下降。要为你的小公主提供各种其他经历，以平衡他们的公主生活。如果你担心公主游戏已然失控，请检点你自身的行为和态度。也许应该限制孩子接触媒体，停止购买玩具，并限制孩子看电影了。

　　　　　　　　　　公主游戏可以帮助孩子。
　　　　　　　　　　公主压力可能伤害他们。
　　　　　　　　　　关键是要知道差别所在。

为何有效

公主的力量在幼儿园和小学低年级阶段达到顶峰。孩子对于粉红色公主文化的兴趣，基本上是儿童自然成长与强大媒体信息的混合产物，但也受到家庭行为以及孩子自身个性的影响。要了解这个游戏是否健康或令人忧心，你需要解开这个谜。

首先，儿童成长发挥了巨大的作用。幼儿园阶段的孩子忙于弄清楚谁是男孩，谁是女孩，以及男女性别在其文化中的内涵。为了强化他们自身的性别认同，孩子们通常会在某个时期内扮演极端的性别角色。还有什么比穿着褶边公主装更像女孩的呢？女孩们通过这种极端的兴趣向世界大喊："我是个女孩！我就是这样！"年幼的孩子之所以穿着极其女性化的服饰，是因为他们认为外部因素能够改变他们的身份。心理学家劳伦斯·柯尔伯格说，孩子需要培养性别恒常性的意识。如果我穿裤子，头上不带饰带，人们就不知道我是个女孩，我就不是个女孩。如果男孩对公主装感兴趣，他们的想法也几乎相同：我想知道做女孩是什么感觉。我穿上这个衣服就可以变成女孩。嗨，人们认为我是个女孩！现在我是女孩了。

孩子们会通过着装来表达这个成长阶段。他们也会改变玩伴。正如 4 岁的阿尼塔的妈妈凯伦所说，"我女儿以前老是和男孩玩耍，但现在她只和女孩玩。"孩子们也会通过与同性伙伴为伍来理解自己的身份。心理学家迈克尔·汤普森著有《养育凯恩》和其他论述性别差异的书籍，他说，在 3–11 岁期间，孩子们通常知道男女有别，只与某种性别的伙伴共同玩耍。在幼年时期，身份往往通过性别表现出来。到了小学高年级阶段，孩子们就更可能基于能力和兴趣而形成身份认同，比如"我是音乐家"或"我是运动员"，这些新的身份也会赋予他们力量。

当孩子分成不同的性别阵营时，同龄人也会强化男女之间的界限。瑞贝卡说："我女儿直到上幼儿园都穿巴斯光年[①]鞋子，但后来有人告诉她，'你不能喜欢巴斯。你得喜欢杰西，因为只有她是女孩。'"作为父母，我们经常会哀叹这种"男女有别"的管教。可以补充若干外部

[①] 巴斯光年 (Buzz Lightyear)，动画片《玩具总动员》中的主角。

信息，以便平衡同龄人的要求，比如："我知道女孩子也可以喜欢巴斯光年。我就喜欢巴斯光年。"但要正确看待这个问题。孩子们通常必须走过极端以后才能找到平衡。播下世界平等的种子当然是有价值的，但如果年幼的孩子们似乎并不感兴趣，也不要大惊小怪。至少说明还没到时候。他们非常强烈地想要区分男孩和女孩，以至于本杰明这样4岁的孩子，尽管他妈妈是医生，但他仍然宣称"只有男孩才能当医生"。

当然，营销商完全觉察到了这个成长阶段。如果他们利用这个机会牟利，而家长和其他成人也狂热地想要支持孩子的兴趣，那么，问题就来了。

"粉色公主营销十分强劲，拥有数十亿美金的支持，因此它其实不再是某种选择。"萨勒姆州立大学的媒体研究教授兼《公主问题》的作者瑞贝卡·海恩斯写道，"它剥夺了人权，带有强制性。"海恩斯等人正确地指出了粉色公主商品背后强大的行业资金投入，因此天生喜爱公主和各种闪亮物品的女孩很容易沉迷其中。

此时就需要设立限制。你的女儿没有钱购买各种公主玩具以及此类背包和睡衣，需要成人帮她买单。可能是你或者你的伴侣；也可能是溺爱她的朋友或祖父母。因为她自己无法去电影院、租DVD，也无法付费给有线电视。媒体对于孩子的影响是巨大的，但也要警觉媒体对你的影响。如果孩子喜爱粉色公主，那就意味着要在家里严格限制科技产品和广告（见**法则5：接受阿米什人的生活方式**）。成人只需要提供足够的道具，让孩子足以展开游戏即可，但不要让孩子接收太多外界强加的观点。

幼儿学校的联合主管苏珊·罗西格诺说："如果你的孩子对灰姑娘着迷，请看一下她有多少机会接触这些东西。"这个电影她看了多少次？她有多少这个系列的书籍和玩具？你可以对她说不。

接受有趣的公主扮演游戏，但要抵御外界的压力。5岁的孩子无法应对如此巨大的压力。

不要扼杀孩子的兴趣。要保持平衡。

力量游戏

随着《冰雪奇缘》的上映，海蒂所在幼儿园的3岁孩子都想要成为艾莎。尽管这个电影真正的女主人公是安娜，但艾莎更有力量。她们都是公主，但艾莎能够用双手射杀坏人和建造炫酷的魔法城堡。

为什么孩子们喜欢扮演公主？简·瓦特斯说："这仅仅与力量有关。公主受人喜爱和尊敬。她们是理想的女性形象。"当然，并非每个女孩都能在公主身上找到力量。8岁的海蕾在家人游览迪士尼世界的时候，在每个转弯处都会有人问候她："你好，公主！"后来她突然哭了起来："告诉他们我不是公主！"她哭着说，"告诉他们我是勇士！"

每个性别的孩子都会在游戏中寻求力量。男孩子们喜欢通过武器游戏或超人游戏寻找力量，而其他的孩子会通过扮演老师、妈妈、公车司机、老虎或公主来寻找力量。拥有力量的人物可以支配他人，可能凶猛或严苛，但无论他们是谁，他们都能让孩子不再受人摆布，反而具有神奇的控制力。

公主游戏传达了社会的力量。"我是公主。"4岁的艾比盖尔说，她正与三个朋友一起玩耍。"你是厨师，你是狗狗，你是宝宝。"女孩子尤其对关系感兴趣，并喜欢在那些关系中领会力量。公主游戏为此提供了充足的机会。"向他人发号施令属于孩子最喜欢做的事情。"幼儿学校的老教师黛布·百列尔如此说。40年来，她始终在观察公主游戏。

有时候，公主游戏中的力量难以觉察，甚至令人不安。3岁的玛德琳扮成公主，站在攀爬架的顶端大喊："救命啊！谁能救救我吗？"然后等待男孩子去营救她。这里仍然有力量的存在：玛德琳有力量让其他的孩子加入到她的游戏之中。但这个游戏无疑也暗示着无助。玛德琳的老师说，"看看其他公主能不能救你"；"有时候公主会自己救自己"。玛德琳的游戏从"我很无助，请救救我"这个主题演化而来。她仍然喜欢玩"营救公主"游戏，但现在她会和女孩或男孩玩，并且在褶边公主裙之外还给自己配上了宝剑。当她挥舞宝剑的时候，她脸上的表情可以概括为"我很强大"。

但通常来说，年幼的女孩子比男孩子拥有更多自由，她们可以尝试不同的性别角色。6 岁的菲比喜爱探险故事。有时候她会穿上公主裙假扮成梅德·马丽安①。其他时候她又会扮成罗宾汉。女孩子们需要强大的女性榜样，但她们也能够向男性榜样学习。

幻想游戏

当我 8 岁的时候，我想住在华丽的俄亥俄剧院，这座巴洛克歌剧院经过重新修建，里面充满了镀金雕刻品、长毛绒地毯，还有多个阳台、吊灯。我的朋友玛丽亚住在这头，我住在那头。我们都是公主，可以互相拜访对方。对于童年时期来说，探索梦想世界是健康的。它能够开启孩子的想象力并铸就友谊。危险仅仅在于，公主梦或任何幻想游戏可能是纯粹在模仿剧本。

公主游戏就是充满想象力的幻想游戏——孩子的原始想法受到了媒体的影响不包括在内。"如果你看到孩子只按照剧本玩灰姑娘游戏，就表明游戏受到了限制。他们依赖于别人的想象力，而不是他们自己的想象力。"罗西格诺说。

孩子们最初通常会扮演他们喜爱的角色。但在游戏进行期间，请观察他们的行为。4 岁的萨凡娜喜爱扮演艾莎，但在她手中，艾莎变成了坏人，进行着与原始影片完全无关的独特冒险。

过于照本宣科的游戏不仅仅会影响热衷于公主的孩子。杰里米喜爱忍者神龟——他在所有游戏中都离不开忍者神龟，而且他离不开剧本。孩子们需要能够插入他们自己的想法，比如："我是公主，名叫艾莎。我在喂我的老虎。"

但是，即便纯粹模仿剧本的游戏也能在某些时期内帮助孩子的成长。伊桑和他的朋友（所有幼儿园小朋友）反复地重演《狮子王》。他们重复的内容是父亲木法沙去世的情节。这是个很大的话题，涉及生死和善恶。大的话题会吸引孩子们的注意力，需要通过游戏来慢慢消化。

要观察这种重复行为持续了多久，以及在放下它之后，孩子们是否

---

① Maid Marian，旧五朔节游戏中的五朔节女王。

继续游戏。在健康的游戏中，孩子们往往会以电影中的角色为起点，然后根据自己的想法来拓展故事。

谁的热情

家长可能曾经非常渴望有个可爱的女儿，因此，他们很容易溺爱女儿，放纵可爱的女孩幻想。"这样很容易走极端，你会变得和她们同样充满热情。要保持客观。"罗西格诺说，"要敞开心扉，并随时留意你的孩子是否已准备好进入其他阶段。"

如果这与你有关，请记住，你的职责是让孩子接触广泛的兴趣和榜样。扪心自问，我是在支持还是在敦促这种兴趣？要花时间去了解你孩子的想法和兴趣。你喜欢的东西，她可能不喜欢。

公主衣服——外表和局限

公主的衣服美丽而精致，但打扮成那样也有其负面作用。如果无法脱下公主的高跟鞋，换上网球鞋；或者公主因为担心漂亮衣服被弄坏而不愿意参加游戏，那她就错过了积极游戏的机会。此时，公主游戏就不再有力量：衣服成了局限。

幸运的是，大多数孩子能够自己解决这个问题。当衣服阻止他们做想做的事情之时，孩子们就会改变他们的方式。比如，玛拉喜爱她的绿色公主裙和光滑闪亮的公主高跟鞋。她会说："我是公主，这是我的城堡，这是我的孩子。"并且无论在哪里都穿着公主服。但玛拉也喜欢在操场上奔跑和攀爬单杠。她发现穿着公主鞋无法做这些活动——鞋子太滑——所以玛拉就不再穿那双鞋去公园了。

作为成年人，我们也需要留意我们的言辞。孩子们从很小的时候开始，就可能担心自己的身体形象，尤其是当孩子们听到我们反复说："哦，你穿这个真可爱！""你真漂亮""你真让人羡慕"，他们会更担心。女孩们越是听到人们称赞自己的容貌，她们自然就越是希望自己的外表得到更多的称赞，包括她们的礼服、头发和身体。当下次有个可爱的公主从你旁边经过时,你只需要简单地做出评论("你今天穿了公主裙。"),或称赞她的行动("哇,你跳得真高!")。女孩需要人们首先注意她们的想法和行动,而不是她们的长相。

公主病女孩

有些孩子天生就有公主病。她们本身就是这样。你如何知道哪个孩子会在上幼儿园的时候加入公主阵容呢?你现在还不知道。只要你让孩子接触各种体验、想法,还有服装,随着孩子逐渐长大,她(或他)就会表现出真面目。成年后有些人成为时装设计师,有些人从事模特工作,还有些喜欢装饰并喜欢阅读《魅力》杂志。如果恰好是你的孩子,你不能阻止他们,即使这种个性与你迥然不同。

你不能改变孩子的内在本质。

试试这个——加进你的工具箱

床罩、睡衣、壁纸、电影、书籍、饭盒、牙刷。快看看你的周围,有多少东西与多拉、艾莎、灰姑娘、茉莉公主、睡美人或其他商业利益驱动的女孩形象有关?营销人员懂得如何侵入孩子生活的方方面面。

公主营销可能在悄悄逼近你。如果你觉得不堪重负,你可以采取下面这些明智的措施,以便让你的家恢复平衡。

养育喜爱公主的孩子

当你生下女儿的时候,你知道你"有个女儿了",但在很多年内,你都不会知道她的真实面目。她也不知道。要让孩子接触各种经验、场所、人物和潜在兴趣。

向她介绍各种有力量的人物。许多节目只提供一个象征性的女性角色(想想超人当中的神奇女侠)。如果你不知道介绍谁,请图书馆员介绍带有强烈女孩形象的书籍和儿童电影。孩子们会注意到这些角色。7岁的艾迪在看到《冰雪奇缘》以后激动地对她的母亲说:"妈妈,真爱不是那个男孩!而是她的妹妹!她救了自己的姐姐!"如果你正在寻找榜样,尽管这部电影仍然以白种骨感美人为原型,但它不仅仅关乎真正的姐妹之情,它也在讲述公主如何救了自己。至于英俊的王子,公主把他扔进了海里。

陪孩子阅读具备老式性别角色的故事,但要和孩子共同讨论。"天哪,真恶毒。他们甚至不让她选择跟谁结婚。简直不敢相信!"或者说,"这是很久以前的故事。当时他们认为……"你会看到,生活的改变能够给予孩子们乐观的精神和力量感。

制定清单

你家里是否有些与商业电影中的人物相关的书籍?你是否会从图书馆查阅此类书籍?有相关的T恤、背包和水瓶吗?它们都是商业许可产品吗?它们是否与相关电视节目紧密联系?品牌授权甚至延伸到了内衣领域。所以请仔细审视周围的事物。孩子们喜爱公主梦幻游戏,但品牌形象可能会对游戏起到限制作用。例如,她只喜爱灰姑娘还是喜欢所有的公主?星球大战还是外太空?

限制接触媒体

当然,你可以给孩子播放迪士尼电影,但如果你自己购买了这部电影的光盘之类,你的孩子反复看个不停,此时应该怎样办呢?要限制孩子观看特定电影的频率。为了便于做到这点,你可以租赁或从图书馆借阅必须尽快归还的电影光盘。电影很有趣,有时候可以帮助孩子与朋友建立友谊,但让孩子过多接触,就会让孩子只纯粹模仿剧本情节,很难在游戏中发挥自己的想象力。

寻求"离开剧本"

问问你自己这个问题:你的孩子能够摆脱已有的剧本,还是会受其左右?如果她坚持完全模仿《睡美人》或《冰雪奇缘》的场景,甚至复制其中的对话,认为故事和人物必须"就是这样",那么她接触的商业媒体可能太多了。

如果孩子过于模仿剧本，似乎深陷其中，那么可能需要你帮助她打破这个障碍。该怎样做呢？最好的两个解决方案是：（1）限制孩子接触媒体；（2）等几年。如果孩子陷入固定的故事情节，也可以引入新的思路。你可以说："如果……，会发生什么呢？"添加新道具或你自己参与到游戏当中，以便寻求变化（要放轻松点，操纵游戏也可能会毁了游戏）。要帮助她在日常生活的其他时间变得更加灵活。死守固定故事情节的孩子可能需要通过训练来获得灵活的思维能力。

避开粉红过道

更重要的是，不要带年幼的孩子去玩具店。很可能你的孩子已经拥有太多玩具。如今的商店都大幅度地向女孩推销某些颜色和物品。"粉红过道"里堆着粉红色的纸箱，里面装满了美人鱼、闪光物件、公主、钱包、布娃娃和据说适合"女孩"的各种东西。你在那里找不到积木、玩具、宝剑或火车。这样的过度营销限制了孩子们的选择范围，向她们传达出这样的信息：你应该喜欢这个，不应该喜欢那个。如果你不得不让孩子自己选择玩具，请到旧货商店去——它们的过道不是粉红色的。

如何应付礼物

赛丽塔在三个月的时候收到了第一本公主绘本。塔拉在两岁的时候从祖母那里得到了公主头饰、粉红色的鞋子、衣服以及闪闪发光的仙女魔杖。有时候，公主压力来自于善意的朋友和亲人所给的礼物。如何应付溺爱公主的奶奶呢？

关系比礼物更重要。如果长期都是这样，可以告诉对方你的担心，但有时候最好说"谢谢"。不是要限制奶奶赠送粉红色礼物的冲动，但对于孩子收到的玩具要确定新的规矩。将多余的公主玩具留在奶奶的房子里。把它们放进特别的"雨天箱子"中，不时地将它们清理出去。更换玩具能够让孩子的世界不那么拥挤，从而打开想象力游戏的空间。

带公主们出门

公主游戏可能会让孩子错过主动游戏的机会。公主装让人难以跑动，而且太多的室内时间会限制室外游戏。如果你们出门的时候她坚持穿着公主装，可以在里面套上裤子，并穿上结实的鞋子，或者将它们装在包里，让她知道随时可以换上这些衣服。

你是否很难避开商品化潮流？广告和品牌随处可见——但幸运的是，泥土和树林中没有。带孩子前往没有任何媒体信息的地方，观察他们玩得多么开心。无论男孩女孩都喜欢玩棍子、石子、沙子和树叶。

等待数年

大多数孩子会自动走出公主阶段。这种兴趣往往会在三四年级的时候逐渐消失。

如果你能帮助平衡她们的生活，女孩们会找到自己的方式。马拉从3岁到6岁总是穿着长公主礼服和锃亮的皮鞋，但长大以后成了运动员，被邀请到奥运中心参加训练。艾迪现在8岁，她热爱皇冠和短裙，尤其是在4岁到6岁这个阶段，但后来却认为粉色"太娘娘腔"。只有《星球大战》中的公主是她至今仍然喜欢的。莱娅公主非常坚强：她具有绝地武士的潜能，会使用爆能手枪。

应该说的话

哦，你是公主。
我不知道这位公主要做什么。
我看见你今天穿得很别致。
你喜欢那件衣服。
我看见你戴着闪闪发光的皇冠。
你喜欢它什么？

我知道穿着公主鞋很难跑动。我们也带上你的网球鞋吧。

公主也可以拯救自己。

你的肌肉很结实。

公主能跳很高吗？

电影的情节是这样的。你有什么想法？

我知道你喜欢贝勒。你仍然可以喜欢她，但她得留在店里。

我们不打算买那部电影光盘，但我们偶尔可以从图书馆里借出来。

你真的很想再看一次，但我们暂时不看这部电影了。

我很乐意给你读书。

你可以穿公主装，但我们现在要出门。

避免说的话

你真漂亮 / 好看 / 可爱。

你真可爱！

故事不是这样讲的。

你不能总是扮演公主。来，玩这个。

好女孩不这样做。

公主绝不会这样做。

男孩 / 女孩不能这样做。

你的角色

如果孩子们的游戏似乎回到了老式刻板的性别形象，家长很难不担心。不要试图改变孩子的兴趣。要给她们时间。你可能希望她的兴趣更加广泛，但有些孩子会在某段时间内执着于喜欢的事情。公主游戏提供了机会，让孩子们可以玩富于想象力的装扮游戏。如果你给她足够的游戏时间，你的小公主就会设法变得更加强大。

法则 18　刻薄言辞不可小觑

"**孩**子经常骂人,"有个妈妈说。"你怎么面对所有这些言语攻击?"

"我的女儿倒不打人,"另外某个家长说,"但嘲笑别人、爱评头论足的问题也让我很头疼。"

就像推搡、打人和踢人,嘲笑、威胁和谩骂无疑也都是冲突。言语也能造成同样深刻的伤害。

"叛逆"的原因

刻薄的言辞不可小觑。孩子需要工具来应对社交冲突。

"艾比是个大笨蛋。"
"你真是长不大。"
"你总是乱写乱画。总是涂得乱七八糟。"
"我不再和你做朋友了,不许你来参加我的生日聚会。"

人们可能从很小的时候就开始口出恶言。其中某些话是无辜的——孩子可能会说"真丑",但无意伤害任何人;当她认为某件事情很有趣的时候,也可能会说"白痴"。其他时候,孩子们则会以此来显示自己的力量。

当孩子口出恶言之时，要面对这种冲突。要指出他们的哪句话伤害了别人，并提醒孩子："人不是用来伤害的。他们的身体和感受都不能伤害。"就像需要教导他们不能打自己的兄弟，孩子需要学习哪些言语是可接受的。恶言恶语之下隐藏着其他的问题。要发现问题，并设定限制。在这里可以采用叛逆黄金法则：只要没有伤害到人或物就没问题。如果孩子踢玩伴，很容易看见这种伤害。但是，"人不是用来伤害的"也适用于感情层面。

"叛逆"的好处

强硬的话语之下隐藏着激烈的感受。要注意孩子的这些感受，然后帮助他们设立限制。你的孩子需要学会，不能伤害他人——包括他人的身体或感受。

言语会伤害人，就像打人那样。

我可以对朋友生气，但不能骂她。

即使我生气了，父母也会听我说话。

我可以捍卫自己。我不必忍受它。

我知道如何设立限制，面对我不喜欢的东西。

我可以站在朋友一边。当我的朋友被嘲笑时，我可以帮助他/她。

我知道告状意味着什么。

我知道如何摆脱被嘲笑的处境。我可以出手阻止这件事情。

当我需要的时候，我可以向大人求助。

为何有效

就连4岁的孩子也能伤害他人。根据身为母亲的心理学家、《小女孩可能变得变坏》的合著者米歇尔·安东尼的说法，幼儿园里其实也充满着刺耳的言语。

当然，嘲讽戏弄并不仅仅是女孩子的问题。但出于两个原因，学龄前女童更容易说些伤人的话语。首先，女孩子在这个年龄比男孩子言语更多。她们天生就会通过语言表达自己的想法和感受。当年幼的男孩被激怒，或者感到害怕或不舒服之时，他们往往会通过身体动作予以回应。当女孩产生强烈的感受之时，她们倾向于使用言语。其次，大卫·吉尔里、威廉·波拉克及其他人的研究表明，与男孩相比，女孩可能更注重关系。因为她们懂得关系具有多么强大的力量，所以当她们生气的时候，会攻击彼此的关系。她们也可能使用刻薄的言语来试图保护关系（"只有艾米丽可以坐在我旁边。你好丑。我再也不是你的朋友了。"）。从幼儿园起，和男孩相比，女孩更可能通过言语嘲笑和彼此攻击，并以断绝关系威胁对方。

很多时候，嘲讽和其他言语攻击都与友谊有关：友谊中的权力、友谊中的妥协、如何交朋友、如何保持朋友关系，以及即使对方不赞同某个游戏点子，如何仍然和对方做朋友（或彼此关怀的兄弟姐妹）。你的孩子自然会艰难地学习这些并不简单的技能。要随时帮助她处理受伤的感受，并教她更好的交友技能。

刻薄言语的背后掩藏着深层的情感。"要接受女孩们生气。"黛布·百列尔说，"有时不那么'友好'。要接受不好的感受，而不是接受伤害。"

摘下成人的有色眼镜

不要以为嘲讽的言语无关紧要。它不只是说说而已。就像身体伤害那样，言语攻击会伤害人——经常是有意的伤害。刻薄言语在小学阶段可能会加剧，所以要练习应对技巧。无论你的孩子是施与方、受害方还是旁观者，都要让她知道恶毒的言语是不可接受的。为此，要注重口出恶言背后的情绪诱因。刻薄言语是个信号，表明有什么东西出问题了。

言语上的冲突

多年以来，我们仅仅教导孩子在面对嘲弄时忽略它。世世代代，孩子们高呼的都是这句熟悉的话："棍子和石头可能打断我的骨头，但话语不能伤害我。"但事实上，话语的确会造成伤害。孩子们需要更强大的工具，而不只是操场上的口号，来帮助他们应对冲突。

当阿达踢佩顿的时候，事情似乎很简单。拉开他们。讲讲大道理。踢人是不可接受的行为。但骂人和其他恶语似乎尤其难以处理。涉及言语的时候，事情似乎就更加复杂。

伤害人的言语并非只是听起来刺耳，它们其实和任何其他冲突差别不大。其中涉及感受。越过了边界。要忽略当下具体的侮辱性言论，追溯问题的根源。这里发生了什么？听起来你非常生气。她做了什么你不喜欢的事情？你在担心什么？你以为会怎样？

不要喊口号，要帮助孩子练习调解冲突。让他们知道，必要的时候他们能够向成人求助。

表达权力的言辞

我6岁的儿子扎克很爱他的老师。为了表明他有多爱她，他给出了幼儿能够给予他人的三种最高的赞美："我想和她结婚。""我希望她是我妈妈。""我希望她来参加我的生日聚会。"这些都是孩子表达其权力的言辞。

与此同时，如果他们极其愤怒，或者只是表明他在控制局面，孩子也会以负面言辞来宣告他的权力。最常见的两句话是："你不是我的朋友"和"你不能参加我的生日派对！"孩子们通常会将这些言辞用于威胁，来显示自己的力量。这些话是信号，告诉我们孩子生气了或试图随心所欲。要理解他们，然后设法帮助孩子找到更好的方法。要说出孩子的感受，提出问题，并提供信息："听起来你很生气。她做了什么让你不喜欢的事情吗？"当其他孩子不听从指挥之时，孩子们经常打出生日派对这张牌。"似乎你有不同的想法。我知道孩子们都会有不同的想法。但多米尼克的事他自己能做主。如果他不愿意，他可以不这样做。"

骂人

"你这个傻子！离我远点。"

听见这样的话时，我们应该怎么办？通常，我们马上会暴跳如雷。作为成人，我们太注重言语本身。"这样说不友好。"我们可能会说，"不要说'傻子'这个词。"我们担心显而易见的侮辱。有个妈妈告诉我："我首先关心的是，要让他们明白，侮辱别人是不可接受的。"

当然，"傻子""笨蛋""放屁"和"愚蠢"之类的词都不友好。但说到骂人这件事，话语本身会分散我们的注意力。我们务必首先处理最重要的事情。

跳过言辞。直接探究言辞背后的感受。

首先，要关注情绪。要弄清这是怎么回事，并理清冲突的来龙去脉。接着，要告诉孩子辱骂和嘲笑会对别人造成很深的伤害。在我们真诚地想要阻止孩子伤害彼此的感情之时，我们有时恰恰是在践踏他们的感情。只有孩子的情绪得到认同，她才会聆听我们的话。

在这种情况下，孩子（我们姑且称为米卡拉）会很生气。要解决冲突，我们需要探究她愤怒的根源。要陈述你所观察到的情绪——"米卡拉，你似乎很生气"——并采用冲突调解方法来理清冲突。

"她撞倒了我的动物玩具！"

"苏菲，你撞倒了米卡拉的动物玩具。这让米卡拉很生气。她正在跟动物们玩游戏，要让它们站成一队。"

"她叫我傻子。"

"你愿意被称作傻子吗？不愿意？好吧，告诉她你的感受。"

从孩子们口中可能会说出各种刻薄的称呼，包括与种族主义和性别歧视有关的侮辱性言辞。孩子们会随时收集社会信息，并试着使用那些看似有力的词语。他们可能会复述在家里、电视上或从周围的人那里听到的言语。无论这些话听起来多么触目惊心，你都要试着先关注背后的情感。请记住这是言语冲突，而不仅仅是需要被禁止的言辞。

4岁的卡森和杰登都在上幼儿园。"嘿，黑狗！"卡森喊道。

杰登什么也没说，但老师说了。她将两个孩子叫过来。"你似乎很生气。"她说，"你担心杰登会对你做什么吗？"

"是。"卡森说。

"你以为他会伤害你？杰登，你想伤害卡森吗？"

"不。"

"你觉得他会对你做什么？"她问卡森。

"他想拿我的玩具！"卡森喊道。

辱骂背后的感受是恐惧。在消除这种恐惧以后，老师开始谈论关于种族主义的辱骂性言辞，"我听到你叫他黑狗。你愿意别人叫你黑狗吗？"

"不愿意。"杰登说。

"好，告诉他。"老师说，"告诉他你不是黑狗，也不愿意被叫作黑狗！"

这两个孩子的感受都获得了倾听和了解。他们也学到了很多东西。

卡森学到的是：

骂人会伤害他人。
我再也不用担心杰登了。
我知道他不会抢我的玩具，我觉得安全了。
即使我犯了错误，我的想法也会得到倾听。
我不能张口乱说；没有人能够忍受难听的话。

杰登则学到了：

那样的称呼真让人难受。
我很坚强。我有办法来应付。

我可以告诉他我不喜欢这样。

成年人会倾听和帮助我。他们知道这是个大问题。

我知道他以后不会再骂我了，我觉得很安全。

虽然可怕的称呼伤害了自己，但杰登却从中获得了锻炼的机会，他学会了维护自己的权利，还学会了对其他孩子的行为设立限制。"我的名字叫杰登。我希望别人叫我杰登。"

如果涉及侮辱性的言辞（就如这个例子），应该探究其根源。孩子从哪里学到了这种刻薄的言辞？可能还有更多的问题。孩子肯定是在其他地方听到的。要让其他成人共同弄清楚这件事情。

你不能保护孩子不受伤害，但你可以教导他们如何面对伤害。调解冲突就是这样的技巧。书籍也是，比如南非大主教德斯蒙德·图图撰写的《德斯蒙德与特别刻薄的言语》。这个有关宽恕的故事向孩子展示了如何摆脱言语侮辱的恶性循环。

人不是用来伤害的。他们的身体和感受都不能伤害。

嘲 笑

"我有粉红色的帽子，你没有。"

"我的饼干比你的大。""不，不是！""是，就是。""不，不是！"

嘲笑可能迅速升级。对于很多孩子来说，嘲笑别人能够给他们带来特别的力量和满足感。你不能阻止所有的嘲笑，但你可以教孩子如何摆脱被嘲笑的尴尬处境。当孩子们来回斗嘴时，要告诉他们如何结束这场争斗。问："你们俩觉得这样好玩吗？"然后问被嘲笑者："你喜欢这样吗？还是想出来？"要帮助她学会自己解脱出来：（1）停止说话；（2）走开。你还可以教导孩子反抗他人的嘲笑——"我不想玩你这种游戏"——然后停止说话并走开。需要让孩子们知道对策。

告 状

阿莱娜、杰达和她们的妈妈都进了商店。当妈妈和柜台店员说话的时候，这两个女孩坐在卡片架旁。

"妈妈！杰达摸卡片！"阿莱娜大喊。

"不，我没有！"杰达说着，赶紧把卡片放回原处。

"妈——妈！"她的姐姐再次喊道。

妈妈将杰达拖到店门口。在妈妈因为杰达而心烦意乱的时候，阿莱娜则悄悄地坐在角落里，把卡片一张张摸过去。

告状事关权力，并且会给别人制造麻烦。我们会和孩子谈论什么是出卖别人、打小报告或告密，但孩子会感到困惑不解，不知道何时该说真话。

有一天，我的儿子扎克回到家里，津津乐道地谈起他们在课堂上读过的书籍。"讲的是某个喜欢告状的人！"他说。他高声念着书中有趣的顺口溜，但却错过了其中包含的重要信息。

"什么是告状？"他问，"你知道吗？"

"知道。你想知道告状是什么意思吗？"他用力地点点头。

"告状就是，为了让别人陷入麻烦，告诉大人某些事情。而不是试图寻求帮助。寻求帮助可以帮助别人不受到伤害。"

"哦！"

大多数孩子能够马上明白两者的区别。如果孩子在盛怒之下忘记了这一点，你可以问他："你想帮助杰达还是想让她陷入麻烦？"

另外某些时候，孩子会为了表明自己明白规则而告状。例如，"玛雅没有牵手。"你可以这样回应："你好像明白要牵手的规则。"有时候孩子们需要得到他人的保证，才能放下心来——他们不必承担成人的忧虑。"你担心玛雅会受伤吗？我在这里。我会看着她的。"

当我们想要孩子自己解决冲突时，我们会说"不要告状"。但毫不奇怪，他们会感到困惑。孩子们习惯于由大人做主。他们之所以会告其他孩子的状，部分原因是他们不知道他们可以直接告诉同伴。如果存在这个问题，则要加强孩子们的冲突调解技巧。

欺 凌

　　欺凌可以是身体上的或口头上的,但它总是与权力和挑剔他人有关。欺凌的常见定义是:重复的故意伤害。

　　幼儿欺凌通常不是欺凌——至少目前还不是。幼儿欺凌往往与恐惧或愤怒有关。例如,4岁的莱维走到门口,大声对约翰喊道:"我要杀了你!"4岁的约翰被吓坏了。

　　莱维再次大声威胁说:"我要杀了你!"

　　"约翰做了什么你不喜欢的事情吗?"老师问。

　　"对。"莱维说,"有时候约翰会撞到我,弄疼我或叫我傻子。"

　　即使4岁的孩子彼此威胁之时,隐藏在咆哮背后的原因通常仍是恐惧或愤怒,或两者兼而有之。约翰和莱维搞清了他们的恐惧,并分别对对方设立了限制。莱维同意不再说"我要杀了你"。约翰则同意在走路的时候留心点,并且不再叫莱维"傻子"。

　　这个年龄段的孩子会试着显示其权力。年幼的孩子们受到权力的吸引,希望试验他们的身体和语言的力量。这并不要紧,但他们需要学习什么是可接受的,什么是不可接受的。要告诉他们边界在哪里。如果你花时间教孩子了解社交规矩,许多四五岁的年幼"恶霸"就会改变他们的行为。

　　但是,如果欺凌行为受到报复,孩子们就会反复这样做。受害者也是如此。孩子们会陷入固定模式,成为受欺负的对象。

　　正是因为这个原因,调解冲突非常重要。当孩子们学会坚持自己的权利,他们就会了解如何对同龄人设立限制。这样,他们就不太可能成为受害者。他们知道如何保护自己,以及何时去寻求成年人的帮助。欺凌者将学会以其他方式来消除自身的恐惧和愤怒。他们将学会如何应对他人的排斥,如何交朋友等等。

　　什么是社交排斥?大多数专家认为:"不许你和我玩"就是欺凌。这是有可能的。但是,年幼的孩子有充分的理由(通常是正当理由)排斥玩伴(见《不分享也OK》中有关友谊和排斥的章节)。"她真小气!"通常是在掩饰被拒绝感或对其他人的反感。

凯特是个易怒的7岁孩子。她的父母刚刚离婚，她进入二年级后，常常皱着眉头并喜欢推人。大多数同学都怕她，而且会说"你不友好""你真小气""我不喜欢你"之类的话。当她试着跟佐伊交朋友时，情况就不同了。佐伊在幼儿园学习过矛盾调解技巧，她曾经尝试对同龄人设置限制。她说："如果你不对我做鬼脸，不跳到我的背上，我就做你的朋友。"这段友谊帮助了凯特，此后很多孩子想要跟她一块玩。

年幼的孩子需要他人帮助他们理解什么是友谊。要培养技能，并通过练习来设立社交限制。"不许你跟我玩"未必就是欺凌，但如果反复发生，就要留心。欺凌通常是针对同一受害人的重复性行为。

模仿侮辱

儿童会模仿他们看到的东西。如果孩子们听到周围人使用刻薄的言语，他们就更可能以同样的方式说话。从我们想要轰他们出门时可能说的话（"你真懒——赶紧去！"），到他们偶尔听见哥哥姐姐和父母使用的侮辱性言辞，他们都会模仿。

约翰·高特曼的研究表明，侮辱性行为会深深地影响各种关系。高特曼是心理学家和家庭关系领域的全国性专家，他认为，那些经常侮辱对方的夫妻往往会离婚。当孩子们听见父母使用侮辱性言语之时，他们也会陷入这种模式。儿童电视节目也充满了侮辱性言辞。心理学家辛西娅·沙伊贝在研究中发现，几乎每个儿童节目都含有侮辱性内容，就连教育节目也是如此，大多数侮辱都会获得笑声。

试试这个——加进你的工具箱

如果孩子们彼此恶言相向，家长可能会被吓到。要记住，他们还是年幼的孩子，他们不是怪兽。孩子们在寻求我们的指导，想要知道如何表现以及如何结束。

指出痛苦

你知道，"肥猪""愚蠢"或"怪人"等措辞显然会伤害别人的情感，但有时候孩子需要了解这种基本信息。"说那个词可能会伤害她。没有人喜欢被辱骂。它会伤害别人的感情。"当看见孩子们彼此伤害之时，即便只是偶然性的，也要大声说出来。当友谊出现问题时，要告诉孩子："你可以对杰姬生气，但不能伤害她。说这样的话会伤害她的感情。"有时候，孩子会停下来，因为她无意伤害任何人。另外一些时候，确实有冲突正在发生，你必须做出更多的努力。

告诉别人你的感受并不是不友好的举动。"当你对我说_____时，我感到_____。"也要承认受伤的感受。就像你会对膝盖受伤的孩子说："哎哟！肯定很疼！"，要承认贬损带给人的难受感。你可以说："哎哟！那样说肯定伤害了你的感情。"或，"天啊，我知道，当别人这样说话时，我会真的感觉很难受。你感觉如何？"

允许言辞，不允许伤害

如果孩子只是对说"蠢货"这个词感到兴奋，那么则另当别论，此时不是侮辱，而只是不雅的字眼。例如："你可以随意说'蠢货'，但要在别人听不见的地方。说'蠢货'这个词会伤害他人的感情。到你的房间去，随你说多少遍。"如果两个孩子叫彼此"糨糊脑袋"和"怪胎"并以此取乐时，则将之视作打嘴仗。"你俩都觉得这样很有趣吗？因为我知道，这些词语会伤害人。"

当孩子打别人的脸时，我们会阻止她；
当她伤害别人的心灵时，我们也需要阻止她。

探个究竟

"你真坏！""那样不好。""她太坏了。我再也不想和她做朋友了。"诸如"坏""不好"之类的含糊措辞传达的全部信息就是：有人感到愤怒。要帮助孩子找到具体的原因。"她做了什么你不喜欢的事吗？""斯特拉有什么事情让你担心吗？"在前面这个故事中，佐伊之所以能够对凯特的"坏"行为设立限制，是因为她的要求很具体：不要跳到我身上，不要做鬼脸。设立限制意味着提出具体的要求。

帮助孩子从困境中解脱出来：

"克莱尔真坏。"

"克莱尔做了什么让你不喜欢？"

"我不知道。她就是很坏。"

"是不是她喜欢做些坏动作，喜欢推你或扯你的衣服？"

"不，不是那个。她总是贬低我画的画……"

向各方提供帮助

恶语相向之时，很多人会卷入其中。要注意说话的人、说话的对象，以及旁观者。每个人都在这种伤害中扮演着某个角色。

帮助攻击者。询问她："你在担心什么？"找出问题所在。这个孩子是因为生气、饥饿、困倦还是害怕？她是否在模仿她看见过的行为？在试着显示其力量？其他人有最好的公主装？她在担心如何维持友谊或让对方在游戏中配合她？

帮助被攻击对象。当然，"受害者"可能是这场伤害中的某个参与者，但通常以某个孩子为主。要询问她："你喜欢她那样叫你吗？你感觉怎样？"首先，要帮助她理解自己的感受。然后帮助她采取步骤，重新获得力量。要询问她："你怎样才会觉得很强大？"

帮助旁观者。眼见朋友受辱（或眼见朋友侮辱他人）的孩子通常会感到束手无策和不知所措。他们可能会觉得愧疚或生气，而且不知道怎么办。这些孩子也需要他人的关心。询问他们："你可以怎样帮助你的朋友？"孩子们可以在群体场合学会彼此友爱。旁观者的角色尤其重要，因为当群体不允许时，欺凌行为通常会停下来。

所有的孩子都需要感到安全和强大。向各方问这个问题："你们怎样才会觉得很强大？"并告诉他们可以采取哪些步骤来恰当地表达自己的感受。

厘清言语冲突

1. 认真对待

感情伤害事关重大。身体和言语上的冲突都需要厘清。

2. 关注感情

在刻薄言辞的背后，是双方强烈的感情。要注意攻击者以及受害者的感情。

3. 指出伤害

年幼的孩子还有很多东西需要学习。让他们知道这些话可能伤害他人。询问被侮辱的孩子："你喜欢被称为婴儿（白痴等）吗？"

告诉其他孩子："这伤害了她的感情。有些话会伤害别人。"

4. 提供信息

让孩子们知道他们可以生气、害怕或嫉妒，但不能伤害别人。要指出什么是可以接受的。"你可以告诉萨拉你不喜欢什么。你能告诉我们，你踩泡泡包装纸时有多生气吗……"

5. 探个究竟

越过"真坏"等模糊的言辞，帮助孩子找到具体的原因所在。这是找到对策的第一步。

6. 设立明确限制

帮助孩子彼此设限。表达明确的态度，让每个孩子都感到安全，并知道限制何在。"我的名字是格雷斯，我希望别人叫我这个名字。""我不会骂你傻子。"

7. 向孩子们示范如何停止

教他们如何避免让事态升级。向他们示范如何停止说话并离开。

8. 向各方提供帮助

"你怎样才会感到很强大？"帮助每个人感到强大并获得新技能：攻击者，被攻击的对象，以及所有围观者。所有孩子都在学习。

更耐心些

你可能已经多次告诉孩子"不能伤害他人的感情",但她仍然侮辱姐姐。年幼的孩子的冲动控制技能尚未发育完全。他们知道自己不应该打人,不应该从罐子里拿糖果,他们也可能知道不应该骂人,但他们有时候还是不能克制自己。要不断重复和强化这个信息。

可以说的话

人不是用来伤害的。不能伤害他们的身体,也不能伤害他们的感情。
当你叫他"笨蛋"的时候,你伤害了他的感情。
有什么事情让你担心吗?
你不喜欢她要做的事情吗?
你显得很生气 / 害怕。
你的语气似乎很生气。

我听到他叫你 ____。你愿意别人这样叫你吗?
告诉她。我会帮助你。
你想让别人叫你什么?
她的名字是萨曼莎,她希望别人这样叫她。
我不能让你继续伤害萨曼莎,我也不会让任何人伤害你。
你能不能别再说那些话?

骂人会伤害人的感情。
没有人喜欢被骂。那样很难受。
我知道有些孩子生气的时候会那样说。
我敢打赌,这伤害了你的感情。
你不喜欢这些话。
哎哟,这种事情一点都不好玩。

你怎样才能变得更强大？

你能做什么？

我可以帮你跟他说。

发生这种情况时，你怎样帮助你的朋友？

这让你们俩觉得开心吗？

你喜欢这样吗？或者，你想要出去？

听起来好像你知道这个规则。

要避免的话

不要说这个词。

我们不能叫别人笨蛋。

这样不好。给他道歉！

他只是在开玩笑。不用担心。

当然你们还是朋友。安娜还会来参加你的生日聚会。

我不管他说了什么。你得关禁闭。

我不想再听到这个词。

别老是长不大！

那个司机是个白痴。

你的角色

大多数父母都不能容忍言语侮辱，但并非所有人都会深究这种事情。你可能会看到其他父母说："这样不好。我不想让你那样叫萨曼莎。"尽量在禁令之外再做些努力。鼓励孩子们维护自己的权益，说出他们喜欢和不喜欢的东西。探其究竟，并指明隐含的情绪。

当你在商店里或人行道上听到粗鲁的评论时，可以指明你观察到的情绪，并提醒孩子们，那样会伤害他人。"这个人听起来很生气。""他们好像争执了起来。大人们有时也会和朋友意见不合。"

法则 19　尊重牢骚大王

我的长子不喜欢发牢骚,所以当时我不理解为什么育儿调查会显示,发牢骚在激怒成人的"讨厌习惯"中排名首位。但现在我明白了。

牢骚会啃噬我们的神经,摧垮我们的意志。如果孩子不停地哼哼唧唧:"妈——妈!爸——爸""我不——愿意",或随时利用各种借口抱怨,这些都能以奇特的方式扰乱我们的大脑。饱受这种牢骚之苦,我们就无法采取最佳的育儿技巧。我们只希望这些讨厌的噪音能够停止。

喜欢抱怨的孩子实际上是在努力沟通。不要堵上你的耳朵。

"叛逆"的原因

年幼的孩子不明白什么是发牢骚,所以他们不知道如何停止。要聆听他们的情绪。

对于牢骚大王,没有放诸四海而皆准的对策,但有些方法很有效。告诉孩子"别发牢骚了!"是没有用的。很可能你的孩子不知道你在说什么。

我年幼的时候肯定也发过牢骚,但我从来没有意识到这一点。但我清楚地记得,我爸爸用愤怒的语气命令我:"别发牢骚!"每当他这样说的时候，我就会觉得十分困惑。我没有"发牢骚"（不管是什么）；我只是想倾诉我觉得很重要的事情。我传达的信息越是重要和绝望，他就越觉得我是在发牢骚。

"叛逆"的好处

当孩子觉得被聆听之时，整个亲子关系就能健康发展。孩子们可以学会：

如果我想获得爸爸妈妈的关爱，我知道怎么办。

我知道获得自己想要的东西的有效方法。

我的父母关心我想要说什么。当我遇到麻烦时，他们会帮助我说出我的心声。

为何有效

有时候，当扎克发牢骚的时候，我会试着等他自己结束。我没有心情来应付他，所以我试图屏蔽掉那种地狱般的噪音。

但这往往适得其反。

孩子们喜欢重复，执拗是他们拥有的武器。我越是对扎克置之不理，他的声音就越高。心理学家雷恩·哈克尼以及其他许多儿童发展专家认为，你让孩子抱怨得越长久，她就会变得越固执。

喜欢发牢骚的孩子想要传达某种信息，但这个信息需要翻译出来。劳拉·戴维斯和詹尼斯·凯瑟尔把这称为"需要字幕"。如果孩子们的哭声伴有字幕，就会方便得多（我需要睡觉。我想要坐在你腿上。你对我关注不够。新保姆让我担心。）。他们说，让孩子停止牢骚的最佳办法，莫过于停下你手头的工作，放缓节奏，陪伴你的孩子。瑞典有句谚语说："在我最不值得爱的时候爱我，因为那是我真正需要爱的时候。"

 **摘下成人的有色眼镜**

牢骚令人厌烦，但孩子们这样做是为了表达重要信息和强烈情绪，而不是为了惹恼我们。要耐心地探索在牢骚背后的真正含义。通常这是孩子在呼求关注。有时，牢骚大王们会沉溺于牢骚模式，此时需要打破情绪紧张，并帮助他们解决困难。

刺耳的声音

不要屈服，只要努力去理解。但问题的关键是你的孩子非常愿意沟通，你却不能专心了解他传达的信息，因为这种信息传达方式非常折磨人。要深入这种"刺耳的声音"。告诉他你在倾听，你想要理解他，但他需要用正常的声音来表达。我的母亲和她的老师同事们总是告诉孩子们："我不明白你要说什么。你在大喊大叫。请用正常语气再说一遍。"

当我记住这"刺耳的声音"背后的涵义之时，它无疑缓解了我的怒气。扎克并没有抱怨；他只是通过高亢刺耳的声音在向我传递某些信息。你甚至可以给孩子展示一下发牢骚时的样子——但不要频繁地使用这种技巧，否则它就会失去威力。

逃出牢骚陷阱

牢骚中充满了情绪。孩子们可能因沮丧、疲倦或缺乏关注而抱怨，但他们的声音中透露着情感需求。在这种声音背后，他们可能感到被误解、不被爱或被忽略了。当孩子们向你发牢骚之时，他们也是在对你表达这种感受。

就像任何情绪问题，要关注行为背后的感受。要停下来，审视这种情感。"你还想吃一块饼干。等到晚饭后再吃好难受啊。"看看你能不能找出潜藏的情绪，并关注它。

关注行为背后的感受。

有时候，孩子们会和我们陷入牢骚陷阱。如果你陷入牢骚陷阱，此时可以让第三方介入其中。转移孩子的情绪，改变模式或让其他的成人或哥哥姐姐介入其中。这会改变发牢骚的动力。你可以说："杰森想告诉我某些东西，但我很难明白。杰森，你可以告诉奶奶吗？"通常情况下，转换对象后，孩子会非常清楚、礼貌地把自己的想法表达出来。如果没有其他人在身边，不用担心。可借用他的泰迪熊或其他玩具，模仿它们和孩子进行对话。"嗨，杰森，你怎么了？你确实有些事情想要告诉你妈妈。是什么呢？"像杰森这么大的孩子可能会以正常的语调和声音将全部事情都告诉泰迪熊。熊和孩子之间没有紧张情绪。在紧张情绪消除以后，你和孩子可以重新直接对话——没有抱怨的对话。

在两个孩子产生口角的时候，转移情绪也能产生很好的效果。总有一个孩子会抱怨说："妈——妈！他又拿了我的积木。他总是抢我的东西！"

你可以轻易地从中听出那种恼人的腔调：抱怨模式。很多孩子在抱怨时，会不假思索地发牢骚。要通过冲突化解技巧，将抱怨转换成对话，从而改掉这种习惯。不要让孩子向你抱怨。要摆脱这种模式。可以说："告诉雅各布你不喜欢什么。告诉你为乐高积木设置了哪些规则。"每当迈尔斯向我发牢骚时，我就让他自己面对扎克，把事情讲出来。他的声调立刻就变了。他会以得体的辞令和扎克打交道，而且不知何故，他明白最好是平静礼貌地将信息传达给对方。我常常听见迈尔斯停下来，做个深呼吸，然后说："扎克……"牢骚消失了。

年龄较大的抱怨者

抱怨在学前班的时候最为常见，在此阶段，让孩子与泰迪熊对话之类的点子最有效。如果年龄较大的孩子仍然诉诸抱怨来获得关注和满足情感需求，你可能需要改变策略。此时，抱怨已不再是表达强烈情感需求的信号，相反，它可能已经成了习惯。7岁的孩子通常都能够区分发牢骚的语气和正常的语气。这并非高深的奥秘。如果你的孩子在较大的年龄仍然抱怨不休，那么你就得留意自身的反应。你可能在让步或鼓励抱怨行为。然后，要设立明确的限制——对你自己以及孩子——你希望怎样，以及在什么情况下你会做出回应。但是，无论孩子多大，如果他们感到疲倦或压力重重，他们仍然可能会不时抱怨。当他们抱怨时，要忽视抱怨本身，直接关注他们内心的感受。

克服抱怨的技巧

1. 记得让孩子吃饱睡好

通常，孩子们在感到疲倦、压力太大或者饥饿的时候，抱怨最多。你可能知道这些，但仍然会对抱怨的孩子发脾气，即便你才是让他没有午睡的罪魁祸首。

2. 停下来并放缓节奏

在孩子们感到被忽视、未被关注或被误解的时候，他们也会突然开始抱怨。要放缓节奏，停下来，全心关注孩子。很可能你节奏太快，他受不了；也可能是因为你的手机？（参见法则 6：管好你的手机）

3. 跟她讲话——不要让她的注意力分散

无论我们多不认同这种行为，抱怨都与沟通有关。忽略她只会让情况更糟，因为孩子非常想要向你倾诉。要倾听。

4. 请她用正常语气说话

告诉她，你不明白她刺耳的声音想要表达什么。请她用正常语气再说一遍。强调你真的很想了解她在说什么。

5. 重新表达

让她再试试。告诉她用确切的词语说话（"妈妈，我要喝牛奶！"），并用欢快的声音做出示范。

6. 回应感受

等你明白症结所在（想吃饼干，等不及要出去），再对她的感受表示理解："你不想等待。""你很想现在就出去！"单单认同孩子的感受就能明白他们的许多需求。

> **7. 转移情绪——改变对象**
>
> 让她和别人沟通。如果她对你抱怨，就让奶奶过来，并告诉孩子："告诉奶奶你有什么问题。"或者抓过他的泰迪熊，让她对泰迪熊说话。引入第三者能够改变情感动态。通常，当她向第三者或玩具解释缘由的时候，她会停止抱怨，声音会放缓，变得更加柔和。
>
> **8. 不要屈服，不要因为她的抱怨而满足她的要求**
>
> 如果你的孩子因为想要买玩具而抱怨，因此你在付账通道给她买了玩具，那么，你就是在鼓励她的抱怨。如果抱怨管用，孩子们就会反复抱怨。在给抱怨的孩子倒牛奶或给她更多的饼干之前，要让她先停止抱怨。

试试这个——加进你的工具箱

什么方法管用，孩子就会反复采用。关键是要在满足他们需要的同时，又不会鼓励他们的抱怨行为。

可以说的话

你声音太大。你尖叫的时候，我听不懂你在说什么。

你能够用正常语气说话吗？

你的声音听起来像这样："咿咿咿咿咿咿咿咿！"我听不懂你在说什么。

天啦！我真的想知道你在说什么。再告诉我一遍。

很难听清你说的话，你边哭边说的时候，我很难听清你在说什么。

慢点说。

听起来你等得很难受。

听起来你对此很有意见。

听起来这对你真的很重要。

你仍然觉得 ____。

告诉棕熊（爷爷、苏西阿姨）出了什么问题。

告诉埃米莉你不喜欢什么。

再试试看。你要说："我要喝牛奶，妈妈！"

我现在很乐意给你拿来牛奶。你刚才这样说话才是对的。

如果你想要我听你说话，就要说："爸爸，我需要和你谈谈。"

要避免的话

别再发牢骚了！

别再抱怨了。

别再撒娇了！

你看，我已经告诉过你，不能再吃饼干了。

如果你不能停止发牢骚，你就得不到任何东西。

哎，好吧。拿去吧。

你的角色

如果孩子在公共场合越来越大声地抱怨（结账的时候要买糖果），你可能很想让步。让别人看见我们的孩子如此喜欢抱怨，会让我们觉得尴尬。我是个不好的家长吗？为什么除了我，其他人的孩子都没有大喊大叫？说到抱怨，几乎所有的家长都曾处于这种境地，所以要忽略你的自我论断。要坚持你认为正确的做法，不要给他买糖果。要确认她的感受（"你真的很想要这个。你想买这个巧克力棒。"），并坚定地重复你的回答（"我们不能在收银的时候买糖。"）。你可以尝试用打趣的方法来阻止孩子的抱怨，尤其是在公共场合。"我希望我们可以每天用糖果当早餐，你觉得呢？我希望我们可以用糖果堆一座山……真好吃！"然后逃回家中，给孩子所需要的食物、睡眠以及关注。

第七部分
现实世界中的"叛逆法则"

> 人的见识增长以后,就再也不会回到原来的样子。
>
> ——小奥利弗·温德尔·霍姆斯

法则 20 家庭不是娱乐中心

有个母亲说:"我知道自由玩耍很好,但我不知道拿我女儿怎么办。我们习惯郊游,因为我不知道我们还能干点别的什么。有一天,我想,我们何不试试玩游戏。所以,我就安排早晨在家自由活动。蕾切尔并没有开始玩游戏。她只是站在屋子中央,看着我。'我们去哪儿,妈妈?我们要做什么?'她问。于是我们出门了。"

转换游戏时间有时候并不容易。对于某些家庭来说,游戏是第二天性。那些想要做出改变的家庭可能不知道如何着手。

要鼓足信心。转换游戏时间是值得的。孩子的潜力将得到最大发挥,你也会有更多的个人时间。

"叛逆"的原因

孩子本质上并不需要别人逗他玩耍。他们能够自我娱乐。如果你的家庭受到此类困扰,那现在就是解开这个网罗,安排好成人时间和游戏时间的时候了。

我的第一本书出版后,有人邀请我写一段在夏天"娱乐孩子"的文章。这真是一个小陷阱,因为我不相信家庭就意味着娱乐孩子。

孩子出生以后,我们很容易沦为首席娱乐官。我们认为我们必须陪他们玩，必须刺激他们，必须随时让他们开心。所以，我们会不停地玩我们并不感兴趣的躲猫猫、堆积木和角色扮演游戏。我们让他们分辨颜色，引导他们看视频。娱乐意味着将想法强加给孩子，往往也更倾向于进行那些预先规定好或安排好的游戏。

要充分尊重孩子的内在生命，放缓脚步。持续的娱乐意味着孩子无暇拥有自己的想法。

这里有两个问题。首先是帮助孩子转换到更多开放式的自由游戏时间。虽然孩子们天生爱玩，但如果他们习惯于由成人来主导活动、郊游和媒体娱乐，那么，需要有个过渡期让他们发现自身的游戏潜力。第二个问题则更为棘手，对许多乐于自我牺牲而非设立限制的父母来说尤其如此，这就是：作为家长设立成人时间。

"叛逆"的好处

当孩子学会自己玩耍之时，这对你和孩子都是美好的祝福。作为成人，你重新拥有了成人时间，这能够促进你与伴侣之间的关系，并能用以处理各种事情。

你的孩子将学会:

我是这个家庭的重要成员。其他人也是。有时候我不是人们关注的中心。

我自己可以做很多事情。如果我真的需要妈妈，她随时都在。

我有很好的点子。

我知道规则。

成人需要自己的时间。等我长大了，我也需要有自己的时间。

你将学会:

我更享受自己的时间。

我处理了更多事情。我的生活压力变小了。

我的孩子不会变得太自我为中心。

我和伴侣的关系更健康。

我仍然拥有自己的生活。虽然与以前不同，但我获得了自由，能够寻求平衡。

为何有效

2014 年对英国 1000 对父母的调查显示，80% 的幼儿家长都觉得需要确保始终有人陪孩子娱乐。不仅如此，家长们还担心他们没有做更多努力来刺激孩子。在美国，这也得到了很多家庭的共鸣。詹妮弗·西尼尔在其著作《有乐无趣》中描述了这种境况。她表明父母在育儿过程中怀抱着许多期望，主要包括：他们必须陪孩子游戏，反复不断地游戏。

对于每个孩子来说，独自游戏是非常宝贵的技能。20% 的美国孩子是独生子，很多有兄弟姐妹的孩子有时也得独自待着。剑桥大学的幼儿心理学家大卫·怀特布雷德说，游戏和实现自己的想法能够提高孩子的情感健康和思维技能。"在独自待着之时，孩子们的游戏通常带有目的性。"他说。成人可以和孩子共同游戏和互动，但这种游戏不应占据主导地位。孩子主导的游戏应该占据每天的大部分游戏时间。

孩子们的生活通常具有很强的规划性，即便 3 岁的孩子也是如此。心理学家以及"关注孩子"博客的作者南希·达凌说，如果不让孩子们体验到无聊，他们就会变得很被动，不知道如何依赖自身。

"不要害怕无聊。"作家和幼儿教育家詹尼特·兰斯布里说，"无论孩子选择做（或不做）什么，都'足够'了。"独自玩耍具有宝贵的价值。即便孩子的活动在我们看来很古怪——比如将盖子翻来覆去——此时它也可能最能满足孩子的需要。当孩子们不受任何约束之时，他们就能发挥创造性并进行游戏。自由游戏能够提高想象力、问题解决能力和毅力。

与此同时，过度刺激会让孩子厌倦。当家长试图娱乐他们之时，孩子们很快就会失去兴趣，同时会丧失专注能力以及实践自身想法的能力。孩子们也许看似并未"做任何事情"，但家长不能急于参与其中，而是要信任这个成长过程。有时候这意味着聆听无声的哭泣："让我独自待着。"心理学家谢利·涂克尔说："如果你没有独处的能力，你就会永远感到孤独。"

如果成人整天陪着孩子玩游戏，大多数成人都会感到厌倦，而且这也不能最好地满足孩子的需求。你不需要连续几个小时与孩子互动、刺激他们或试图娱乐他们。这样，你肯定会头昏脑涨，孩子也肯定会走神。孩子们需要我们做他们的家长，而不是娱乐他们的人。

摘下成人的有色眼镜

我们很容易担心孩子感到无聊。如果他们闲着没事，他们就会制造混乱，打扰我们。他们无法获得丰富的体验。我们很多人非常努力地想要防止孩子感到无聊——我们让他们不停地忙碌，这样，我们就不用听到伤心的抱怨："爸爸，我好无聊！"在快节奏的现代文化中，人们很难记得我们不需要不停地刺激孩子。最宝贵的东西都藏在孩子的心灵之中。有时，要想让孩子探索自己的想法，"无聊"是必不可少的。

家庭不是娱乐中心

不妨想想现代中产阶级工业化国家以外的其他育儿方法。19世纪的主妇们是如何边带婴幼儿边完成各种家务琐事的？当今世界的其他人是怎样做的？首先要意识到，父母几乎全天候陪孩子游戏和娱乐他们，这并非悠久的人类传统。大多数家庭都不是那样的。家人之间要互动，这是自然的事情，但互动与娱乐并不相同。你可以停止扮演这个角色。

要相信，游戏是孩子们的天性。如果你已经让孩子习惯于期待持续的娱乐活动和关注，那么，可能需要有些过渡时间，但所有孩子都会游戏。要相信这种古老的能力。

试试这个——加进你的工具箱

当我的两个孩子进入即兴想象力（make-believe）游戏之时，我的任务就是站在旁边，在必要的时候提供厚纸板等物品。可能需要花些时间才能产生这种效果。要循序渐进地完成这个转变过程。

要给予孩子自由时间，这可能是你能给他们的最佳礼物。当孩子不受约束之时，孩子们通常会寻求最能吸引和启发他们的想法。其他时候，他们的游戏很简单，但很安静。不要担心孩子盯着沙发图案或地板纹路。生命本身已经非常令人兴奋了。孩子们在游戏中也需要休息和思考时间。

过渡到自由游戏

1. 宣布改变

   如果自由游戏对你家来说是个巨大的改变，要说出来。和孩子们谈论这件事，让他们知道你现在要安排更多的自由游戏时间。"我们去过很多地方了，但现在我们要用大部分时间要待在家里或在公园玩耍。"

2. 提供令人兴奋的道具

   朗达想要鼓励6岁的孙子们自由游戏。到了赠送假期礼物的时候，她将道具给了每个孩子，让他们用于创造性游戏：折叠牌桌和大毯子。"我希望孩子们制作毯子堡垒和房屋。"她说，"孩子们喜欢待在小小的空间内。"

   儿童最喜欢开放式玩具。这些物品能够变成多个游戏道具。你知道这些物品——你儿子玩的木棍（而非全新的生日礼物），或者是毯子。

   下面是若干行之有效的物品，它们天生就能够促进孩子更好地游戏：

   - 毛毯和牌桌，可搭建帐篷、堡垒和房屋
   - 大纸箱

- 沙子
- 水、石头、松果、棍棒
- 雨鞋
- 结实的金属铲
- 黑暗。晚上到屋外去,或在黑暗的空间中玩耍
- 大理石
- 多米诺骨牌(或木片)
- 轮式玩具,外加搭建斜坡的木板
- 披肩、滑稽帽子、其他服饰
- 带有可活动零件的小雕像
- 回收物品和磁带

如果你不知道如何开始自由游戏,可以找到这些物品。可以在房子中央放上空纸箱,这样就能牢牢地吸引孩子们。

3. 减少你的角色

当你们共同玩耍时,承担次要的角色。"好,我们来玩海盗。海盗做些什么?我应该去哪儿?"让孩子指引你。如果大多数点子都来自于孩子,你就能更轻易地抽身,因为她不需要你来推动整个故事向前发展。

4. 首先在附近共同玩耍

你们可能得逐渐分开。新的习惯需要花些时间才能养成。如果目标是帮助孩子学会独立游戏,可以尝试在旁边陪她玩些时候。如果孩子在用面团捏什么东西,你也可以跟着捏。如果孩子想要蹦蹦跳跳,你们可以在院子里活动。此时,你可以待在附近,以便让孩子放心。随着她逐渐习惯这种新的活动方式,你可以改做其他的事情。当她用纸板搭建城堡的时候,你可以做园艺。

5. 帮助每个人获得安全感

   要让孩子不再渴求你的关注，那就得让他们感到安全。决定你要做什么（在书房看书，独自喝咖啡，在厨房里工作），然后告诉孩子："我要在门廊上安静地待会儿。"或者，"如果你需要找我，我在厨房做饭。"如果你担心独自撇下孩子，孩子会感受到你的这种情绪，也会感到担心和不安。

6. 留意环境并制作清单

   说出你观察到的事物，然后提供建议，"我看见了火车车厢"，或"橱柜里有黏土"。和孩子共同拟出清单。写下她想出来的玩具类型和游戏想法。清单可以是文字也可以是图画。等她以后想不出来点子也不知道干什么的时候，可以参照这个清单。假以时日，她可能就不再需要这个清单了。

7. 使用计时器完成过渡

   为了帮助孩子建立独自玩耍的信心和习惯，可以尝试定时 10 分钟。"我们共同玩耍，然后你就要自己玩，让爸爸工作。"逐渐调整，让孩子拥有越来越多的独立游戏时间。

8. 不要害怕"我好无聊"

   要相信孩子。对她说："我知道，等你准备好的时候，你会找到事情做的。"要耐心等待。不要屈服。她可能会不习惯，但她逐渐会找到事情做。即便她所做的"事情"，仅仅是盯着天花板的裂缝，那也没有关系。如果她看似没有做任何事情，不用担心。她可能利用这段空寂安静的时光来思考、做白日梦或消除当天的负面情绪。"我好无聊"不应该成为成人的问题。如果某个孩子渴求关注，告诉他你什么时候可以陪他（"午饭后我可以给你念书"），然后提醒他"无聊也没关系"。

9. 即兴出游

   寻找当地的树林或未开发的园地。枯枝、树叶、鹅卵石、沙土、溪水无疑都能激发自由玩耍的灵感。

10. 邀请其他玩伴

    有些孩子需要有玩伴才能茁壮成长。邀请孩子的朋友前来，这样，孩子就能经常在自己的游戏中重新发现新的乐趣。如果临时保姆（尤其是青少年）加入游戏，也会发生这种情况。在玩伴或保姆回家以后，孩子还可以继续玩他们介绍的游戏。

随着整个家庭在孩子主导的自由玩耍中获得乐趣和信心，你可能越来越不需要这个清单。最终的步骤就是信任。

重获成人时光

成为好家长并不意味着始终陪伴孩子左右。孩子可能会很挑剔，但如果他们了解家庭规则，知道成人也需要拥有自己的时光，他们也能茁壮成长。确定哪些时间对你来说是神圣不可剥夺的。要充分保障这些时间，以便在你忙于自己的事情之时，孩子能够自己玩耍。要待在他们周围，但不必总是随叫随到。

1. 确定"安静时间"

   为你的家庭确定"安静时间"。通常最好安排在午餐以后的传统午休时间。此时，孩子的身体乐于安静下来，你可以安排"安静时间"和孩子们的午休时间同时进行。在安静时间，每个孩子都必须在自己的卧室中安静地玩耍，或在床上读书（此时可以看图画书）。此时不许向你提问或说话。告诉孩子，她只能在紧急情况下叫你（我的鼻子在流血，房子失火，我在呕吐）。学龄前以及年龄更大的孩子可以安静地待一个小时左右。

2. 提供"特殊时光"——而不是你的全部时间

   给予每个孩子独有的特殊时光。可以每天安排这种时间,也可以每周安排几次。在这段时间内关掉手机,不要让其他孩子闯进来,每次全心全意地陪伴一个孩子。"特殊时光"比半心半意地照顾孩子几个小时("我只去看看邮件,很快就回来。我听到了,稍等。")更能促进亲子关系。(见**法则6:管好你的手机**)特殊时光可能只有20分钟。这取决于你的风格、工作安排以及孩子的年龄。为特殊时光确定活动范围,比如在家中或在后院中玩耍(不要观看屏幕或外出)。然后让孩子来决定玩什么,以及怎么玩。这种关爱和自主感能够很好地安慰孩子。特殊时光再加入固定的亲子例行活动(例如睡前陪伴和故事时间),经常能够让双方感到亲密无间。

3. 不再说"好吗?"

   "我们打算去公园,好吗?""我要独自去办点事,要花几分钟时间,好吗?"正常的孩子很少会回答说"好"。他们需要你;他们需要控制能力。如果你已经知道自己打算做什么,那就不要征求他们的许可。模棱两可的"好吗"在告诉孩子,他可以对你发号施令,安排你每天的活动。我们这样说是出于善意,也有可能出于习惯,但"好吗"传递出错误的信息,剥夺了成人的合法权力。要告诉孩子接下来会怎样,如果他们有任何愤怒或沮丧情绪,要帮助他们消除这些情绪,然后去做你所说的事情。

4. 信 任

   当杰雷德3岁的儿子要他陪他玩耍时,他无法拒绝。不管每次多么不合时宜,他都会答应孩子的要求。"我自己的爸爸从来不陪我玩耍。"杰雷德说,"我非常希望他能陪我,但他下班以后很累,拒绝了我的要求。我至今都还记得。所以,如果拒绝我的孩子,我会感到非常内疚。"如果你经常陪伴孩子,拒绝她的玩耍要求并不要紧。当双方都想参与其中之时，才是真正的玩耍。要相信，即便你当时拒绝他／她，孩子仍然会爱你。如果你有空但并不想玩耍，你可以观看孩子玩耍。这种关注几乎会让孩子更开心，因为她自己能够主导游戏。

5. 每天早上做好准备

   确定你上午何时有空陪伴孩子。在孩子刚刚睁开眼的时候，你就会照顾他／她吗？

   我喜欢见到孩子们，但要等到 6:30 以后。如果他们起得太早，他们可以自个儿安静地玩耍。如果孩子还太小，没有时间概念，要怎样做到这点呢？可以在定时器上装个夜灯。在每个孩子的卧室里，这个"晨光灯"都会自动打开。即便一两岁的孩子也能理解这个概念。我可以早起，但在晨光灯打开之前，我不能叫妈妈或爸爸。在我正式"上班"之前，有时候我会睡觉，有时候我会在黎明时录入书稿。无论哪种情况，这都是"妈妈时间"。此时可以说话，但不能和我说话。我没空。当正式的早晨时间到来之时，我就完全属于他们，并会用亲热的拥抱问候他们。

   当孩子进入小学以后，他们就不再需要"晨光灯"的提醒。他们内心知道，清晨是安静的独处时间。

6. 重获你的晚上时光

   成人在晚上需要拥有自己的空间，至少是部分空间。这让你次日能够更好地照顾孩子，恢复精力，并建立良好的成人关系。

   "我希望我能有更多时间和丈夫相处。"十几岁孩子们的妈妈詹妮弗说。"我将心思花在孩子们身上，但我没有将孩子养育好，所以我意识到这是个错误。"需要让孩子们意识到，夫妻之间的关系对于家庭至关重要。孩子们主要通过观察你来了解何为婚姻，或者何为共同抚养责任，他们可能对自己未来的人际关系也怀着这些未曾言明的期望。也需要让他们了解到，不管你是不是单身妈妈/爸爸，成人都需要有自己的时间。要向他们表达这些价值观。

7. 睡眠

你知道自己的精力极限。

"八年中我没有睡过一个整夜觉。"一位妈妈说。"自从生下泰勒以后，我就睡眠不足。他现在 6 岁了。"另外一位父亲说。现代育儿似乎就是在试验谁能睡得最少并能扛得时间最长。

在育儿过程中，偶尔睡眠不足是正常的。有时候，我们夜里要照顾孩子，比如孩子生病、梦魇或提醒孩子尿尿。但经常睡不好觉则是我们自找的。这是个难以面对的真相，但是，如果你认定它确实让你感到烦恼，你可以尽情了解许多睡眠对策。

不要做孩子的夜间值班人。

应该说的话

我知道，如果你乐意的话，你会找到事情做的。
有时候感到无聊是正常的。
我会去门廊那儿。
我知道你很生气，你现在非常想和我玩耍。
我会在午餐以后给你讲故事。但现在我在做饭。
现在我要做些事情。做完以后，我会来找你。
现在我可以观看你玩耍。
在安静时间，你得待在床上。
你不必睡着，只要待在卧室里就可以。
你可以读书，也可以安静玩耍。
我现在和爸爸说话。这是我们共处的时间。
现在是到户外活动的时间。

避免说的话

在我忙碌的时候,我会将电视打开。你想看什么?

我们打算去公园,好吗?

你感到无聊吗?你想做什么?你想出门吗?

当然可以。我始终都会陪你玩耍。

你的角色

孩子们擅于吸引周围人的关注。当我们设立限制之时,孩子们就有机会感受到自己的力量。这种危险很容易潜入你的家中(见**法则 1:安全其次**)。

如果有什么事情在困扰着你,那就需要做出改变。可能你会决定为家人确定午餐以后的安静时光,或者,考虑到孩子的年龄,等到明年以后你才能安排早晨的醒后时间。也有可能需要取消 7 岁以下孩子已经列入计划的音乐或体育活动。我们都需要有时间静下心来。要设法转向自由活动时间,这会开启你每天的新生活,也能开启孩子的心灵。

法则 21　放 松

抚养孩子的正确方法不止一种，教育孩子也是如此。有很多种正确方法。

"叛逆"的原因

> 不要每种方法都尝试。只选择适合你的家庭的办法。

如果解决所有问题的想法折磨着你，那就放松下来。不要觉得你需要彻底解决它。没有人能做到这一点。要找到适合你和孩子的非正统育儿方式。有些想法可能深受你的喜欢，还有些章节你可能没有任何好感。正如沃尔特·惠特曼所说："要重新审视你在学校、教会和任何书本中所学到的知识，然后摒弃所有让你灵魂蒙羞的东西。"

要善待自己。并非每个人都是活动家，也并非每个人都善于辞令。你可以采取自己的方式来捍卫孩子的利益。了解你的家庭或孩子班级中最紧迫的压力。设法消除这些压力。要优先关注这些事情，尽量设法恢复平衡。只要我们竭尽全力并始终如一，这就够了。

如果你不喜欢某些政策和习惯，但现在却没有时间和精力来做出重要改变，那就承认这点并泰然处之。但你可以做力所能及的事情：开启对话。分享你的想法和研究成果。尝试其他办法。倾听同伴的声音。

但愿你和孩子都有信心进行大胆的尝试！

附 录

信件样本

※ 不让孩子课间休息预防信

亲爱的【老师的姓名】：

  我们坚信，要培养最佳学习能力，课间休息是必不可少的。美国儿科学会建议，不能以任何原因（行为、未交课堂作业或其他事情）剥夺孩子的课间休息时间。如果你需要管教【孩子的姓名】，请不要剥夺他/她的课间休息时间。如果你有空的话，我随时乐意和你详细讨论这件事。我们愿意竭力支持你的教学工作。

  谢谢你为我的孩子所做的各种努力。

祝好

※ 延长课间休息时间呼吁信
（致校长或校董会）

亲爱的【校长的姓名】：

你知道，课间休息对在校生活是必不可少的，它不仅能带来乐趣，宣泄过剩的精力，而且能提高考试分数、反应和总体智力水平。【学校的名字】目前每天提供15分钟课间休息时间。研究发现，要培养最佳学习能力，这点时间还不够。课间休息能够带来如下益处：

促进孩子在课堂的表现。
促进孩子的学业。
强化孩子的各项执行能力，包括：注意力、记忆力、学习能力、创造力和问题解决能力。
增加课间休息时间能够提高考试分数。
增加课间休息时间能帮助多动症孩子集中注意力，以免在课堂上调皮捣乱。
美国儿科学会认为，所有小学生都必须拥有课间休息时间。
美国儿科学会也建议，不能以任何原因（行为或学校作业）剥夺课间休息时间。
课间休息专家建议为所有小学生每天安排2-3次课间休息时间。

其他校区接受了越来越多的研究成果，正在恢复课间休息时间，全国也在普及这种做法。我希望【学校的名字】学生能够走在教育成果的前沿。为此，我们应共同努力，设法增加学生的课间休息时间，制定相关政策，保障所有小学生都享有课间休息。

随信附上研究文章的样本，它们或许对你有用。我乐意和你会面，围绕【学校的名字】的课间休息问题和你交流看法和担忧。

我代表孩子谢谢你。

祝好

※ 不做家庭作业的信件

（我家发送给老师的信件样稿）

亲爱的【老师的姓名】：

我能和你谈谈吗？我们乐意支持你的课堂教学，目前我不知道你对家庭作业的看法，但……

对于 10 岁以下的孩子，我不赞成家庭作业。关于家庭作业的大量研究成果都支持这种看法，并出人意料地表明，小学家庭作业对孩子没有任何好处。家庭作业对高中生很重要，对于初中生可以试着布置点家庭作业。我知道，大多数美国教育机构目前都没有这样做。

作为家长，你也许能够理解。每天的时间太少了。在校学习占用了大部分时间，放学以后，孩子们需要时间和空间从事其他事情。

我的儿子大约下午 4 点到家，8 点左右上床睡觉。在这短短 4 个小时中，他得：

吃点心，聊天，放松心情
玩耍 / 做自己感兴趣的事情
出门在小木屋中攀上爬下
和哥哥打闹玩耍
干家务活
练习钢琴
吃晚餐
自己看书，聆听睡前故事

这些活动对他都大有好处。我的看法是，家庭作业妨碍了在家学习。如果让太年幼的孩子做家庭作业，这不利于在校学习，孩子会抵制它，而不会重视它。

在这个年龄段，我重视的家庭作业仅仅是在家阅读。在我们家中，我们每天都已经在这样做。

我知道，这种教育观点目前还不流行，可能违背了学校政策或你本人的观点。我们能谈谈吗？我希望找到每个人都能满意的解决方法，确保有利于我们双方的目标。

祝好

（家长撰写的信件样稿）

亲爱的【老师的姓名】

我希望和你沟通一下家庭作业的问题。

请相信，我们支持你，并乐意支持你的课堂常规做法。我们对于家庭作业的育儿理念是＿＿＿＿＿＿＿。我们认为，户外自由活动时间和在家玩耍时间也很重要。这并不是说，我们不讨论在校学习情况，或者不通过其他方式促进孩子的教育。她每晚都在阅读，在整周时间里，我们都在探讨她的词汇量。

谢谢

亲爱的【老师的名字】：

如果你接下来几天里稍稍有空的话，我们能谈谈家庭作业的问题吗？乔昨天的家庭作业量让我感到有些吃惊。我真心希望孩子喜欢上学，并乐意讨论各种可选方案。谢谢。

亲爱的【老师的名字】：

我相信【孩子的名字】能够安排好她本人的练习时间【或阅读时间、拼写表等】。请相信，这并不需要我签字。我随时乐意和你详谈此事。

谢谢

原书提供更多可用资源

冒 险

Almon, Joan. *Adventure: The Value of Risk in Children's Play.* CreateSpace, 2013. See more at allianceforchildhood.org.

Mogel, Wendy. *The Blessing of a Skinned Knee.* New York: Simon & Schuster, 2001.

Schiller, Abbie, and Samantha Kurtzman-Counter. *Miles Is the Boss of His Body*. Los Angeles: Ruby's Studio, 2014.

Skenazy, Lenore. *Free-Range Kids.* San Francisco: Jossey-Bass, 2010. Also see the *Free-Range Kids* blog.

Tulley, Gever, and Julie Spiegler. *50 Dangerous Things (You Should Let Your Children Do)*. New York: NAL Trade, 2011. Also see Gever Tulley's TED talks at www.ted.com/speakers/gever_tulley.

科 技

Bilton, Nick. "Steve Jobs Was a Low-Tech Parent." *New York Times*, September 10, 2014.

Carr, Nicholas. *The Shallows: What the Internet Is Doing to Our Brains.* New York: Norton, 2010.

Granic, Isabela, Adam Lobel, and Rutger C. M. E. Engels. "The Benefits of Playing Video Games." *American Psychologist* 69, no. 1 (2013): 66–78.

Gray, Peter. "The Many Benefits, for Kids, of Playing Video Games."

PsychologyToday.com, January 7, 2012.

Guernsey, Lisa. *Screen Time: How Electronic Media—from Baby Videos to Educational Software—Affects Your Young Child*. New York: Basic Books, 2012.

Linn, Susan, Joan Almon, and Diane Levin. *Facing the Screen Dilemma: Young Children, Technology and Early Education*. Boston: Campaign for a Commercial-Free Childhood; New York: Alliance for Childhood, 2012.

Richtel, Matt. "A Silicon Valley School That Doesn't Compute." *New York Times*, October 22, 2011.

Sax, Leonard. *Boys Adrift: The Five Factors Driving the Growing Epidemic of Unmotivated Boys and Underachieving Young Men*. New York: Basic Books, 2007.

Steiner-Adair, Catherine, and Teresa H. Barker. *The Big Disconnect: Protecting Childhood and Family Relationships in the Digital Age*. New York: Harper, 2013.

课间休息

American Academy of Pediatrics. "The Crucial Role of Recess in School." *Pediatrics* 131, no. 1 (2013): 183–88.

Bailey, Melissa. "Parents Call for More Recess." *New Haven Independent*, June 19, 2013.

Dornfeld, Ann. "Recess Shrinks at Seattle Schools; Poor Schools Fare Worst." KUOW News and Information, 2014.

Gallup. *The State of Play: Gallup Survey of Principals on School Recess*. Princeton, NJ: Robert Wood Johnson Foundation, 2010.

Jarrett, Olga. "A Research-Based Case for Recess." US Play Coalition, 2013.

National Association for the Education of Young Children. "Recess—It's Indispensable!" *Young Children* 64, no. 5 (2009): 66–69.

Nussbaum, Debra. "Before Children Ask: 'What's Recess?'" *New York Times*, December 10, 2006.

Ohanian, Susan. *What Happened to Recess and Why Are Our Children Struggling in Kindergarten?* New York: McGraw-Hill, 2002.

Parker-Pope, Tara. "The 3 R's? A Fourth Is Crucial, Too: Recess." *New York*

Times, February 24, 2009.

Pellegrini, Anthony. *Recess: Its Role in Education and Development.* Mahwah, NJ: Erlbaum, 2005.

U.S. Department of Education, Institute of Education Sciences, What Works Clearinghouse. "WWC Review of the Report 'Findings from a Randomized Experiment of Playworks: Selected Results from Cohort 1.' " 2013.

更多有关课间休息的资源:

International Play Association USA (IPA/USA) American Association for the Child's Right to Play: Nonprofit devoted to preserving play, leading the recess cause with a full line of resources. Its excellent Recess Support Network includes research links, the case for recess, advocacy tools, and recess contacts state by state.

Ranger Rick Restores Recess (National Wildlife Federation–sponsored campaign): Includes tools to conduct a recess audit on your school as well as a model recess policy.

Right to Recess Campaign by Peaceful Playgrounds: Peaceful Playgrounds provides structured recess to schools but also actively promotes recess. Its many worthwhile resources include the Right to Recess Advocacy Tool Kit, with a speaker's guide, webinar, sample letters, PowerPoint presentations, and links to research.

家庭作业

Abeles, Vicki, and Jessica Congdon. *The Race to Nowhere.* Lafayette, CA: Reel Link Films, 2010. The Race to Nowhere website includes a homework toolkit and Healthy Homework Pledges.

Bennett, Sara, and Nancy Kalish. *The Case Against Homework: How Homework Is Hurting Children and What Parents Can Do About It.* New York: Three Rivers Press, 2006. Excellent guide to combating inappropriate homework; includes framework for changing homework policies.

Cooper, Harris, James Lindsay, Barbara Nye, and Scott Greathouse. "Relationships Among Attitudes About Homework, Amount of Homework Assigned and Completed, and Student Achievement." *Journal of Educational Psychology* 90, no. 1 (1998): 70–83.

Cooper, Harris, Jorgianne Civey Robinson, and Erika A. Patall. "Does Homework Improve Academic Achievement? A Synthesis of Research, 1987–2003." *Review of Educational Research* 76, no. 1 (2006): 1–62.

Faber, Adele, and Elaine Mazlish. *How to Talk So Kids Can Learn: At Home and in School.* New York: Scribner, 1995.

Gray, Peter. *Free to Learn: Why Unleashing the Instinct to Play Will Make Our Children Happier, More Self-Reliant and Better Students for Life.* New York: Basic Books, 2013.

Kohn, Alfie. *The Homework Myth: Why Our Kids Get Too Much of a Bad Thing.* New York: Da Capo Press, 2006. For help deciphering what research really says about homework, see chapter 4: "Studies Show... or Do They?"

Kralovec, Etta, and John Buell. *The End of Homework: How Homework Disrupts Families, Overburdens Children, and Limits Learning.* Boston: Beacon Press, 2000.

"Stop Homework" groups on Facebook keep up with current trends. Also see reports from nonprofit groups such as the Alliance for Childhood and Common Sense Media.

Strauss, Valerie. "Homework: An Unnecessary Evil? Surprising Findings from New Research." *Washington Post*, November 26, 2012.

幼儿园

Beneke, Sallee, Michaelene Ostrosky, and Lilan Katz. "Calendar Time for Young Children: Good Intentions Gone Awry." *Young Children* 63, no. 3 (2008): 12–16.

Cooper, Harris, Ashley Batts Allen, Erika Patall, and Amy Dent. "Effects of Full-Day Kindergarten on Academic Achievement and Social Development."

Review of Educational Research 80, no.1 (2010): 34–70.

Elkind, David. *Miseducation: Preschoolers at Risk.* New York: Knopf, 1989.

Gurian, Michael with Kathy Stevens. *Boys and Girls Learn Differently* (revised 10th edition). San Francisco, CA: Jossey-Bass, 2010.

Le, Vi-Nhuan, Sheila Nataraj Kirby, Heather Barney, Claude Messan Setodji, and Daniel Gershwin. "School Readiness, Full-Day Kindergarten, and Student Achievement: An Empirical Investigation." Santa Monica, CA: RAND Corporation, 2006.

Leonhardt, David. "A Link Between Fidgety Boys and a Sputtering Economy." *New York Times*, April 29, 2014.

Miller, Edward, and Joan Almon. *Crisis in the Kindergarten: Why Children Need to Play in School.* College Park, MD: Alliance for Childhood, 2009.

Orenstein, Peggy. "Kindergarten Cram." *New York Times*, May 3, 2009.

Princesses, Empathy, and Other Topics

Derman-Sparks, Louise, and Julie Olsen Edwards. *Anti-Bias Education for Young Children and Ourselves.* Washington, DC: National Association for the Education of Young Children, 2010.

Hains, Rebecca. *The Princess Problem: Guiding Our Girls Through the Princess-Obsessed Years.* Naperville, IL: Sourcebooks, 2014.

Howarth, Mary. "Rediscovering the Power of Fairy Tales: They Help Children Understand Their Lives." *Young Children* 45, no. 1 (1989): 58–65.

Orenstein, Peggy. *Cinderella Ate My Daughter: Dispatches from the Front Lines of the New Girlie-Girl Culture.* New York: Harper, 2012.

Payne, Kim John. *Simplicity Parenting: Using the Extraordinary Power of Less to Raise Calmer, Happier, and More Secure Kids.* New York: Ballantine Books, 2009.

Pelo, Ann, and Fran Davidson. *That's Not Fair! A Teacher's Guide to Activism with Young Children.* Saint Paul, MN: Redleaf Press, 2000.

Tutu, Archbishop Desmond, and Douglas Carlton Abrams. *Desmond and the Very Mean Word.* Somerville, MA: Candlewick Press, 2013.

致 谢

感谢我的编辑莎拉·卡德尔（Sara Carder），感谢她对"叛逆"育儿理念的持续支持。感谢塔彻尔/企鹅（Tarcher/Penguin）整个出版团队的专业人士，包括超凡的文字编辑们。也感谢我的经纪人若埃勒·戴尔伯格（Joëlle Delbourgo）。

衷心感谢我的试读团队，你们非常棒。你们再一次从忙碌的和孩子相处中抽出时间对前面的稿件提供反馈。感谢玛丽·哈雷（Mary Haley），薇琪·赫夫勒（Vicki Hoefle），斯蒂芬妮·克劳斯（Stephanie Krause），詹妮弗·劳特（Jennifer Nault），艾米丽·普兰克（Emily Plank），詹妮弗·芬尼根·普尔（Jennifer Finnegan Poole），塔尼娅·施拉姆（Tanya Schlam）。感谢永远忠诚的"幼儿学校"评论读者团队：朱莉·博林格（Julie Ballinger），黛布·贝尔纽（Deb Baillieul），古德伦·赫佐格（Gudrun Herzog），安吉拉·拉蒙特（Angela LaMonte）安·瑞格尼（Ann Rigney），苏珊·罗西诺（Susan Roscigno），斯蒂芬妮·罗特梅耶（Stephanie Rottmayer），艾米·罗多斯凯（Amy Rudawsky），和简·沃特斯（Jan Waters）。

感谢所有"幼儿学校"大家庭贡献想法制作这本书的人们，他们是：詹妮弗·波杰诺斯基（Jenifer Bojanowski），艾伦·库克（Ellen Cook），乔安妮·弗朗茨（Joanne Frantz），丹尼斯·雅各布斯（Denise Jacobs），希捷·科塔里（Sejal Kothari），丽莎·马昆德（Lisa Marquand），莫林·摩尔（Maureen Moore）、道恩·瑙曼（Dawn Nauman）、阿黛尔·斯特拉顿（Adele Stratton），和帕蒂·扎哈拉（Patti Zahara）。

感谢我的写作小组"力量手指"（Powerfingers）的成员：马尔迪·林克（Mardi Link）、卡里·诺家（Cari Noga）、安－玛丽·欧门（Anne-Marie Oomen）和特蕾莎·斯考伦（Teresa Scollon），特别感谢你们富有洞察力的改进。你们帮助我找到了问题的核心。

"叛逆"的奖赏还要给苏珊（Susan）、艾米丽（Emily）和塔尼娅（Tanya），他们引导我走出迷途，他们抽出时间阅读剩下的一些章节。特别感谢科玛·克莱默（Kima Kraimer）独特的支持，她帮我找到了一个安静的写作空间。

更多感谢送给各地《不分享也OK》的读者们，他们对我的写作给予了很多鼓励，提供了很多想法。还要感谢许多家庭在这本书中分享他们的故事。你们对自己脆弱时刻的分享帮助我们大家一起成长。

感谢我的家人，感谢在我又一本书的写作中，你们一直在我身旁。

图书在版编目（CIP）数据

不听话也OK /（美）希瑟·舒梅克著；聂传炎译.
—上海：上海社会科学院出版社，2017

ISBN 978-7-5520-2134-9

Ⅰ.①不… Ⅱ.①希… ②聂… Ⅲ.①家庭教育
Ⅳ.① G78

中国版本图书馆CIP数据核字（2017）第234748号

Copyright © 2016 by Heather Shumaker
This edition arranged with Joelle Delbourgo Associates，©Inc.
through Andrew Nurnberg Associates International Limited

上海市版权局著作权合同登记号：图字 09-2017-536 号

不听话也OK

著　　者：	[美]希瑟·舒梅克
译　　者：	聂传炎
责任编辑：	杜颖颖
特约编辑：	陈朝阳
插　　图：	黎　黎
装帧设计：	主语设计
出版发行：	上海社会科学院出版社
	上海市顺昌路622号　邮编200025
	电话总机 021-63315900　销售热线 021-53063735
	http://www.sassp.org.cn　E-mail: sassp@sass.org.cn
印　　刷：	河北鹏润印刷有限公司
开　　本：	710mm × 1000mm　1/16
印　　张：	20.5
字　　数：	260千字
版　　次：	2018年3月第1版　2018年3月第1次印刷

ISBN 978-7-5520-2134-9/G·693　　　　定价：44.80元

版权所有　翻印必究